경영의

신

경영의 신 1

정혁준 지음

달섬북

고향에 계신 아버지께 이 책을 바칩니다.
당신이 남겨준 정신적인 유산이 있었기에
이 책은 나올 수 있었습니다.

서문

기회는 똑같은 얼굴로
찾아오지 않는다

- 정주영, 이병철, 구인회
- 마쓰시타 고노스케, 혼다 소이치로, 이나모리 가즈오
- 헨리 포드, 존 데이비슨 록펠러, 앤드류 카네기

하루가 다르게 변해가는 디지털 시대에 공장 굴뚝을 연상시키는 이 이름들이 먼지 낀 책장 속 고전처럼 느껴집니다. 하지만 이제 먼지를 훌훌 털고 그 고전을 꺼내야 할 때입니다. 왜 과거의 그들을 지금 다시 불러와야 할까요?

지금은 기회를 찾기 힘든 시대입니다. '스펙'과 '빽' 없이는 '개천에서 용 나기 힘든 세상'입니다. 골목까지 치고 들어온 대기업의 프랜

차이즈 때문에 자영업도 하기 힘든 때입니다.

하지만 '경영의 신'이라 칭하는 그들 역시 처음부터 큰돈을 갖고 사업을 시작하지는 않았습니다. 정주영은 가난한 농사꾼의 아들이었고, 구인회는 몰락해가는 선비의 아들이었습니다. 이병철은 부자인 아버지에게 사업자금을 받긴 했지만 서울과 부산 같은 큰 곳에서 장사를 하기에는 힘든 정도의 금액이었습니다.

그런데 그들은 기업가로 큰 성공을 이뤘습니다. 기업가의 일생을 다룬 책들은 그들이 남다른 재능과 DNA를 타고난 듯 그리고 있지만, 그렇지 않습니다. 오히려 그들은 가출한 소년이었고, 부적응아였으며, 평범하기 그지없는 아이였습니다.

예를 들어 아버지에게 반항했던 정주영은 4번이나 가출을 했습니다. 그 당시 정주영처럼 도시로 흘러나온 사람은 1년에 6만 명이나 됐습니다. 정주영은 그 6만 명 중 한 명이었습니다. '그들 중 한 명(one of them)'이었지만, 결국 '유일한 한 명(only one)'이 되었지요.

'경영의 신'은 탄생된 것이 아니라 '기회'라는 디딤돌을 통해 만들어진 것입니다. 이 책은 바로 그 기회의 본질을 추적해나가는 긴 여정이 될 것입니다. 경영의 신이라 불리게 된 이들의 한 평생을 조망해보면서, 그들이 어떻게 기회를 잡았고 또 어떻게 기회를 만들어나갔는지 따라가 보려고 합니다.

이탈리아 북부 토리노 박물관에는 '기회의 신(神)'이자 제우스의 아들인 카이로스(Kairos)의 조각상이 있습니다. 그 조각상 밑에는 이런 글이 적혀 있습니다.

나의 앞머리가 무성한 이유는

사람들이 내가 누구인지 금방 알아차리지 못하게 하기 위해서이지만,

나를 발견했을 때는 쉽게 붙잡을 수 있도록 하기 위해서다.

나의 뒷머리가 대머리인 이유는

내가 지나가고 나면 다시는 나를 붙잡지 못하게 하기 위해서며,

나의 발에 날개가 달린 이유는

최대한 빨리 사라지기 위해서다.
왼손에 저울이 있는 것은
일의 옳고 그름을 정확히 판단하라는 것이며
오른손에 칼이 주어진 것은
칼날로 자르듯이 빠른 결단을 내리라는 것이다.
나의 이름은 '기회'다.

   기회가 다가올 때는 앞거리를 움켜잡듯이 잡을 수 있으나 이미 지나간 기회는 없는 뒷머리를 잡아야 하는 것처럼 힘이 듭니다. 사람들은 성공한 기업가를 보면서 '나도 저런 기회가 있었더라면' 하고 생각하지만, 사실 우리는 알게 모르게 많은 기회와 마주칩니다. 그러나 그 기회를 놓쳐버리는 아쉬운 순간이 허다합니다. 하여, 뒤늦게서야 후회하곤 합니다. "왜 나에게는 기회는커녕 위기만 찾아오느냐"며 한숨을 내쉬기도 합니다. 그러나 기회는 똑같은 얼굴로 찾아오지 않습니다. 기회는 늘 변신합니다. 위기도 잘만 활용하면 기회가 됩니다.
   안철수 전 서울대 교수는 "인류 역사상 새로운 사업기회는 끊임없이 생겨났고, 진정한 기업가는 보통사람들이 볼 수 없는 기회를 찾아서 새로운 가치를 창출하는 사람"이라고 말했습니다. 경영의 신은 남들이 찾기 어려운 기회를 포착해 도전하고 결국 좋은 성과를 낸 사람들입니다. 그렇습니다. 그들은 기회포착 능력이 강했습니다. 위기를 기회로 바꿔놓기도 했습니다. 또한 그들은 움켜잡은 기회를 통해 시대를 관통해나갔습니다. 시대적 격변기에 자신만의 독보적인 영역을 구축해나갔습니다. 오늘날 스티브 잡스와 빌 게이츠가 세계를 변화시킨 것처럼 새로운 경제를 만들어냈습니다. 그리고 그것은 현재의 우리에게 무한한 통찰력을 보여줍니다.

모험적이고 도전적인 기업가정신, 시장을 창출하고 위험을 관리하는 방법, 조직을 건설하고 성장을 지속시키는 방법, 사회경제적 변화에 대처하는 방법은 오늘날 경영에도 그대로 적용되는 불변의 원칙입니다.

경영의 신은 무슨 생각으로 회사를 만들었을까요? 창업에 나설 때의 '초심'은 어떠했을까요? 초기에 불거진 문제점은 어떻게 헤쳐 나갔을까요? 그들이 처음 회사를 일굴 때는 어떠했는지, 창업한 뒤 살아남은 비결은 무엇인지 이 책을 통해 되짚어보려고 합니다. 창업의 본질이 무엇인지 찾기 위해 알아야 하는 것들이기도 합니다.

우리는 백만 청년 백수 시대에 살고 있습니다. 취업하기 힘든 세상입니다. 어렵게 취업을 했다고 해도 회사에서 살아남기는 더 힘듭니다. 안정적인 직장, 평생직장은 없어진 지 이미 오래이고, 한 달에 한 번씩 정기적으로 들어오는 한정된 수입만으로는 빠듯합니다. 많은 사람들이 창업을 꿈꿉니다. 하지만 기본이 뭔지를 모르고 있습니다. 그런 사람들에게 경영의 신은 희망의 메시지를 던져주고 있습니다.

중소기업에 다니거나 자영업을 하는 사람도 마찬가지입니다. 시장과 환경의 변화는 기회도, 위기도 될 수 있습니다. 기회를 잡기 위해서는 주변 변화의 움직임과 흐름을 꿰뚫고 있어야 합니다. 경쟁자의 움직임을 포착해야 합니다. 하다못해 CEO의 마음을 잘 알아야 제대로 된 성과를 낼 수 있습니다. 자기 혼자 열심히 일하는 게 최고는 아닙니다. 흐름을 잘 알고 있어야 합니다.

도전하려는 생각은 누구나 갖고 있습니다. 문제는 그런 생각을 실행으로 옮기는 데까지 나가기가 쉽지 않다는 데 있습니다. 그러나 나아가는 사람이 있습니다. 경영의 신이 바로 그런 사람들이었습니다. 그들이 새로운 사업을 하면서 '고(Go!)'라고 결정한 핵심적인 요인은 어떤 것일까요? 지금 기획안을 준비하는 사람들에게 경영의 신은 '고'할 수 있는 능력을 보여줄 것입니다. 여러분이 못 찾는 기회를 경영의 신은 어떻게 포착했는지 한번 찾아보시기 바랍니다.

많은 사람들이 "나도 그들처럼 될 수 있을까?" 의문을 제기하기도 하지만 우리 모두 알고 있다시피, 누구에게나 기회는 열려 있습니다. 경영의 신도 20대에는 사업 실패를 맛봐야 했고, 30대에는 재기를 위해 정신없이 보냈으며, 40대에는 사업에서 롤러코스터를 탔습니다. 경영의 신은 우리와 다르지 않습니다. 나 역시 할 수 있다는 것입니다. 어쩌면 지금 이 책을 읽고 있는 순간에도 여러분에게 기회가 찾아올지 모릅니다. 이 책이 여러분께 하나의 기회가 됐으면 합니다.

이 책은 단지, 기업가의 성공스토리를 들려주기 위한 것이 아닙니다. 창업자의 성공을 되돌아보기 위한 찬사 일변도의 책도 아닙니다. 뛰어난 사람이 위대한 기업가가 되었다는 기존 방식대로의 읽기를 원하는 분은 책을 덮어도 좋습니다.

혼자 잘나서 위대한 경영자가 되지는 않습니다. 개인 위주로 스토리를 풀면 그 사람의 재능밖에는 보이지 않습니다. 개인은 세상과 동떨어져 살아갈 수 없습니다. 시대와 호흡하면서 살아가야 합니다. 당시 시대상을 모르면 그 개인을 제대로 평가할 수 없습니다. 개인에게만 초점을 맞추는 것을 뛰어넘어 경제사와 맞물려 조망해야 하는 이유입니다. 개인과 시대를 입체적으로 볼 수 있어야 우리시대에 맞게 그들의 도전을 변주할 수 있기 때문입니다.

경영의 신은 패러다임이 변하는 전환기에 기회를 포착했습니다. 기존 질서는 해체되고 자본주의가 눈을 뜨며 산업화가 진행되던 격변기였습니다. 지금도 마찬가지입니다. 글로벌 금융위기 이후 기존 경제를 지배하던 규칙이 부서지고 새로운 질서가 만들어지고 있습니다. 그 어떤 나라, 그 어떤 시대에도 새로운 패러다임이 나올 때마다 기회를 잡은 사람이 있었습니다.

또한 경영의 신에게는 아버지가 있었습니다. 경영의 신이 우리에게 남겨놓은 유산은, 바로 그들 아버지에게 물려받은 정신적 유산에서 일궈낸 것이기도 합니다. 세상의 모든 아버지는 아들에게 '성공할 수 있는 가능성과 기회'를 물려줍니다. 누구나 그 유산을 잘 활용해 최고의 인생을 만드는 경영의 신이 될 수 있지 않을까 생각합니다. 아버지는 아들을, 아들은 아버지를 다시 한번 생각해보는 계기가 됐으면 합니다.

끝으로 이 책이 나오기까지 주말을 포기한 저를 묵묵히 받아준 아내와 윤영과 석현에게 사랑을 고백합니다. 우리 사회에 기업가정신을 다시 불러일으키고 공감대를 형성하자고 의기투합하며 책으로 나오기까지 애써주신 다산북스 김선식 사장님에게도 감사드립니다.

정혁준

차례

서문 • 기회는 똑같은 얼굴로 찾아오지 않는다   006

프롤로그 • 시대에 집착한 아버지, 시대를 앞서간 아들   020

 **젊은 그들은 실패자였다**

생각을 바꾸지 않으면 아무것도 바뀌지 않는다   029

6만 명 중 1명에 불과했던 청년 • 땅은 개간하는 것이 아니라 사는 것이다 • 현실에 순응했던 아버지 • 현실 불평분자 아들 • 막노동꾼, 공장 심부름꾼, 쌀 배달원 • 쌀가게 사장이 되다 • 잘나가는 업종, 자동차 수리업 • 빚더미에서 되살아날 수 있었던 힘 • 기업 정비령으로 사업을 접고

너무 허송세월했다, 뜻을 세워야 한다   055

차가운 아버지와 따뜻한 어머니 • '종결자'가 되지 못한 아들 • 사회주의를 경험하며 얻은 두 가지 기회 • 노름판에 빠져든 이병철의 '달빛 각성' • 300석의 땅을 팔아 시작한 첫 사업 • 마산에서 정미소를 시작한 까닭 • 요정 나들이와 땅 투기 • 망하는 건 한순간이다

내가 망하면 집안도 망한다   077

새로운 세계를 향한 창(窓) • 평범했던 아버지, 평범했던 아들 • 아버지가 남긴 운명공동체 정신 • 선비의 아들, 책 대신 주판을 들고 • 훗날의 LG와 GS, 뜻 모아 장사를 시작하다 • 첫 술에 배부를 리 없건마는

 실패가 성공의 밑천이다   094

2장 반전 없는 인생은 없다

성공과 실패의
롤러코스터를 타다   105

돈이 몰리는 곳을 포착하고 • 한겨울에 만들어낸 푸른 잔디 • 고령교에서 쓴맛을 보다 • 살인적인 인플레이션으로 떠안게 된 빚더미 • 비싼 수업료는 그 값을 한다

내가 가장 잘하는 건
사업이다   121

무역업을 시작한 특별한 이유 • 대구에서 3만 원으로 연 삼성상회 • 그러나 다시 시즌된 방황 • 해방 뒤 제2의 각성, '사업보국' • 삼성물산공사로 경영의 묘미를 맛보다

주변을 살피면
어떻게든 새 길이 보인다　　135

대홍수로 잠겨버린 구인회상회 • 장마 진 해는 풍년 들기 마련이다 • 변화의 기미를 느끼다 • 잇단 사업실패로 실의에 빠지고 • 땅을 사들여 기회를 엿보다 • 좀 더 넓은 무대로의 도약을 꿈꾸며

 시대 변화가 주는 기회를 활용하라　　150

3장　남들이 안 해도 나는 한다

현장마다 어김없이
호랑이가 어슬렁거린다　　161

고령교 악몽에서 벗어나다 • 없으면, 우리가 만들면 된다 • 공사 현장을 누비는 CEO • 정주영과 이병철의 다른 경영 스타일

메이드 인 코리아 설탕
메이드 인 코리아 골덴텍스　　173

터닝 포인트가 된 제조업 • 악전고투 끝에 만들어낸 설탕 • 1등 설탕회사가 되다 • 48가지 분석 후 시작한 제일모직 • 첫 모직제품 '골덴텍스'의 성공 • '재계의 청와대'가 된 비서실

'누가'가 아니라 '우리'가 한다, 그게 진짜 사업이다   **193**

LUCKY, 우연히 찾아온 화장품 사업 • 화장품의 '브랜드'를 만들다 • 깨지지 않는 뚜껑에서 플락스틱 사업으로 • 김치 먹는 한국사람 치약은 달라야 할 끼라

 도전이 성공의 증거다   *208*

4장 신화는 만들어가는 것이다

안 된다는 법은
어디에도 없다   **217**

포드의 하청업체로 뛰어든 자동차 사업 • 우리나라 최초 교유 모델 1호 '포니'의 등장 • 한번 해보는 거지, 못할 것도 없다 • 500원 지폐로 통과한 첫 번째 관문 • 옥스퍼드 박사학위로 통과한 두 번째 관문 • 백사장 사진으로 통과한 세 번째 관문 • 배와 조선소를 왜 동시에 못 만드나 • 돈을 잡으려면 돈이 많은 곳으로 가야 한다 • 주베일에서 일군 중동신화

진보는 가장 중요한
생산이다   *241*

박정희와 담판을 짓다 • 세계 제일의 비료공장을 꿈꾸며 • 사카린 밀수 사건이 터지고 • 대전환의 계기를 찾아 • 전자사업 진출, 그리고 구인회와의 갈등 • 산요보다 더 큰 단지를 짓겠다 • 국산 컬러텔레비전 1호 생산

우린 길 없는 밀림을
헤쳐 나가는 개척자다   *263*

'샛별'로 전자사업을 열다 • 사업을 접느냐 마느냐의 기로에서 • 농어촌 라디오 보내기 운동이 준 기회 • 제니스와의 반전 • 이병철과 갈라서다

 기회를 자신만의 가치로 만들어라   *278*

5장   그들이 우리에게 남긴 유산

부유한 노동자의
마지막 소풍 길   *293*

정치로의 외도, 혹독한 대가 • 1,001마리 소 떼를 몰고 판문점을 넘다 • 경제의 힘으로 분단의 벽을 두드리다 • 부유한 노동자의 '보통 인생'

이병철과 반도체, 그리고 스티브 잡스　　　**303**

마법의 돌, 반도체에 도전하다 • 스티브 잡스와의 만남 • 저기가 좋겠다, 앞에 물이 흐르고 뒷산도 아늑하니

끊임없는 사업구상, 마지막 3주일　　　**313**

새로운 도전, 정유사업 • 마지막 불꽃을 불사르다 • 아버지 많이 원망했제

 누구의 인생도 닮지 마라　　　*322*

부록 • 참고 도서　　　*331*
　　'경영의 신' 연보　　　*334*

프롤로그

시대에 집착한 아버지, 시대를 앞서간 아들

강릉에서 바다를 끼고 북으로 쭉 올라가면 송전(松田) 해수욕장이 나온다. 이름 그대로 푸르른 바다를 끼고 끝없이 솔밭이 이어진 곳이다. 여기서 한 시간 반쯤 걸어 들어가면 감나무 밭으로 둘러싸인 아늑한 마을이 나온다. 마을은 그림같이 아름다운 곳이지만, 일제강점기 당시 먹고살기 어려운 형편은 이곳도 마찬가지였다.

   정봉식은 동네에서도 소문난 부지런한 농사꾼이었다. 땅을 향한 애착과 집념을 가진 아버지였다. 셀 수 없이 많은 돌을 모아 들것에 담아 실어 나르며 돌밭을 개간했다. 그렇게 한 뙈기, 한 뙈기 넓혀나가는 게 삶의 목표였다. 그에게 땅은 가난한 농사꾼에서 벗어날 수 있는 기회였다.

아들은 아버지의 속을 무척이나 썩였다. 열일곱 살 때부터 연례행사처럼 가출을 했다. 죽어라고 일해도 콩죽을 면할 길이 없는 배고픈 농촌생활에 진절머리를 쳤던 반항아였다. 부지런히 땅을 조금씩 넓혀나가야 한다고 생각했던 아버지와 달리, 아들은 땅을 개간할 필요 없이 도시에서 돈을 벌어 어엿한 농토를 사는 편이 훨씬 낫다고 여겼다. 하지만 무슨 돈으로 땅을 산단 말인가. 정봉식이 보기에 아들의 생각은 무모함 그 자체였다.

경남 의령군 정곡면 중교리. 대부분이 낮은 산지와 평지로 이루어진 이 마을은 경주 이씨의 집성촌이었다. 이찬우는 이 마을에서 4대째 내려오는 천석꾼 지주였다. 풍년에는 2천 석, 흉년이 들어도 1천 500석은 거둬들이는 집안이었다.

이찬우는 실패한 혁명가였다. 젊은 시절, 정치에 관여하지 않는 집안 전통을 깨고 정치판에 들어갔다. 우리나라 국권이 일본에게 위협받고 있을 때였다. 서울로 올라가 독립협회 회원들과 행동을 함께했다. 하지만 어떤 이유에서인지 다시 고향으로 내려왔다. 그 뒤 조상이 그러했던 것처럼 고향에 파묻혀 살았다.

이찬우에게 막내아들은 골칫거리였다. 아들은 중퇴로 점철된 인생이었다. 초등학교 중퇴, 중학교 중퇴, 대학교 중퇴. 공부에는 도통 흥미가 없는 듯했다. 스무 살이 넘도록, 결혼을 하고서도 무위도식했다.

부잣집 막내아들의 전형적인 모습이었다. 마음을 잡지 못하는 막내아들이 아버지는 못내 불만스러웠다.

그러던 어느 날, 아들이 스물여섯 살이 되던 해 갑자기 사업을 하겠다고 했다. 이찬우는 아들이 미덥지는 않았지만 쌀 300석의 토지를 떼어준다. 아들은 그 땅을 팔아 마산에서 인생 최초로 중간에 포기하지 않는 일을 시작한다.

중교리와 그리 멀리 떨어지지 않은 경남 진양군 지수면 승내리. 이곳에 맨 먼저 터를 잡아 마을을 이룬 집안은 김해 허 씨였다. 뒤를 이어 능성 구 씨도 이곳에 정착해 살게 됐다. 이 마을은 손꼽히는 부촌이었다.

구재서는 300~400석의 땅을 갖고 있었다. 이웃에 비해 땅이 많지는 않았지만, 그의 아버지가 한양에서 관리를 한 덕에 이웃들은 선비의 집안이라고 불렀다. 구재서는 여섯 명의 아들을 두었다. 많은 사내아이를 교육하기 위해 무엇보다 우애를 가르쳤다. 구 씨와 허 씨가 마을에서 함께 터를 잡고 살아갔기에 화합이라는 가치가 무엇보다 중요했기 때문이었다.

구재서의 첫째 아들이 스물다섯 살이 되던 해 옷감을 파는 포목 장사를 하겠다고 나섰다. 아버지 구재서는 선비의 집안 아들이 어떻게 장사를 할 수 있느냐며 처음에는 말렸지만 결국 돈을 빌려 장사 밑천을 대어준다. 진주에서 장사를 하던 아들은 한 해만에 고향에 내려와 다시 손을 벌렸다. 아버지는 "네가 망하면 집안도 망한다!"며 비통한 표정으로 땅문서를 건넸다.

100년 전, 아버지 세대에게는 토지가 꿈이었다. 부자 아버지는 천석꾼, 만석꾼을 꿈꾸었고 가난한 아버지는 땅 한 뙈기 넓혀나가는 데 자신의 모든 것을 바쳤다.

그 시절 토지는 성공의 척도였다. 대지주의 위상은 하늘을 찌를 듯 높았다. 농민의 가장 절실한 욕망도 작게나마 내 땅을 갖는 것이었다. 그러나 현실은 그렇지 못했다. 해방 직후 토지 가운데 자작농이 차지했던 비율은 37퍼센트에 그쳤다. 농민 대부분은 남의 땅을 빌려 농사를 짓는 소작농이었다.

아버지 세대의 운명이 바뀌는 결정적인 계기가 찾아왔다. 해방과 전쟁이라는 전환기였다. 해방이 되자마자 남북한을 통틀어 화두는 토지개혁이었다. 부의 상징이 재편되는 시기가 찾아온 것이다. 일본에 진주한 미군은 지주의 토지를 소작인에게 나눠주었다. 북한에서도 소련군이 1946년 3월 '무상몰수, 무상분배' 원칙에 따라 토지개혁을 단행했다.

하지만 남한에서는 토지개혁이 쉽지 않았다. 그때까지만 해도 대지주 계층은 정치와 경제 권력을 장악하고 있었다. 미군정과 가까웠던 한민당을 비롯해 당시의 정치 세력가들은 지주 출신이었다. 이들은 토지개혁에 저항했다.

토지개혁이 지지부진해지자 농민들이 농지 분배를 강력히 요구하기 시작했다. 우리나라 인구의 70퍼센트가 농민이었다. 농업은 핵심적인 경제기반이었고, 대부분의 사람은 농업에 종사하고 있었다.

땅을 향한 농민들의 욕구는 강렬했다. 미국 역시 남한의 정치 안정을 위해 토지를 개혁하라는 압력을 넣었다. 토지개혁을 실시하면 야당인 한민당의 경제적 기반을 붕괴시킬 수 있을 것이란 이승만 정권의 바람도 있었다.

이승만 정권은 1949년 6월 농지개혁법을 공포한다. '유상몰수, 유상분배' 방식이었다. 정부는 지주에게 지가증권(정부에서 매수한 토지의 보상금으로 지주에게 발행한 유가 증권)을 발행해주고 토지를 사들였다. 정부가 사들인 토지는 소작인들에게 유상분배됐다.

토지개혁 직전, 남한에는 1년에 1천 석 이상을 거둬들이는 대지주가 905명이었다. 그들은 어떻게 됐을까? 몰락했다. 지주계층은 토지개혁으로 모든 것을 잃었다. 토지개혁이 끝난 것은 한국전쟁이 일어나기 불과 이틀 전인 1950년 6월 23일. 소작농지는 63퍼센트에서 12퍼센트로 줄어들었다. 하지만 한국전쟁이 발발하면서 지주계층의 토지 보상은 제대로 이루어지지 못했다.

땅을 버려둔 채 피난길에 오른 지주들은 먹고살기 위해 지가증권을 헐값에 넘겨야 했다. 전쟁이 끝날 때까지 지가증권을 갖고 있었던 지주들도 허망함을 맛봐야 했다. 전후 극심한 인플레이션으로 정부의 보상금의 가치는 형편없이 떨어져 있었다.

해방과 전쟁 뒤 '토지의 시대'는 가고 장사의 시대, 즉 '상업의 시대'가 왔다. 땅이 권력이자 부의 상징이었던 시대는 역사 속으로 사라졌다. 새로운 시대가 오면서 지주계층은 시대의 흐름을 먼저 읽었던 이들에게 자신의 위상을 물려주어야 했다.

정봉식의 아들 정주영, 이찬우의 아들 이병철, 구재서의 아들 구인회. 아들은 기존 가치관인 땅에 집착하지 않았다. 아버지 세대가 갖고 있는 신념이나 가치, 사고에서 벗어난 것이다.

아들 세대의 경제를 관통했던 키워드는 '부족'과 '재건'이었다. 모든 게 없었던 시절이었고, 모든 걸 새로 지어야 하는 때였다. 정주영, 이병철, 구인회는 시대가 요구하고 사람들이 원했던 것에서 기회를 찾아냈다.

이제, 그들이 어떻게 시대를 앞서가며 기회를 찾아나가는지 살펴볼 것이다. 이 여정은 과거로의 회귀가 아니다. 그들의 모험은 정치적, 경제적으로 격변기를 맞고 있는 우리 시대에 나침반이 될 수 있을 것이다. 즈음에서 서성거리고 있는 기회를 자신의 것으로 만들어가는 길, 지금부터 따라가 보자.

1장

젊은 그들은 실패자였다

정
주
영

수리를 맡은 자동차가 불타버렸고, 부속품도 잿더미로 변했다.
빚더미에서 시작한 사업에 또 다른 빚더미를 안게 된 것이다.
그러나 그의 특기이자 장기인 도전정신은 오히려 더욱 빛을 발했다.
"이대로 주저앉으면 영감님 빚을 못 갚게 생겼으니
 빚을 갚을 수 있도록 자금을 더 빌려주십시오."

생각을 바꾸지 않으면
아무것도 바뀌지 않는다

"아버지, 제발 절 좀 내버려두세요!"

"……."

아버지와 아들은 덕수궁 대한문 앞에 쭈그리고 앉아 침묵으로 한참을 대결했다.

답답하기 그지없는 시간이 흘렀다. 아버지가 아들에게 말했다.

"끝까지 고집을 피울 작정이냐?"

아들은 아버지의 말이 끝나기 무섭게 대들듯 대꾸했다.

"안 내려가요. 이제 넉 달이면 취직이 돼요. 안 가요!"

"그래, 취직이 된다고 치자. 월급쟁이는 붕어 밥알 따먹는 신세인데 그런 인생이 좋아? 이 녀석아."

아들은 완강했다.

"농사꾼보다 낫지 뭘 그러세요."

아들은 애잔했다. 농사꾼 아버지에게 그렇게 말하는 게 아니었다고 후회하며 고개를 떨궜다.

아버지는 아들이 흔들리고 있다고 여겼다. 그 기세를 놓치지 않으려고 얼른 입을 뗴었다.

"서울로 오면서 내가 혼자서 얼마나 울었는지 모른다. 네가 맏아들만 아니면 애비도 너 하고 싶은 대로 내버려두겠다만……."

그 말에 아들은 무너지고 말았다. 그렇게도 무뚝뚝했던 아버지가 울었다는 말에 그만 '흑' 하고 울음이 터진 것이다.

아버지가 강압적으로 데리고 가려고 했다면 아들은 틀림없이 반항했을 테지만, 아버지의 말은 아들의 감성을 건드리고 있었다.

"알겠어요, 아버지…… 갈게요."

아버지는 아들을 데리고 가게 됐다는 기쁜 마음에 동물원 구경을 제안했다. 둘은 덕수궁에서 창경원까지 걸었다. 창경원에서 아버지는 '어른 10전, 아이 5전'이라는 팻말을 보고 깜짝 놀라 뒷걸음을 쳤다. 공짜인 줄로만 알았지 입장료를 내야 하는 줄은 몰랐다.

아버지는 아들에게 자신은 시골서 호랑이를 많이 봤으니 혼자 보고 나오라고 했다. 아들은 "저도 싫어요"라며 심드렁하게 대꾸했다. 아버지는 인심을 쓰기로 했다.

"그래, 혼자 가기 싫거든 나도 같이 들어가자."

그렇게 아버지와 아들은 서울에서 난생 처음 동물원을 구경했다. 그리고 그날 밤, 기차를 타기 위해 창경원에서 청량리역까지 걸어갔다. 오십 대 아버지와 열일곱 살 아들은 그렇게 다시 고향으로 향하는 열차를 탔다.

그날 본 호랑이 때문이었을까. 정글의 법칙에서 살아남은 호랑이처럼, 아들은 장성해서 '현장의 호랑이'가 된다.

정주영, 그때가 세 번째 가출이었다.

6만 명 중 1명에 불과했던 청년

3·1 운동이 일어나기 4년 전인 1915년, 정주영은 강원도 통천군 송전면 아산리에서 맏아들로 태어났다.

어린 시절 정주영은 번번이 가출을 감행한 문제아였다. 정주영으로서는 가출이 새로운 도전의 시작이었지만 아버지에게 아들의 가출은 무모함이었고 두려움이었다. 아들은 한 집안의 생사가 달린 돈까지 훔쳐들고 집을 뛰쳐나갔다. 피와 살 같은 돈이 없어진 걸 알게 된 아버지가 얼마나 허탈하고 충격을 받았을지는 충분히 짐작해볼 수 있다.

정주영에 대해 쓴 많은 글들은 "그가 가출을 단행해 성공에 이르렸다"고 말한다. 정주영의 입장에서 보면 가출이 성공한 기업가를 만든 길이었다고 미화하는 방향으로 흐를 수밖에 없겠지만, 아버지의 입장에서 아들의 가출은 가족 질서를 송두리째 흔드는 엄청난 사건이었다.

그러면, 정주영의 가출을 당시의 시대상과 함께 되짚어보면 어떨까. 정주영은 1931년부터 3년 동안 매년 가출을 했다. 경제교육연구회가 펴낸 『뜻으로 읽는 한국경제사』를 보면, 당시에는 매년 6만 명의 농촌 사람들이 고향을 떠나 도시로 흘러들어갔다.

조선총독부의 산미증식계획 결과, 한국인 대지주와 일본인 대지주들이 크게 성장한 반면 조선인 중소 지주들은 몰락해갔다. 이는 극심한 농업 노동력 유출로 나타났다. 1930~1935년간 연평균 6만 명의 농업 노동력이 유출되었고, 1935년 이후에는 이러한 현상이 더욱 심해졌다.

고향을 떠난 이들은 대부분 성공하지 못했다. 날품팔이, 지게꾼, 공사장 막노동 일을 하며 하루 벌어 하루 먹고사는 척박한 삶을 살아야 했다.

정주영 역시 고향을 떠났던 6만 명 중의 1명이었던 가출소년이었다. 그런 그가 우리나라 굴지의 대기업을 만들어냈다. 고향을 떠난 그 많은 사람들이 정주영처럼 새로운 세계로 나갔다고 보면, 그들에게도 성공의 발판을 만들 수 있는 기회는 있었다. 그러나 현실은 그러지 못했다.

땅은 개간하는 것이 아니라 사는 것이다

어떻게 정주영은 새로운 인생을 만들어간 것일까? 그는 당시 대부분의 사람들이 생각했던 땅에 대한 패러다임을 뛰어넘었다. 땅을 조금씩 개간해 늘려나가는 것이 아니라 돈을 벌어 사들이면 된다는 생각을 한 것이다. 그는 자서전 『시련은 있어도 실패는 없다』에서 이렇게 얘기한다.

> 노력과 시간과 흘리는 땀에 비해서 농사는 성과가 너무 적었다. 차라리 공사판에 나가서 노동으로 돈을 벌어서 개간할 필요 없이 어엿한 농토를 사는 편이 훨씬 낫지 않을까 싶었다.

외부의 환경 변화도 맞아떨어졌다. 1929년 10월 미국 월스트리트의 주가폭락으로 시작된 대공황은 세계경제는 물론 일본 경제를 위기로 몰아넣었다. 대공황은 농업으로 파급돼 농산물 가격을 급락시켰다. 식민지 조선 역시 영향을 받았다. 쌀 가격이 폭락했다. 1926년 쌀 한 가마는 35엔에 거래됐으나 1931년에는 절반 이하인 15엔으로 떨어졌다. 쌀값이 폭락하면서 농촌생활은 더욱 어려워져갔다.

정주영이 처음 가출한 시기는 1931년이었다. 그가 당시의 세계정세를 알 처지는 아니었을 테지만 전망이 없는 농촌 경제의 현실을 어렴풋이 직감하고 있었던 듯하다. 그런 상황에서 아버지처럼 현실에 순응하며 살기보다는 현실을 뛰어넘는 도전을 선택한 것이다.

정주영에게는 기회를 만들려는 간절함이 있었다. 그 간절함은 목적의식으로 투영됐다. 무작정 가난이 싫어 충동적으로 집을 떠난 것이 아니라, 기회를 잡기 위해 철저히 준비를 했다.

정주영은 강원도 두메산골까지 배달된 신문을 읽으며 도시에 관한 정보를 얻었고, 새로운 문물과 도시생활을 그려보곤 했다. 당시 신문에서는 이광수의 「흙」이 연재되고 있었다. 정주영은 소설의 주인공처럼 변호사가 돼 도시에서 살고 싶다는 생각을 했다.

서울로 도망쳐온 뒤에도 정주영은 여러 법학 책을 사서 읽으며 독학을 했다. 물론 현실적인 벽이 너무 높아 변호사가 되지는 못했지만, 목적의식을 가졌느냐 그렇지 않았느냐의 차이는 크다.

또 하나, 그에게는 본받고 싶은 롤모델이 있었다. 정주영은 소판 돈을 훔쳐 서울의 부기(簿記) 학원에 등록했고, 공부가 끝나면 숙소에 처박혀 죽어라 책만 읽었다. 그는 『시련은 있어도 실패는 없다』에서 이런 기억을 떠올렸다.

『나폴레옹전』『링컨』『삼국지』 등을 읽은 것도 그때였는데, 돈이 없어 책을 많이 사들이지 못하는 대신 읽은 책을 읽고 또 읽곤 했다. 특히 나와 비슷하게 가난한 집안에서 태어나 백절불굴(百折不屈)의 강인한 정신력과 용감무쌍한 투쟁력만으로 마침내 프랑스 공화국 황제가 된『나폴레옹전』은 나에게 무한한 희망과 용기를 북돋워주어 수없이 반복해 읽었다. 링컨 역시 나와 아주 비슷하다고 생각했다. 산골에서 태어나 도시로 온 것도 비슷했고 노동을 한 것도 비슷하고, 나처럼 항상 책에 굶주려 있었던 것도 비슷했다. 위인들의 전기를 읽다가 특별히 마음에 와 닿는 구절은 공책에 일일이 베껴놓았다가 틈틈이 반복해 읽기를 거듭했다.

정주영은 성실이라는 삶의 태도와 함께 지식이라는 부가적인 역량도 갖추고 있었다. 그가 기회를 움켜잡을 수 있었던 또 하나의 포인트는 학원에서 배운 '부기'였다.

그는 세 번째 가출했을 때 서울의 부기학원에서 경영실적과 재정 상태를 보여주는 회계장부 기록에 대해 배웠다. 사업의 기본 지식을 착실히 갖춰나갔던 것이다. 이는 후에 그가 쌀가게에서 인정을 받게 되는 비결이 되기도 한다. 세계 최고 부자 록펠러 역시 상업학교에서 회계장부를 정리하는 법을 배웠고 그 때문에 첫 회사에서 능력을 인정받으며 부를 일으킬 수 있었다. 즉 회계장부는 자본주의의 변화 과정의 중요한 지식이었다. 론 처노는『부의 제국 록펠러』에서 회계장부의 중요성을 이렇게 강조했다.

경제사가들과 사회학자들은 자본주의 기업에서 회계가 얼마나 중요한지 강조해왔다.『프로테스탄티즘의 윤리와 자본주의 정신』에서 막스 베버는 "합리적인 부기"를 자본주의 정신 및 조직의 정수로 보았으며 "자본주의는 돈의 단위를 합리적인 비용편익 계산의 도구로 전환하는데, 복식부기는 이러한 도구의 훌륭한 기념비"라고 언급했다.

그렇다면 전형적인 자본가인 존 D. 록펠러가 회계에 각별한 관심을 쏟고 숫자에 대해서 거의 불가사의한 믿음을 드러낸 것도 그리 이상한 일은 아니다. 록펠러에게 장부는 의사결정을 이끌어주고 오류에 빠지기 쉬운 감정을 배제해주는 신성한 책이었다. 장부는 성과를 측정하는 수단일 뿐 아니라, 부정을 폭로하고 비능률적인 요소들을 포착하게 해주었다. 모호하고 불명확한 세상에서 장부는 모든 상황과 사물이 확고한 경험적 현실에 뿌리내리도록 했다.

현실에 순응했던 아버지

정주영의 아버지는 현실에 순응하는 사람이었다. 어려운 현실을 인정하는 가운데 그 현실을 조금씩 개선하려고 했다. 그는 가난과 싸우기 위해 땅에 대해 애착과 집념을 가졌다. 지금 시각에서 보면, 자신의 아파트를 갖기 위해 열심히 일하는 보통의 아버지와 다르지 않았다. 6남 2녀의 맏아들이었던 정주영의 아버지는 맏이의 숙명을 받아들였다. 정주영의 할아버지는 마을에 서당을 열고 아이들을 가르치는 훈장이었지만 농사일에는 도통 관심이 없었다. 가족을 먹여 살리는 일은 고스란히 아버지의 몫이었다. 아버지는 여섯 동생을 차례차례 결혼시켰다. 결혼을 시키려면 땅 몇 뙈기라도 떼어주어야 했다. 그러기 위해선 부지런히 일해야 했다. 아버지는 농사짓고 화전도 일구고 소도 열심히 키웠다. 그렇게 열심히 키운 소는 팔아서 동생들 장가보내고 시집보내는 데 썼다.

아버지는 아들을 자신처럼 일등 농사꾼으로 키우고 싶었다. 정주영은 『아산 정주영 연설문집』에서 이렇게 아버지를 떠올렸다.

아버님께서는 제가 맏아들이기 때문에 동생들을 분가시키려면 열심히 일하지 않으면 안 된다고 하시면서 어려서부터 저를 일등 농군으로 만들기 위해 훈련을 시켰습니다. 농토가 7, 8킬로미터 멀리 떨어져 있었는데 새벽 4시면 저를 깨워서 데리고 그 먼 곳까지 가는 것입니다. 농토에 도착하면 동녘하늘이 부옇게 밝아옵니다. 그곳에서 하루 종일 허리를 펴지 못하고 일하는 것이죠.

정주영이 보통학교를 졸업하자마자 아버지는 아들에게 농사를 가르쳤다. 고된 노동이 이어졌다. 아버지는 삼복더위에도 아들에게 삿갓을 씌우고 일을 하게 했다. 아들과 함께 논밭에 난 잡풀을 뜯어 없애고, 맨손으로 흙을 파다가 논밭에 옮겼다. 그러다보면 흙먼지와 땀이 섞여 아버지와 아들의 삼베옷은 너덜너덜해졌다.

무뚝뚝한 아버지는 일하면서 아무 말도 하지 않았다. 그러다 간간이 저린 허리를 펴려고 일어서면서 길게 휘파람을 불었다. 아들은 그 애처로운 휘파람 소리가 〈한 오백 년〉 노래의 첫 소절 같다고 생각했다. 하지만 아버지한테 물어보지는 않았다.

이렇게 아버지는 자신의 현실을 직시하고, 그 현실에서 조금씩 더 나은 삶을 위해 노력하는 사람이었다. 아버지는 자신이 가장으로 이룬 것을 아들이 따라주기를 바랐다.

현실 불평분자 아들

그러나 아들은 현실에 대한 불평분자였다. 죽어라고 일하며 땅을 개간하기보다는 돈을 벌어 아예 농토를 사는 편이 훨씬 낫겠다는 생각을 했다.

하지만 무슨 돈으로 땅을 산단 말인가, 밑천 하나 없이 말이다. 아들이 생각한 것은 새로운 세계로의 도전이었다. 아들을 놓아주지 않는 아버지에게서 벗어나려면 가출 밖에 없었다. 그건 아버지를 배반하는 일이기도 했다. 아들은 현실 안주와 불확실한 도전 중에서 후자를 선택했다.

현실을 인정하고 그 현실에서 삶을 바꾸려했던 아버지와 그 현실을 벗어나기 위해 불확실한 도전을 했던 아들. 아버지로선 아들이 지지리도 속을 썩히는 반항아였고, 아들로선 아버지가 현실에 투항해 버린 너무나도 순응적인 사람이었다.

아버지와 아들의 갈등은 결국 아들의 가출이란 비극을 낳았다. 하지만 그 비극 속에서 희망을 찾아낼 수 있다. 아들이 한두 번도 아니고 네 번의 가출을 했지만 아버지는 아들을 향한 기대와 희망의 끈을 놓지 않았다. 그런 아버지의 믿음은 정주영의 삶에 든든한 유산이 됐다. 바로 자존감이다. 자존감이 강한 사람은 자신이 살아온 삶과 앞으로 걸어갈 길을 긍정적이고 낙관적으로 바라본다.

정주영은 아버지가 자신을 믿어주었기에 자존감을 가질 수 있었고, 그 자존감은 불가능에 대한 도전으로 나타났다. 미래를 낙관하며 끊임없는 도전정신을 갖게 된 것이다.

남들이 열등감이라고 생각하는 것을 자존감이 강한 사람은 부끄럼 없이 드러낸다. 정주영은 초등학교 졸업이라는 자신의 학력을 부끄러워하지 않았다. 가난하고 고달팠던 어린 시절 역시 애써 감추려고 하지 않았다.

자존감이 강한 정주영은 사업에서도 진취적인 개척정신을 발휘했다. 조선과 자동차처럼 힘들게만 보였던 사업을 시작하면서도 그는 두려워하지 않았다.

막노동꾼, 공장 심부름꾼, 쌀 배달원

정주영은 열아홉 살 때인 1933년 네 번째이자 마지막 가출을 한다. 아버지에게 잡히지 않기 위해 멀리 인천으로 갔다. 처음 시작한 일은 막노동이었다. 뼈가 으스러지게 일했지만 겨우 입에 풀칠만 할 정도였다.

미래가 보이지 않았다. 정주영은 서울에서 새로운 도전을 해보기로 하고 걸어서 서울로 향했다. 그러나 서울 역시 마땅한 일자리는 없었다. 며칠 동안 돌아다니다가 겨우 얻은 일자리는 안암동 고려대학교 신축 공사장에서 돌과 목재를 나르는 일이었다. 하루 품삯이 생각보다 많지 않았다.

막노동을 하면서도 정주영은 안정된 직장을 잡기 위한 노력을 멈추지 않았다. 시간이 나면 이곳저곳을 쏘다니면서 더 나은 직장을 찾았다.

두 달 뒤, 그는 원효로 용산역 근처 풍전 엿 공장(현 동양제과)에 잔심부름꾼으로 들어갔다. 하루 50전을 받으면서 온갖 잔심부름을 했다. 막노동을 하는 것보다 몸은 편해 좋았지만 돈은 모아지지 않았다. 기술도 제대로 가르쳐주지 않았다. 그는 1년이 못 돼 공장을 때려치운다.

당시 엿 공장 임금이 낮았던 것은 정주영이 어리고 전문적인 기술이 없었기 때문이기도 했지만 또 다른 이유도 있었다. 1914년 1차 세계대전이 발발하자 유럽 국가의 수출이 급감한 반면, 일본에선 전쟁특수를 맞이하며 수출이 증가했다. 공업도 따라서 발달했다. 일본 정부는 수출 공산품의 가격경쟁력을 지원하기 위해 저임금 체계를 유지하도록 했다. 이는 식민지 조선에서도 적용됐다. 일본 기업들이 더 많은 수익을 올리기 위해선 조선 노동자들의 임금도 낮춰야 했다.

정주영은 다시 일자리를 찾아 나섰다. 신당동의 쌀가게 '복흥상회'에서 쌀 배달원을 구한다는 광고가 눈에 들어왔다. 자전거를 탈 수 있는 사람을 뽑았지만, 그는 덜컥 탈 수 있다고 말한 뒤 취직을 한다.

정주영은 『이 땅에 태어나서』에서 먹여주고 재워주고 임금이 많기 때문에 쌀가게를 선택했다고 말했다.

빈대가 들끓는 노동자 합숙소 잠자리에서 밥 사 먹고 나면 그만인 노동 품삯에 어디 비할 바인가. 한 달에 쌀 한 가마니면 일 년이면 열두 가마가 아닌가. 고향 떠나기를 잘했다. 이제 아버님도 나를 이해하고 인정해주실 것이다.

정주영의 이 말을 단순히 흘려들어서는 안 된다. 쌀가게를 선택한 것은 그 시대의 흐름과 맞아떨어진 것이었다. 당시는 쌀의 황금시대였다. 오늘날의 화폐와 같은 기능을 한 게 쌀이었고, 화폐(돈)를 유통하는 금융회사와 같은 역할을 한 게 쌀가게였다. 쌀 생산자보다 쌀 유통업자가 더 많은 돈을 벌어들였다.

쌀 유통업자가 큰돈을 만질 수 있었던 건 식민지 조선에서 쌀이 극도로 부족했기 때문이었다. 일본이 19세기 이후 본격적으로 산업화를 추진하면서 본토 인구는 급속히 늘어났고 식량부족 문제를 낳았다. 조선을 강점한 일본은 한반도에서 생산된 쌀을 일본으로 반출해 일본의 식량위기를 해결했다. 한반도에서 생산한 쌀 가운데 일본으로 수출한 비율은 1910년대의 10퍼센트 선에서 1920년대에 40퍼센트를 넘었고, 1935년에는 53퍼센트나 됐다.

우리나라에서 대량의 쌀이 일본으로 넘어감에 따라 국내에서는 쌀 부족 현상이 극심했다. '공급'보다 '수요'가 더 많은 상황에서 유통업자는 큰 마진을 취하게 된다. 엿 공장보다 임금이 높은 이유다.

결국 정주영은 동물적인 감각으로 쌀이 돈이 된다는 사실을 알았고, 그 기회를 놓치지 않은 것이다. 이는 나중에 정미업을 하는 이병철도 마찬가지였다.

쌀가게 사장이 되다

정주영은 취직한 날부터 열심히 일했다. 누구보다도 일찍 나가 가게 앞을 깨끗이 쓸고 물까지 뿌려놓았다. 아무렇게나 흩어져 있는 쌀가마와 곡식 자루를 가지런하게 쌓고, 일이 끝난 뒤에는 안팎을 깨끗이 청소했다.

며칠 뒤 주인은 쌀 한 가마니와 팥 한 되를 왕십리 자신의 집으로 배달하라고 했다. 비까지 부슬부슬 내리는 날이었다. 정주영은 무턱대고 쌀가마니와 팥 자루를 메고 비틀비틀 나섰다가 기어이 나동그라지고 말았다. 쌀가마니와 팥 자루가 진흙탕에 떨어져 엉망이 되었다. 자전거 핸들도 확 휘어버렸다. 몸은 시퍼렇게 멍이 들었지만, 아프다는 느낌보다 걱정이 앞섰다.

그러나 주인은 정주영을 보더니 큰 소리로 웃으며 "비 오는데 수고했다"며 아무 일 없다는 듯 말했다. 만약 그가 성실하지 않았다면, 주인이 그렇게 지나쳤을 리는 없었을 것이다. 성실함이 실수를 묻어 준 셈이었다.

정주영은 그날 밤부터 내리 사흘 동안 밤잠도 안 자고 자전거 타는 법을 배웠다. 얼마 안 가 한꺼번에 쌀 두 가마를 싣고도 제비처럼 날쌔게 내달릴 수 있었다. 아버지는 그가 일등 농사꾼이 되길 바랐지만, 그는 일등 배달꾼이 되어 있었다.

아무도 시키지 않았는데 정주영은 가게 장부까지 도맡았다. 주인은 마음이 너그럽고 돈은 많았지만 배움은 부족했다. 쌀을 어디서 얼마나 들여왔고, 누구한테 배달했는지, 돈은 언제 받았는지 장부에 제대로 정리하지 못했다. 세 번째 가출 때 부기를 배운 적이 있던 정주영은 깨끗하게 장부를 정리해놓았다. 주인은 자신의 아들 대신 정주영에게 장부 정리를 맡겼다. 그 정도로 정주영이 빈틈없이 일을 처리한 것이다.

쌀 한 가마로 시작한 월급은 두 가마가 되고 나중에는 세 가마까지 되었다. 가출한 지 3년쯤 지나 1년 월급이 쌀 20가마가 됐을 때였다. 정주영은 가출 뒤 처음으로 아버지에게 편지를 썼다. 곧바로 아버지의 답장이 왔다.

"네가 출세를 하기는 한 모양이구나. 이처럼 기쁜 일이 어디 있겠느냐."

정주영은 스물둘의 나이에 아랫마을에 사는 열여섯 살 아가씨와 백년가약을 맺는다. 농사를 짓는 아버지 밑에서 7남매 중 맏딸로 자란 변중석이었다. 결혼하기 한 달 전 정주영은 변중석의 집으로 선을 보러 갔다.

그녀는 윗마을 총각이 서울에서 선을 보러 내려왔다는 아버지의 말에 방에서 나오지도 못하고 떨고 있었다. 그런데 갑자기 낯선 총각의 굵은 목소리가 들리더니 방문이 확 열렸다. 남자는 얼굴을 감춘 소녀를 힐끗 보더니 말 한마디 없이 나가버렸다. 그리고 한 달 보름 뒤 두 사람은 결혼식을 올렸다. 그녀는 일에 빠져 '손님 같은 남편'과 일평생을 같이 하게 된다

그러던 어느 날 저녁, 즈인이 정주영을 불렀다.

"아무래도 가게를 내놓아야 할 것 같네."

그 말을 듣는 순간, 정주영은 힘이 쑥 빠졌다.

'먹여주고, 재워주고, 이만한 월급을 주는 곳도 없는데……'

주인은 말을 이었다.

"아들놈 때문이야. 가게를 계속해봐야 아들놈 노름 돈이나 대주는 꼴이니……."

주인에게는 게으른 난봉꾼 아들이 있었다. 만주까지 들락거리며 가산을 탕진하는 아들 때문에 주인은 울화병이 들어 사업을 계속할 의욕을 잃어버린 것이다.

"그래서 하는 말인데, 자네가 이 가게를 인수하게나."

"주인어른, 하지만……."

"아닐세. 자넨 성실하니까 잘 해낼 거라고 생각해. 쌀가게 인수 대금은 자네가 저금해놓은 돈으로 일부 갚고 나머지는 벌어서 갚아도

좋아."

당시 복흥상회 주인집 딸이었던 이문순 씨의 회상에 따르면, 정주영은 다른 배달꾼과 달랐다. 저녁때가 되면 다른 일꾼들은 장기나 두고 담배 피우며 노는데 정주영은 항상 책을 보고 있었기 때문이다. 이 씨는 정주영이 '변호사가 되겠다는 꿈을 키우면서 주경야독하는 성실한 청년'이라고 어머니께 전해 들었다고 말했다.

가출한 지 4년 만에 정주영은 쌀가게 배달원에서 주인이 되었다. 1938년 1월 정주영은 '경일상회'라는 간판을 내걸었다. '경일(京一)'은 경성에서 제일이라는 뜻이다. 그가 스물네 살 때였다.

자본도 없는 그가 짧은 시간에 서울에서 성공할 수 있었던 가장 큰 이유는, 끊임없이 시대를 이끌어가는 사업 분야를 찾았기 때문이었다. 가출한 뒤 그는 막노동, 공장 노동자 등 여러 일을 하면서도 항상 미래를 내다보았다. 지금 하고 있는 일이 시대를 이끌어가는 사업인지, 미래지향적인 사업인지를 따져보았다. 그렇지 않는 일이라고 생각하면 어김없이 그만두고 새로운 일에 도전했다. 몇 번의 시행착오를 거쳤지만 그런 생각을 갖고 있었기에 젊은 나이에 성공에 다가설 수 있었다.

경일상회는 나날이 번창했다. 정주영은 단골손님을 더 만들기 위해 부지런히 찾아다녔다. 그 덕분으로 배화여고와 서울여상 기숙사에도 쌀을 댈 수 있었다. 가게는 부쩍부쩍 발전했다.

하지만 쌀가게를 시작한 지 2년 남짓 되었을 때, 외부 환경 변화로 더 이상 가게 문을 열 수 없었다.

일본이 대공황을 타개하기 위해 침략전쟁을 벌였다. 일본 군부는 1937년 7월 베이징 남서쪽 교외의 루거우차오 다리를 점령하면서 중일전쟁의 서막을 올렸다. 곧바로 조선총독부는 '전시체제령'을 내렸다. 전쟁에 쓰이는 총알과 대포를 만들기 위해 쇠붙이 밥그릇마저 모조리 긁어 가져갔다. 1939년 12월 쌀 배급제가 시작됐고, 전국의 쌀가게는 문을 닫아야 했다. 일제는 농민들이 지은 곡식을 강제로 빼앗아 일본군에 보내고, 그 일부를 식민지 국민에게 나눠주었다.

정주영도 어쩔 수 없이 가게를 정리해야만 했다. 그의 손에 떨어진 돈은 천 원 남짓이었다. 당시 은행원 월급이 70원 정도였으니, 은행원 연봉 정도의 돈을 번 셈이었다.

쌀가게를 처분하고 고향으로 돌아온 정주영은 아버지에게 논 2천 평을 사드렸다.

잘나가는 업종, 자동차 수리업

정주영은 고향에 오래 머물지 않았다. 뭔가 일을 하고 싶어 몸이 근질근질했다. 고향에서 해를 넘기고 이듬해 초 다시 서울로 올라왔다. 갖고 있던 돈은 250원이었다.

'작은 자본으로 할 수 있는 사업은 뭐가 있을까?'

정주영은 이런 생각을 갖고 이곳저곳을 돌아다니며 사업을 구상했다. 그러다 우연찮게 쌀가게 단골이었던 사람을 만난다. 그는 자동차 수리 센터에서 일하고 있었는데, 일본사람이 '아도서비스'라는 자동차 수리 센터를 팔려고 내놓았다며 그걸 인수하라고 권유했다. '아도서비스'는 '애프터서비스'의 일본식 발음이었다.

"일본사람이 왜 그 서비스센터를 내놓았나요?"

"빚이 너무 많아서요. 서비스센터는 잘되고 있긴 한데……."

정주영은 직접 그곳을 찾아가 보았다. 시설은 그런대로 괜찮았다. 다만 목조 건물인 게 맘에 걸렸다.

'설마 불은 안 나겠지…….'

그러나 설마가 사람 잡는다고 했던가.

처음 자동차 수리업 제안을 받았을 때, 정주영은 이런 고민을 했다고 털어놓았다.

"쌀 배달로 자전거를 타는 데는 명수였지만, 전차 값 5전도 아끼기 위해 걸어 다니는 처지였으니 자동차에 대해서는 깜깜 절벽이었다. 그렇지만 큰 자본 안 들이고 돈을 벌 수 있는 사업이라는 말에 솔깃했다."

그러나 정주영의 이 말에서도 시대를 읽는 그의 감을 엿볼 수 있다. 자동차를 수리하는 서비스센터는 요즘 말로 '잘나가는 업종'이었다. 세상이 달구지에서 자전거, 자전거에서 오토바이, 오토바이에서 자동차로 발전해가고 있는 것을 정주영은 현장 감각으로 알아채고 있었다. 사업자금의 몇 배나 되는 돈을 빚을 져가며 무모하게 서비스센터를 인수해 사업에 뛰어들 리는 없었다.

물론 그때만 해도 자가용은 드물었다. 하지만 전쟁 바람에 군수물자를 실어 나르는 화물차가 크게 늘고 있어 자동차 수리업은 괜찮은 업종이었다. 다른 사람들은 사업을 새로 벌이려 할 때 이것저것 재다가 기회를 놓치기 일쑤지만 그는 한번 마음먹으면 주저하지 않고 시작했다.

당시에는 얼마 안 되는 산업시설을 대부분 일본사람들이 독점하고 있던 시기였다. 우리나라 사람들은 좀처럼 기계를 접할 기회가 드물었다. 이런 상황에서 정주영은 당시로서는 첨단산업인 자동차 기술을 경험하게 된 것이다. 서비스센터는 나중에 현대자동차 설립으로 이어진다.

그가 서비스센터를 시작할 수 있었던 것은 쌀가게를 운영하며 얼마간의 자본을 모았기 때문이었다. 막노동이나 엿 공장에 안주했더라면 그런 기회는 잡지 못했을 것이다.

빚더미에서 되살아날 수 있었던 힘

문제는 3천 500원이라는 인수 자금이었다. 정주영은 쌀가게를 할 때 알고 지내던 오윤근 영감을 찾았다. 오 영감은 정미소를 경영하면서 돈놀이도 하고 있었는데, 담보물도 잡지 않고 오직 상대방의 신용 하나만 믿고 돈을 빌려주었다. 그런데도 단 한 번도 돈을 떼인 적이 없다고 늘 자랑하곤 했다.

쌀가게를 할 때 외상값을 어김없이 갚아 신용을 키웠던 정주영에게 오 영감은 선뜻 3천 원을 내주었다. 정주영은 돈을 빌렸다는 사실보다 신용을 인정받았다는 사실이 오히려 더 기뻤다.

훗날 정주영은 "신용이 곧 재산이다. 신용만 있으면 돈은 얼마든지 있다"라고 자주 말하는데, 이 말은 바로 그때 체득한 경영 신조인 셈이다.

1940년 2월 정주영은 계약금을 치르고 서비스센터를 인수해 문을 열었다. 사업은 순조로워 보였다. 직원들은 50명이나 되었다. 트럭 두 대를 서비스센터 앞 길가에 세워놓고 수리를 할 정도로 사업은 잘되는 듯했다.

서비스센터를 시작한 뒤 한 달쯤 지난 새벽이었다. 밤늦도록 일을 하다 지친 정주영은 숙직실에서 혼자 잠을 자게 되었다. 새벽에 눈을 떠 세수할 물을 데우려고 시너를 붓는 순간 불이 확 옮겨 붙었다. 불

길은 걷잡을 수 없이 번졌다.

정주영은 다급해서 전화기를 집어 들고 유리창을 깼다. 당시만 해도 전화기는 귀하디귀한 물건이었지만 그런 것을 생각할 겨를이 없었다. 수리를 맡은 자동차가 불타버렸고, 외상으로 들여놓은 부속품도 마찬가지로 잿더미로 변했다. 빚더미에서 시작한 사업인데 또 다른 빚더미를 안게 된 것이다.

정주영은 이런 상황에서도 무릎을 꿇지 않았다. 그의 특기이자 장기인 도전정신은 오히려 더욱 빛을 발했다. 정주영은 또 다시 오 영감을 찾아갔다.

"이대로 주저앉으면 영감님 빚을 못 갚게 생겼으니 빚을 갚을 수 있도록 자금을 더 빌려주십시오."

빚을 진 상태에서 그는 다시 빚을 내달라고 했다. 어떻게 보면 뻔뻔스러울 수 있겠지만, 다른 대안이 없는 상태에서 그건 최후의 수단이었다.

오 영감으로서는 황당했을 것이다. 정주영의 사정을 가만히 듣고 있던 그가 입을 열었다.

"나는 지금까지 단 한 번도 담보를 잡고 돈을 빌려준 적이 없네. 단 한 번도 떼인 적도 없어. 음…… 그래, 내 평생 사람을 잘못 봐 돈 떼였다는 오점은 남기고 싶지 않으니 더 빌려주겠네."

정주영은 오 영감에게 또 3천 500원을 빌렸다. 화재로 불타버린

자동차와 부품 값을 갚고 나서 얼마 남지 않은 돈으로 다시 아도서비스를 열었다. 이번에는 신설동 뒷골목에 무허가로 차렸다.

여기서도 정주영은 사업가 기질을 발휘한다. 당시 서울에는 꽤 큰 규모의 서비스센터 서너 곳이 있었다. 지금도 마찬가지지만, 그때도 서비스센터들은 고치기 힘든 고장인 척하며 수리 날짜를 길게 잡아 수리비를 더 많이 청구하곤 했다.

정주영은 달랐다. 열흘 걸릴 것을 사흘에 고쳐내는 대신 수리비를 다른 공장보다 더 많이 받아냈다. 자동차 주인들은 돈이 문제가 아니었다. 하루라도 빨리 수리를 끝내는 걸 더 좋아했다.

곧바로 서울의 고장 난 차는 모조리 신설동으로 몰려들었다. 고객의 니즈를 빨리 파악한 덕분이었다. 후발주자가 선발주자를 따라잡기 위해서는 특별한 전략이 필요한데, 정주영은 차별화 전략을 쓴 것이다.

공장은 왕왕 소리가 날 정도로 잘돼 정주영은 3년 만에 오 영감에게 빌린 돈을 이자까지 깨끗이 갚았다. 그는 신용을 지킬 수 있었고, 오 영감은 절대 돈을 떼이지 않는다는 기록을 유지할 수 있었다.

크레디트(Credit), 즉 신용은 사람에게도 중요하지만 기업에겐 무엇보다 중요하다. 기업의 성장은 신용의 축적 과정이기 때문이다. 화재라는 사고에서 그가 배운 교훈은 신용이었다.

기업 정비령으로 사업을 접고

20대에 사업을 한다는 것은 호락호락하지 않은 일이다. 전쟁은 정주영에게 기회를 가져다주기도 했지만 사업을 접게 만드는 위기도 불러왔다. 일본은 1941년 12월 8일 하와이 진주만을 폭격하며 태평양전쟁을 일으켰다. 이듬해 일본은 전쟁 물자 조달을 위해 소규모 중소기업을 통폐합한 '기업 정비령'을 시행했다. 군수산업으로 설비와 자금을 집중하기 위해 중소기업을 대기업에 통합시키거나 강제 청산하도록 한 것이다.

아도서비스도 종로의 일진공작소와 강제합병 당했다. 동업자들이 빠져나가고, 강제합병 된 회사에 아무 의욕도 열정도 없었던 정주영 역시 곧 손을 뗐다. 그 뒤 그는 트럭을 사들여 황해도 금광에서 광석을 운반하는 운수사업을 시작했다.

광산에서의 운수사업 역시 눈여겨 볼 대목이다. 당시 일본은 군수물자 조달을 위해 조선의 광산을 집중 개발했다. 일본에서 생산되는 주요 광물의 종류가 적었기 때문이다. 정주영은 차를 정비하는 서비스센터를 운영해봤기 때문에 그 경험을 갖고 돈이 되는 곳에서 또 다른 사업을 벌일 수 있었다. 그러나 그것도 얼마 가지는 못했다. 현장소장과 갈등을 빚은 뒤 그는 손을 떼버리고 고향으로 내려간다.

이
병
철

어느 날, 밤늦게까지 노름을 하다 집으로 돌아왔다.
밝은 달빛이 창 너머로 방 안에 스며들고 있었다.
문득 악몽에서 깨어나는 듯한 느낌을 받았다.
'너무 허송세월했다. 뜻을 세워야 한다.'
그는 그날 밤 한잠도 잘 수 없었다.

너무 허송세월 했다,
뜻을 세워야 한다

"문산 선생의 손자가 이래서야……."

아들은 서당 훈장에게 기런 핀잔을 듣는 일이 한두 번이 아니었다. 할아버지는 자신의 호 '둔산'을 따 '문산정'이라는 서당을 세웠다. 다섯 살 때부터 이 서당에서 공부했던 아들은 공부에는 도통 흥미가 없었다. 두서너 달이면 뗀다는 천자문을 일 년 남짓 공부해야만 했다.

막내아들은 서당에 적응하지 못했다. 딴 곳으로 눈을 돌렸다. 신식 학교에 가면 뭔가 새로운 일이 있을 것 같았다. 아들은 어머니에게 신식 학교에 보내달라고 조르기 시작했다. 어머니는 아들을 신식 학교에 보내자고 아버지를 설득했고, 결국 아버지도 허락했다.

아들은 진주에 있는 지수보통학교 3학년에 편입했다. 이곳에서 운명적인 사람을 만나는데, 그가 바로 구인회다. 두 사람은 후에 경영 맞수이자 사돈지간으로 발전한다. 구인회 역시 고향 서당에서 한문을 배우다 이 무렵 지수보통학교로 편입한다. 둘은 같은 반에서 공부하는 동기동창이 된다.

차가운 아버지와 따뜻한 어머니

우리나라가 일본에 강제합병 당한 1910년, 이병철은 경남 의령군 정곡면 중교리에서 2남 2녀 중 늦둥이 막내아들로 태어났다. 아버지는 부자였다. 풍년에는 2천 석, 흉년이 들어도 1천 500석을 거둬들이는 집안이었다. 그 시대에 천 석을 하는 집은 그리 많지 않았다. 부자라해야 100석을 하는 사람이 한 면에 한둘 있을 정도였다.

이병철 집안은 대대로 부자였고, 정치와는 거리를 두고 지방의 유지로 살아왔다. 당쟁으로 치닫는 중앙정치를 혐오해 지방유지로 만족하며 살았다. 은둔가적인 분위기는 이병철은 물론 이건희도 고스란히 물려받게 된다.

이병철의 아버지는 실패한 혁명가이기도 했다. 젊은 시절 아버지는 정치에 관여하지 않는 집안 전통에 도전하며 정치판에 들어갔다.

우리나라의 국권이 일본에게 위협받고 있을 때였다. 아버지는 서울로 올라가 독립협회 회원들과 행동을 함께했다. 훗날 대통령이 된 이승만과 서로 알게 된 것도 그즈음의 일이다. 하지만 어떤 이유에서인지 아버지는 다시 고향으로 내려왔다. 그 뒤 조상이 그러했던 것처럼 고향에 파묻혀 살았다.

아버지가 실패한 혁명가였다는 사실은 이병철의 성격 형성에도 영향을 미친다. 정주영의 아버지와 달리 이병철의 아버지는 아들에게 섬세한 애정을 쏟지는 못했다. 정주영의 아버지는 아들을 일등 농사꾼으로 만들기 위해 자신이 알고 있는 모든 것을 가르쳐주려고 했다. 그러나 이병철의 아버지는 집안을 벗어난 데서 가치를 찾았다. 그러다 보니 아들을 향한 아버지의 태도는 방임에 가까웠다고 볼 수 있다.

이병철이 자서전에서 회상한 아버지와 어머니는 확연한 차이를 보인다. 아버지는 아들의 결정적인 순간에 등장해 이성적인 말을 하는데 차갑고, 무섭고, 날카로운 모습이 엿보인다. 아들이 하려는 일을 못마땅해 하지만 직접적으로 반대 의견을 내놓지는 않는다. 반면 이병철이 그리는 어머니는 대단히 감성적이다.

"어머니는 인정이 많아 어려운 사람을 그냥 두고 보지 못하는 성품이었다. 마을에 해산한 집이 있으면 꼭 미역과 쌀을 보냈고, 양식이 떨어졌다고 하면 쌀이나 보리쌀을 들려 보냈다."

이병철의 기질은 막내 콤플렉스에서 비롯된 듯하다. 어머니는 이병철을 서른여섯의 나이에 낳았다. 늦둥이 아들은 할머니와 어머니의 귀여움을 독차지하며 자랐다. 반면 아버지는 아들에게 엄격했다. 막내아들 특유의 버릇없음을 길들이기 위해서라도 아버지는 엄격해야 한다고 여긴 듯하다.

결과적으로 아들은 무뚝뚝하고 엄한 아버지보다 어머니와 정서적으로 더 가까웠다. 이병철이 쓴 자서전을 보면, 여러 차례 학교를 옮길 때마다 아버지보다 어머니에게 먼저 얘기한 것으로 나와 있다. 어머니는 막내아들을 대신 남편을 설득해 허락을 얻어냈다.

엄한 아버지 아래서 자란 아들은 다가서기 어려운 아버지보다 어머니와 많은 대화를 할 수밖에 없고, 그러다보면 성격이 내성적이고 섬세해지는 경우가 흔하다. 이병철이 그랬다. 아버지와 나이 차이도 꽤 있는 데다 장남도 아니었다. 그는 아버지 가까이에 다가가기를 두려워했다. 대신 어머니의 치맛자락을 잡고 늘어지며 조르기 일쑤였다. 다가서기 힘든 아버지, 장남인 형에 대한 경쟁으로 막내아들은 어머니에게 더 집착했다.

'종결자'가 되지 못한 아들

이병철의 어린 시절을 한 마디로 표현하면, '중퇴 인생'이다. 경남 진양군 지수보통학교 3학년 중퇴, 서울 수송보통학교 5학년 중퇴, 중동 중학교 3학년 중퇴, 일본 와세다대 전문부 1년 중퇴. 여러 학교를 다녔으나 졸업장 하나 없는 특이한 경력이다.

이병철의 어린 시절은 부적응의 연속이었다. 어떤 일을 시작해도 마무리를 짓지 못했다. 학교생활도 전반에는 비교적 잘 지내지만 후반이 되면 모든 게 흐트러졌다. 어떤 일을 하면 곧 싫증을 내고, 친구도 거의 사귀지 못했다.

지수보통학교 시절도 오래가지 못했다. 이병철은 곧 싫증을 내고 좀 더 넓은 곳으로 가기를 원한다. 방학 때 고향으로 돌아온 그는 서울에서 공부하던 사촌 형과 얘기를 나누다 서울을 동경하게 된다. 아들은 서울에 가서 공부하겠다고 어머니를 조르기 시작했다.

"어머니, 서울에 가야 공부를 잘할 수 있을 것 같아요. 서울에서 공부하게 해주세요, 제발요."

어머니는 아버지에게 아들이 서울 유학을 원한다고 얘기했다. 하지만 아버지는 선뜻 대답하지 않았다. 이병철은 막내아들 특유의 고집을 꺾지 않았다. 아버지는 결국 아들의 청을 받아주었다.

이병철은 서울 수송보통학교 3학년에 편입했다. 하지만 곧 외톨이가 된다. 반 친구들과 얘기를 해도 서로 이해하지를 못했다. 그의 지독한 사투리 때문이었다. 학교 성적은 중하위권이었다. 50명 가운데 35~40등이었다.

이병철은 여기서도 오래 견디지 못한다. 아버지에게 또 학교를 옮기고 싶다고 얘기한다.

"보통학교 과정을 단기간에 마무리 짓는 속성과가 있는 중학교로 옮기고 싶습니다."

아버지는 학교 옮기는 것을 허락했지만, '사필귀정'이라는 말을 아들에게 교훈으로 남긴다.

"매사에 성급하지 말아야 한다. 무리하게 일을 처리하려고 들면 그르친다."

여러 차례 학교를 옮겨 다닌 아들은 아버지에게 한 가지 궁금한 게 있었다.

'몇 차례나 학교를 바꾸는 내가 아버지 눈에 과연 어떻게 보였을까. 공부의 성과가 있다고 보셨을까, 아니면 공부의 길은 가망이 없다고 보셨을까.'

그러나 끝내 아들은 아버지에게 물어볼 기회를 찾지 못했다.

중동중학교 속성과도 잠시였다. 얼마 안 돼 아버지에게 다시 일본으로 유학가고 싶다고 말한다. 아버지는 일본으로 유학을 떠나겠다는 아들을 심하게 나무랐다.

"일에는 반드시 본말(중요한 부분과 중요하지 않은 부분)이 있고 시종(처음과 끝)이라는 것이 있다. 열아홉이 되고서도 아직 그것도 모르느냐!"

이병철은 자서전에서 아버지가 꾸중을 한 뒤 일본 유학을 허락했다고 썼다. 하지만 자서전 내용과 이병철의 장남 이맹희가 쓴 『묻어둔 이야기』에서의 얘기는 다르다. 서울에서 돌아온 지 얼마 되지도 않아 다시 일본 유학을 가겠다고 했으니 집안에선 상당한 반대가 있었다고 한다. 한대는 창고에 가두겠다는 말까지 나올 정도였다. 더구나 그 무렵 그는 결혼까지 한 몸이었다.

하지만 막내아들의 고집을 누가 꺾을 수 있을 것인가. 1929년 10월 초, 이병철은 부산항에서 시모노세키로 가는 배에 올랐다. 1년 뒤 그는 와세다대 전문부에 편입했다.

사회주의를 경험하며 얻은 두 가지 기회

와세다대 유학 시절, 이병철은 우연히 같은 대학에서 유학 중인 이순근이라는 사람을 만난다. 이순근은 사회주의를 추구하는 학생 운동가였다. 부잣집 막내아들과 사회주의 학생운동가라는 어울리지 않는 조합이었다. 그러나 이병철은 이순근과 자취방 룸메이트로 같이 생활하면서 우정을 이어갔다.

그 무렵 미국의 월스트리트에서 시작한 대공황이 엄습하기 시작했다. 이병철이 일본행 배편을 탔던 그달 뉴욕주식거래소에서 주가가 대폭락했다. 대공황의 여파는 유럽을 돌아 일본까지 영향을 미쳤다.

일본의 공업 생산이 70퍼센트 수준으로 떨어지면서 물가도 폭락했다. 쌀 가격도 절반 이하로 떨어졌다. 일본 기업들은 대대적으로 인원을 줄였고 공장 문을 닫는 곳도 속출했다. 실업자가 거리에 넘치고 공장에서는 파업이 잇달았다. 일본에서는 대학을 나와도 직장을 구할 수 없었다. 그러한 현실을 풍자한 영화 〈대학은 나와도〉가 일본에서 인기를 끌었다. 정주영이 가출을 시도했을 때가 바로 이 무렵이었다.

그 시절 이병철은 『여공애사(女工哀史)』라는 책을 읽고 큰 충격을 받았다. 이 책은 1925년 출간됐는데 당시 일본 여공들의 참혹한 처지를 보여주었다. 이 책을 쓴 호소이 와키조는 열네 살 때부터 공장 직공으로 일했다. 제대로 먹지 못해 책이 출간되던 1925년 스물여덟의 나이에 생을 마감해야 했다.

여공들은 새벽 3시 30분에 출근해 저녁 6시까지 무려 14시간 30분 동안 노동에 시달려야 했다. 그녀들의 아침과 저녁 끼니는 중국산 남경미로 지은 밥에 된장국과 채소 반찬이 전부였다. 점심은 비료로 쓰던 정어리와 청어 구이였다. 일이 끝나면 가로 90센티미터, 세로 180센티미터밖에 안 되는 작은 공간에서 칼잠을 잤다. 가혹한 노동과 형편없는 식사와 잠자리로 인해 대다수가 폐병에 시달렸고 세상을 떠나는 이들도 많았다.

대학은 이런 사회적인 분위기를 반영했다. 와세다대 교정에서는 연일 집회가 열렸다. 한 번은 이병철도 데모대에 섞여 거리로 뛰쳐나갔다가 학생들과 같이 연행돼 이틀 동안 경시청 유치장 신세를 지기도 했다. 이순근은 이병철에게 같이 학생운동을 하자고 권유했다.

그러나 이병철은 그 제안을 받아들이지 않았다. 쿠잣집 아들인 이병철이 지주 계급을 적대적으로 바라보는 사회주의를 받아들이기는 쉽지 않았을 것이다. 그는 고향집에서 매달 200원을 송금 받았다. 일본 중류층 가정의 한 달 생활비가 50원이었던 것을 감안하면 상당히 큰돈이었다.

그렇다고 이병철이 사회주의 사상을 폄하한 것은 아니었다. 이 시절 이병철은 마르크스와 엥겔스의 문헌들을 독파했고, 휴머니즘적인 톨스토이의 소설에 탐닉하기도 했다. 그는 난생처음으로 진지하게 책과 사귀고 사색에 감기면서 세계와 인생에 대해 고민했다.

이병철은 절친한 사회주의자 친구 이순근을 통해 두 가지 기회를 얻는다. 하나는 '인재제일주의'와 '전문경영인 체제'였다. 이병철은 삼성물산을 창립하고 이순근을 회사 지배인으로 임명했다. 이순근은 와세다대를 졸업한 뒤 귀국했지만 사회주의자로 찍혀 회사에 취업하지 못하고 있었다. 주위사람들은 사회주의자를 지배인으로 쓰는 데 반대했지만, 이병철은 그런 목소리를 받아들이지 않았다.

그는 자서전에서 이순근을 언급하며 이렇게 말했다.

"의심을 하면서 사람을 부리면 그 사람의 장점을 살릴 수가 없다. 그리고 고용된 사람도 결코 제 역량을 발휘할 수 없을 것이다. 일단 채용했으면 대담하게 일을 맡겨라. 이 같은 사람 쓰는 원칙은 그 후 일관해 내 경영철학의 굵은 기둥이 됐다."

사회주의자 이순근을 향한 이병철의 신뢰는 사람과 인재에 대한 이병철식 경영철학의 뼈대가 됐다. '의인물용 용인물의(疑人勿用 用人勿疑)'가 바로 그것이다. '의심이 가거든 고용하지 말고, 일단 뽑았으면 의심하지 말고 일을 맡겨야 한다'는 뜻이다.

전문경영인 체제 역시 이순근에게서 비롯됐다. 이병철은 은행의 거액 대출 같은 극히 중요한 문제를 빼고는 어음 발행부터 인감 관리에 이르기까지 대부분의 경영을 이순근에게 맡겼다. 오늘날 '전문경영인' 체제를 일찌감치 시험한 것이다. "조그마한 신설 회사에서 경영 일체를 지배인에게 맡기면 뜻밖의 사태를 초래할지 모른다"는 주위의 충고도 모두 물리쳤다. 인제제일주의와 전문경영인 체제는, 이병철이 한국전쟁으로 사업이 망하기 일보 직전에 그 빛을 발휘한다.

이순근은 해방이 되자 여운형이 이끄는 건국준비위원회 기획부에서 일하다가 월북했다. 이병철은 자서전 『호암자전』에서 이순근을 '청년다운 정열의 활동가'라고 평가하며 평생 동안 그의 행방에 관심을 기울였다. 『호암자전』은 1986년 엄혹했던 전두환 정권 당시 출간됐다. 당시만 해도 사회주의에 조금이라도 우호적인 말을 할 경우

'빨갱이'로 몰릴 때였다. 이병철은 개의치 않고 자신이 사업적으로 믿었던 친구에 대해 좋은 평가를 했다.

이병철이 사회주의를 경험하면서 얻은 또 하나의 기회는 '사원 복지'였다. 그는 제일모직을 건설할 때 여직원들이 숙식할 기숙사를 짓는데 상당한 관심을 두었다. 그때만 해도 공장이라고 하면 생산시설 이외에 다른 부대시설은 전혀 고려하지 않았을 때였다.

이병철은 공장을 지을 때마다 사원복지 시설을 중요하게 생각했다. 와세다대 유학시절 여공들의 비참한 생활을 접하고 충격을 받았기 때문이었다. 기숙사 건물 안에는 미용실, 세탁실, 목욕실, 다리미실, 도서실 등이 갖춰졌다. 방에는 보일러가 들어왔다. 이화여대 기숙사 다음으로 잘 돼 있다는 말이 나왔고, 제일모직 기숙사를 두고 제일대학이라는 별명도 있었다. 한 임원이 기숙사를 짓는 데 너무 많은 돈이 들어간다고 얘기하자, 이병철은 "나는 여직원들에게 단순히 직장만 제공하면 된다고 생각하지 않아요. 부모님으로부터 물려받은 그들의 몸도 생각해야 한다는 말이오"라고 말하기도 했다.

노름판에 빠져든 이병철의 '달빛 각성'

이병철은 일본유학에 간 지 2년 만에 또 공부를 포기한다. 각기병을 핑계 삼아 고향으로 돌아와버렸다. 그는 사전에 아무런 연락도 없이 귀향한다. 어느 가을 아침 가방 하나를 들고 홀연히 돌아온 아들을 본 아버지의 반응은 뜻밖이었다.

"너도 무슨 요량이 있겠지. 우선 몸조리나 잘하여라."

이병철의 아버지는 아마 허무하게 돌아온 아들에게서 자신이 젊은 시절 허탈하게 낙향한 때의 기억을 떠올렸을지 모른다.

그 뒤에도 이병철은 마음을 다잡지 못하고 있다가 훌쩍 서울로 올라간다. 서울에서 2년 정도 머무는 동안 일자리는 찾으려고 하지도 않았다. 집에서 올라오는 돈으로 친구들과 어울려 술을 마시고 무위도식하며 지냈다.

그러다 다시 고향으로 내려갔다. 여전히 인생의 목표를 정하지는 못했다. 이병철은 왜 그토록 방황했을까?

그는 부잣집 아들이었다. 정주영처럼 살기 위해 발버둥 칠 필요가 없었다. 그럭저럭 한평생 먹고살 만한 땅이 있었고 부자인 아버지가 있었다. 또 하나, 그는 막내였다. 고향으로 돌아온 이병철에게는 설 자리가 없었다. 집안일은 아버지의 지휘 아래 형이 맡고 있어 그가 끼어들 여지가 별로 없었다. 채소를 재배해보려고 일본에서 씨앗을 들여와 길러도 보고, 개량 돼지와 닭을 길러보기도 했지만 이내 시들해졌다.

실의에 빠져 무위도식하는 나날이 그 후에도 한동안 계속됐다. '나에겐 운이 없는 것일까, 세상이 나쁜 것일까'라는 고민을 하면서 마음을 잡지 못하고 있었다.

돈과 시간이 남는 부잣집 아들은 이내 노름에 빠져들었다. 노름은 한밤중까지 계속돼 달그림자를 밟으며 집으로 돌아오기 일쑤였다. 이병철은 5년 간 고향과 서울에서 폐인처럼 보냈다.

그러던 어느 날, 밤늦게까지 노름을 하다 집으로 돌아왔다. 밝은 달빛이 창 너머로 방 안에 스며들고 있었다. 달빛을 안고 평화롭게 잠든 아이들의 모습을 바라보는 순간, 이병철은 문득 악몽에서 깨어나는 듯한 느낌을 받았다.

'너무 허송세월했다. 뜻을 세워야 한다.'

그날 이병철은 한잠도 잘 수 없었다. 온갖 상념이 머릿속을 스쳐 지나갔다. 이병철은 그날 밤의 기억을 '덧없이 보낸 모색의 세월 속에서 얻은 제1의 각성'이라고 표현했다. 깨달음이었다. 그의 나이는 벌써 이십대 중반을 넘어섰다. 이병철은 『호암자전』에서 그때를 이렇게 회고한다.

사람은 일생에 몇 번의 전기를 맞게 마련이다. 스스로 그것을 만드는 때도 있지만 느닷없이 찾아올 때도 있다. 그 느닷없이 찾아오는 전기를 어느 날 맞게 되었다.

300석의 땅을 팔아 시작한 첫 사업

이병철은 '달빛 각성'이라는 낭만적인 표현으로 사업가의 길로 들어섰다고 말한다. 그러나 방황과 좌절의 세월이 결국에는 사업가로서의 불을 당기게 했다. 실의의 나날을 보냈던 20대 이병철의 마음 한편에는 사업과 성공에 대한 강한 욕망이 숨어 있었고, 달빛을 계기로 그 욕망을 끄집어낸 것이다. 방황과 좌절의 20대는 그에게 사업이라는 새로운 도전을 불어넣었다.

그가 사업에 뛰어든 데에는 또 다른 이유도 있었다. 식민지 시대의 조선인 젊은이에게 기회는 많지 않았다. 공무원이 되는 게 하나의 방법이었다. 하지만 그에게는 제대로 된 졸업장이 하나도 없었다. 이른바 '스펙' 미달. 더욱이 식민지 조국에서 공무원이 된다는 것은 일본의 앞잡이가 되는 것과 다름이 없었다. 당시의 시대정신은 조국의 독립이었다. 이병철은 독립운동의 길을 걷지는 않았지만, 일본의 앞잡이는 될 수 없었다.

이병철이 사업에 뛰어든 것에서 의미를 찾는다면, 지주의 삶에 안주하지 않았다는 점이다. 그때만 해도 조선시대의 가치관인 '사농공상'이 팽배해 있을 때였다. 실제로 지주계층들은 자본이 있어도 그 자본을 상공업에 쓰려는 것을 꺼려했다. 반면 이병철은 편안히 안주하는 삶에서 벗어나 사업에서 새로운 기회를 찾아 나섰다.

며칠 뒤 이병철은 아버지에게 사업을 하겠다는 뜻을 밝혔다. 아버지는 "네가 사업에 자신이 있다면 사업자금은 대즈겠다. 네 몫으로 쌀 300석의 토지를 이미 떼어놓았다. 그러니 유용하게 쓰도록 해라"고 말했다.

쌀 300석의 토지. 사업하기에 아주 큰 규모는 아니었다. 그는 자서전에서 "300석이 오늘날 화폐가치로 쳐서 어느 정도의 것인지는 잘 알 수 없다. 다만 먹고 살기에는 넉넉하나 그렇다고 사업자금으로서는 대수로운 것이 못 되었던 것만은 확실하다"고 말했다.

마산에서 정미소를 시작한 까닭

이병철은 사업할 장소를 어디로 할지를 두고 고민했다. 서울에서 사업을 하고 싶었다. 업종을 선택할 기회가 많았고 사업만 잘되면 큰돈을 벌 수 있었기 때문이다. 그러나 자금이 부족할 것 같았다. 부산과 대구, 평양도 사업 대상지로 생각해봤다. 그러나 당시 대도시 상권은 이미 일본인들이 장악하고 있어 끼어들 여지가 없었다.

이병철이 최종 후보지로 낙점한 곳이 김해평야를 배경으로 한 마산이었다. 그는 300석을 판 돈을 갖고 마산으로 갔다. 경남 일대의 농산물이 모두 마산으로 모여들었다. 마산에만 모이는 쌀이 매년 수

백만 석에 이르렀다.

　첫 사업이긴 했지만 그는 서두르지 않았다. 사업 환경을 먼저 분석해나갔다. 그가 선택한 품목은 쌀이었다. 정주영처럼 이병철도 쌀이 돈이 된다는 걸 알고 있었다. 다만 차이가 있다면 사업에 뛰어들기 전 이병철은 치밀하게 분석했다. 이 점에서 이병철은 정주영과 극히 대비된다. 정주영은 현장에서 몸으로 부딪히며 사업을 시작했던 반면, 이병철은 신중하고 조용하게 매사를 체계적으로 검증한 뒤 사업을 실행했다.

　이병철은 쌀을 갖고 할 만한 사업을 알아보았다. 그때 그의 눈에 들어온 것이 바로 도정업이었다. 벼를 사다 껍질을 벗겨 쌀을 만드는 일이었다.

　당시 마산에서는 연간 쌀 수백만 석이 도정되었다. 마산의 정미소 앞에는 도정을 기다리는 볏가리가 산더미처럼 쌓여 있었다. 도정료를 선불로 내고도 오랫동안 차례를 기다릴 정도로 도정 시설이 모자랐다. 이병철은 이런 현상을 간파했다. 그는 마산 시내를 두루 돌며 정미소 현황을 살폈다. 일본인이 운영하는 정미소는 규모가 컸지만, 조선인이 운영하는 정미소는 보잘 것 없었다. 마지막으로 그는 사업을 혼자 할 것인지, 동업으로 할 것인지를 고민했다. 자본금을 모두 쏟아붓는 것은 아무래도 위험하다는 생각이 들었다. 이병철은 합천 사람인 정현용과 진주사람인 김정수와 손을 잡았다.

세 명은 각각 1만 원씩을 투자해 3만 원을 자본금으로 모았다. 그들은 마산 시내에서 가장 규모를 크게 차리고 최신식 기계를 설치할 생각이었다. 그러다 보니 자본금이 모자랐다. 이병철은 산업은행의 전신인 식산은행을 찾아가 대출을 신청했다.

은행에서는 쌀값 변동과 일본 경제에 관해 이것저것 따져 물었다. 이병철은 돈을 빌려주기 싫어 괜스레 쓸데없는 질문만 한다고 지레 짐작했다. 하지만 그건 매우 중요한 질문이었다. 환경 변화는 사업의 존폐를 결정짓는 중요한 요인이다. 그때까지 이병철은 그 부분에 대해서는 간과한 측면이 있었다. 결국 그는 대내외 변화를 감지하지 못해 20대에 큰 실패를 하게 된다.

여하튼 이병철은 은행에서 설비자금을 대출받아 최신식 기계를 도입했다. 1936년 어느 화창한 봄날, 마산에 '협동정미소'라는 간판을 내걸었다. 세 사람이 동업했기 때문에 '협동'이라는 상호를 썼는데, '조선인은 협동심이 없다'는 일본인의 멸시를 보기 좋게 꺾겠다는 각오도 있었다.

그러나 1년 뒤 결과는 '꽝'이었다. 자본금 가운데 절반 이상을 까먹었다. 동업자 가운데 한 사람인 김정수가 손을 떼버렸다.

이병철은 곰곰이 원인을 분석했다. 쌀값 시세에 관계없이 부지런히 기계만 돌리면 잘될 것이라는 순진한 생각이 패착이었다. 쌀값이 오를 때 사다가 쌀값이 내릴 때 도정을 해서 팔았기 때문에 큰 손해를 본 것이다. 분석을 마친 뒤, 그는 이전까지와는 다른 방식으로 사업을 벌여나갔다. 쌀값이 오르면 도정업자들이 더 오르리라는 기대 심리로 쌀을 사들일 때 그는 내다 팔았다. 반대로 쌀값이 떨어질 때는 사들였다. 지금으로 치면 주식투자 원칙을 그대로 적용한 셈이다. 남들이 살 때 팔고, 남들이 팔 때 사라는 평범한 원칙 말이다.

결과는 대박이었다. 적자를 만회하고도 상당한 이익을 올릴 수 있었다. 그다음 결산에서는 3만 원의 출자금을 빼고도 2만 원의 이익이 발생했다.

첫 사업에서 적자를 보게 될 경우 많은 사람들은 패닉에 빠지게 되고 이성적인 판단을 하지 못하는 경우가 대부분이다. 그러나 이병철은 실패 원인을 이성적으로 들여다볼 수 있는 냉철함, 위기 때에도 흔들리지 않는 평정심을 갖고 있었다. 사업가의 자질이 있었던 셈이다. 함께 사업을 시작했던 동업자가 손해를 보자마자 지분을 털어버린 것과는 확연히 다른 점이었다.

요정 나들이와 땅 투기

이병철은 정미소 경영으로 얻은 이익금을 새로운 곳에 투자하고 싶었다. 마침 정미소를 운영하면서 필요한 화물차를 제대로 구하지 못해 애를 먹었던 기억이 떠올랐다.

그는 운수업에 손을 댄다. 화물차 다섯 대를 굴리던 마산 '일출자동차'를 사들였다. 신형 트럭 다섯 대도 구입했다. 예상대로 운수업도 술술 풀리면서 제법 돈을 벌게 됐다. 사업에 자신감도 붙었다.

그런데 젊은 나이에 사업으로 큰돈을 벌게 되자 옛 버릇이 되살아났다. 남아도는 시간과 돈을 주체하지 못해 이병철은 요정 나들이를 시작했다. 요정에 가면 방 하나가 아니라 요정집 전체를 차지하고선 밤새도록 술을 마시며 기생들과 어울렸다.

당시 마산에는 여덟아홉 개의 요정이 있었는데, 모두 이병철의 단골이었다. 그곳에서 근무하는 팔구십 명의 기생들과 모두 낯을 익힐 만큼 빈번히 요정에 출입했다. 그때까지만 해도 이병철은 돈이란 그렇게 쓰기 위해 버는 것이라고 여겼다.

도정업에서 운수업까지 재미를 본 이병철은 또 다른 사업에 손을 댔다. 땅을 사들이기로 한 것이다. 은행에서 돈을 빌려 논을 사들인 뒤 소작을 맡겨 농사를 짓게 한 다음 쌀을 팔면 은행이자를 갚고도 이익이 된다는 계산이었다.

이병철이 땅을 사들이려 한 이유는 무엇일까? 쌀값은 그대로인데 땅값은 계속 떨어지고 있었기 때문이다. 경제학으로 설명할 수 없는 이해하기 힘든 상황이었다. 이유는 이러했다. 일제가 병력을 보충하기 위해 지원병 제도를 만들어 젊은이들을 강제로 전쟁터로 끌고 갔다. 농사를 지을 일손이 모자라 저마다 농토를 팔려고 내놓았지만 살 사람은 거의 없었다.

땅 투기는 일제 치하 농민의 희생을 담보로 한 것이었다. 하지만 그는 사업 확장과 성공에만 몰두한 나머지 우리 농민이 희생될 수 있다는 데까지는 생각이 미치지 못했다.

땅 투기는 기대 이상이었다. 불과 1년 만에 이병철은 가을걷이 때 1만 석을 거둬들이는 200만 평의 대지주가 됐다. 20대에 경남 일대에서 최대 지주가 된 것이다.

망하는 건 한순간이다

잘나가던 이병철은 한순간에 무너진다. 중일전쟁이 장기화되자 일제가 엄청난 전쟁자금을 충당하기 위해 자금 동결령을 내린 것이다. 그는 그때의 일을 '마른하늘에 날벼락'이라고 표현했다. 은행 대출을 받아 땅을 무작정 사들였는데, 갑자기 대출을 갚아야 했던 것이다. 일제가 전국의 쌀가게 문을 닫게 해 정주영이 파산한 것과 같은 상황이 이병철에게도 벌어진 셈이다.

은행에 돈을 갚기 위해서는 땅은 물론 모든 것을 내다 팔아야 했다. 그동안 일으켜놓았던 정미소는 물론 운수회사마저 날아갔다. 동업자인 정현용은 사업을 청산하고 서울로 이사를 가버린다. 사업이 잘되어 돈을 많이 벌 때는 귀찮을 정도로 몰려들던 친구들은 아무도 찾아오지 않았다.

탐욕과 예상치 못한 상황 변화는 이병철을 몰락의 길로 이끌었다. 그러나 그는 이 과정에서 좌절만 하지는 않았다. 값진 교훈을 체득했다. 사업을 하기 전에 반드시 자신의 능력과 한계를 파악해야 하고 그 한계를 넘어서지 않아야 한다는 것이다. 역설적으로 그의 실패는 경영의 기본을 알아가는 과정이었다.

20대의 실패는 당시로선 참기 힘든 좌절을 그에게 가져다주었지만, 멀리 보면 오히려 그에게는 플러스가 되었다. 그가 땅 투기에 몰두해 거대 지주가 됐더라면 큰 사업을 일으키는 기업가가 되지 못했을 것이다. 오히려 해방 뒤 다른 대지주처럼 그 역시 쇠퇴의 길을 걸었을 수도 있었다.

구
인
회

"장사를 해보려고 합니다"
"우리 집안이 어떤 집안인데 장사를 한단 말이냐."
"각오하고 있습니다. 욕먹는다고 가만히 있으면 누가 알아줍니까?"

내가 망하면
집안도 망한다

집안은 쇠락해가고 있었다. 한때는 천석꾼이라는 소리를 들을 정도로 부자였지만 가세는 기울어졌다. 할아버지 대에 이르면서였다.

할아버지는 과거에 급제해 한양에서 홍문관 교리를 지낸 사람이었다. 홍문관은 왕이 정치를 하는 데 정책개발과 제도 창안을 하여 왕도정치를 지원·협력·자문하는 정책기구다. 교리는 왕에게 올리는 보고서의 초안을 담당한 정5품 벼슬이었다.

할아버지는 고종을 가까이 모시면서 일했다. 그러던 중 청일전쟁으로 나라가 걷잡을 수 없이 혼란해지자 동지를 규합해 상소를 올렸다. 그러나 무기력함을 깨닫고 고향에 내려와 초야에 몸을 숨겼다.

할아버지는 10여 년 동안 한양에 머무르면서 재산을 모으지 않았다. 오히려 까먹었다. 아버지가 태어날 무렵에는 300~400석의 땅만

남아 있었다. 그러나 할아버지는 재산이 줄어드는 것에 별로 개의치 않았고, 부자가 되려고 애쓰지도 않았다. 아버지는 그런 할아버지와 함께 고향에 은둔하여 살았다.

아들은 여섯 살 되던 해부터 할아버지 밑에서 한학을 배웠다. 열네 살 어린 나이에는 장가를 갔다. 신부는 담 하나를 사이에 둔 허 씨 집안의 큰딸 을수(乙壽)였다. 신랑보다 두 살 많았다.

아들은 LG 창업자인 구인회, 1907년 경남 진양군 지수면 승산마을(현 진주시 지수면 승내리)에서 여섯 형제 중 맏아들로 태어났다.

승산마을에 맨 먼저 터를 잡은 이는 허 씨 집안이었다. 허 씨 사람들은 만석꾼으로 불리던 집이 둘, 천석꾼은 열두 집이나 될 정도로 부자였다.

허 씨네 사람들의 절약정신은 전설 같은 이야기로 전해온다. 남이 보는 데서는 짚신을 신고 다녔지만 아무도 안 보는 데서는 신발 닳는 것이 아까워 들고 다녔다. 담뱃대에 담배를 재고 빨기는 했지만 불을 붙이지는 않았다. 연기처럼 내뿜는 것은 입김이었다. 무더운 여름에 부채를 폈지만 부채가 상할세라 얼굴을 흔들었다. 머슴들이 일하는 곳에 와서 담뱃대에 담배를 재놓고 그냥 들어간다. '담배를 피우러 언제 올지 모르니 쉬지 말고 열심히 일하라'는 의미였다.

허 씨 집안은 경제교육도 철두철미했다. 서울에 공부하러 간 아들이 고향에 내려올 때쯤이면 며칠 전부터 곰탕을 끓이느라 야단이었다. 하지만 아들이 막상 집에 도착하면 고깃국 냄새도 맡기 전에 아버지가 아들을 사랑방에 불러들였다. 지난 학기에 보내준 돈을 어디에 어떻게 썼는지 하나하나 정산했다. 1원이라도 계산이 맞지 않으면 처음부터 다시 시작했다. 서울에서 스무 시간 이상 걸려 고향에 온 아들은, 정산을 마치고 방에서 나올 때쯤이면 곰탕에 손도 못 댈 정도로 지쳐 있었다.

허 씨는 부지런히 일해서 벌고, 번 돈은 쓰지 않았다. 쓰지 않으니 자연히 쌓일 수밖에 없었다. 부자가 된 간단한 이치였다.

새로운 세계를 향한 창(窓)

구인회가 여전히 서당에서 공부를 하고 있을 때였다. 서당뿐인 마을에 신식 학문을 가르치는 보통학교가 들어섰다. 그가 결혼한 이듬해였다.

이 학교가 세워지면서 우리나라 기업가를 대표하는 두 거물이 함께 공부하는 인연을 맺게 됐다. 1921년 구인회는 지수보통학교 2학년에 편입했다. 앞서 언급했듯, 이병철은 구인회가 편입한 지 1년 뒤에 이 학교에 편입했다. 두 사람은 한 교실에서 앞뒤에 나란히 앉아 공부를 했다. 전체 학년 56명 중 반 번호는 구인회가 6번, 이병철이

26번이었다.

이 학교는 허 씨 집안이 땅을 기증해 설립됐다. 구 씨와 허 씨 집안 아이들은 나이가 많거나 적거나 가릴 것 없이 모두 새로 생긴 이 학교에 들어가 공부했다. 두 집안 아이들은 평생에 걸친 동업 관계를 맺는다.

이 학교를 설립하게 된 데에는 승산마을 사람들의 힘이 컸다. 당시만 해도 유교의 가르침이나 봉건적 관습에 젖어 신식학교 설립을 막는 곳이 많았다. 하지만 승산마을 사람들은 신문화를 회피하려고만 하지 않았다. 물밀듯이 들이닥치는 신문화가 불안하기는 했지만 학교를 받아들이기로 결정했다. 다른 지방처럼 학교가 들어서는 것을 막아섰다면 개화의 물결에 수십 년 뒤늦게 눈떴을지도 모를 일이었다. 구인회의 평전인 『한번 믿으면 모두 맡겨라』에서는 당시를 이렇게 묘사했다.

보통학교가 들어서는 것을 계기로 교통이 별로 수월한 편도 아니었던 승산마을에도 개화의 새 물결이 봇물 터진 듯 밀려들었다. 그것은 학교에서 배우는 학문만이 아니라 일상생활에서 접하게 되는 말 한마디, 신기한 생활용품에 이르기까지 다양한 것이었다.

그중에서 눈여겨볼 만한 것이 있었다면 젊은이들의 의식구조가 큰 변모를 보이기 시작한 일이었다. 마치 마른 땅에 물 스미듯 새로운 지식, 새로운 사조에 눈뜬 승산의 젊은이들은 장근회(獎勤會)라는 모임을 우선 조직했다. 새 시대의 생활 미덕이라고 할 근면함을 서로 장려한다는 뜻이다.

구인회도 이런 흐름을 탔다. 놀고 있는 황무지를 갈아엎어 채소를 심고, 인분을 푸는 일도 마다하지 않았다. 그 땅에 시금치, 오이, 가지, 토마토 같은 신종 씨앗을 구해 심었다. 새로운 재배기술을 연구해 기존보다 큰 배추와 무를 거두어들이기도 했다. 여태까지는 머슴에게 맡기던 일을 선비의 아들이 발 벗고 나선 것이다.

이웃 마을에 살고 있는 한 살 위인 조홍제와는 축구로 교우 관계를 쌓았다. 조홍제는 훗날 이병철과 함께 삼성물산을 동업했다가 효성을 창업한다. 구인회가 플라스틱 사업에 뛰어들 때도 결정적인 도움을 주게 되는 인물이다.

구인회의 처남은 일찍부터 서울에 올라가 공부를 하고 있었다. 구인회도 서울에서 공부하고 싶었다.

"네 학구열을 말리고 싶지는 않다만, 서울로 유학하려면 학비가 들 터인데……."

아버지는 반대하기보다 걱정을 앞세웠다. 구인회는 부끄러움을 무릅쓰고 장모한테 상의했다. 첫딸을 얻은 아내도 친정어머니에게 같은 뜻을 전했다. 처가는 학비를 대주기로 약속했다. 구인회가 열여덟 되던 해였다.

구인회는 1924년 4월 홀로 서울에 올라가 중앙고등보통학교에 입학한다. 하지만 1년 만에 학업을 그만두어야 했다. 갑자기 장인이 세상을 떠났기 때문이었다. 할아버지는 손자에게 고향으로 내려오라고 엄명을 내렸다. 사돈이 돌아간 마당에 사위 학비 문제로 사돈댁을 힘들게 하지 않으려는 생각이었다.

남편이 고향으로 내려오자 아내는 친정에서 학비를 계속 대주지 못하는 것을 무척 미안해했다. 그러나 구인회는 별로 원망하는 기색이 없었다.

"내 할 일은 내가 할 거니까 너무 걱정 마소."

평범했던 아버지, 평범했던 아들

아버지는 평범한 사람이었다. 술을 즐기고 활달한 성격으로 사람 사귀기 좋아하는 스타일이었다. 서울로 공부하러 가겠다는 아들을 막지는 않았지만 학비를 걱정하는 그런 평범한 아버지, 선비의 집안 아들이 장사를 한다고 했을 때, "우리 집안이 어떤 집안인데" 해도 아들의 고집을 쉽사리 꺾을 수 없음을 알고 아들에게 기회를 주는 아버지였다.

아들 역시 평범했다. 정주영의 반항이나, 이병철의 부적응 같은 면

모를 볼 수 없다. 구인회의 10대는 딱 부러진 특징을 보이지 않은 그런 모습이었다. 특별히 공부를 잘하거나 말썽을 부리지도 않았다.

구인회의 집안은 이병철 집안처럼 잘살지는 못했어도 정주영 집안만큼 가난하지는 않았다. 당시 농촌에서는 일손이 부족해 고사리 손이라도 빌려야 했다. 정주영도 보통학교를 마치자마자 아버지를 따라 힘든 농사일에 나서지 않았던가. 반면에 구인회는 10대 후반까지 공부를 할 수 있었을 만큼 농사일에서는 자유로웠다.

아버지는 열린 사람이었다. 유교적 관습과 전통적인 도덕규범을 따르는 선비였지만 밀려오는 신문명의 물결을 나름대로 이해하려고 했다. 자식을 가르칠 때도 전통적 유교 관습과 밀려오는 신문명 간의 갈등 속에서 나름대로 합리적인 길을 취하는 데 주저하지 않았다.

당시 마을 아이들은 몰래 댕기머리를 자르고 와서 부모한테 야단을 맞곤 했다. 하지만 구인회의 아버지는 아들이 머리를 깎는 것을 거리낌 없이 허락해주었다. 어느 날 아버지도 상투를 자른 짧은 머리 모습으로 나타나 할아버지 앞에 엎드려 사죄를 올렸다. 할아버지는 아무 말 없이 담뱃대만 빨았다.

구인회도 아버지를 닮아 새로운 변화에 거침없었다. 사농공상의 직업관에 도전하며 유교적인 인습을 거부하고, 선비 집안 아들로선 하기 힘들었던 장사를 직업으로 선택한다.

아버지가 남긴 운명공동체 정신

아버지가 아들에게 영향을 준 또 다른 것은 바로 운명공동체에 대한 인식이었다. 구 씨와 허 씨가 한 마을에서 같이 터를 잡고 살아갔던 터라 화합이라는 가치가 무엇보다 중요했기 때문이기도 하다.

아버지는 여섯 명의 아들을 두었다. 많은 사내아이들을 교육하기 위해 무엇보다 우애를 중요하게 가르쳤다. 한 아들이 잘못을 저지르면 형제 모두를 불러 공개적으로 꾸짖었다. 여름에 남의 집 과일을 따먹은 아이가 있으면 온 동네 아이들을 다 모으고는 회초리를 때렸다. 그러나 잘한 일이 있으면 칭찬도 아끼지 않았다.

돈에 관한 엄격함도 아버지의 가르침이었다. 아버지는 형제간에도 돈 관계는 분명히 해야 한다고 늘 강조했다. 이는 구인회가 형제들이나 허 씨 네와 동업을 계속 이끌도록 하는 밑바탕이 됐다. 돈 때문에 형제간 우애나 친구간 우정이 깨지는 경우가 흔하게 벌어지는 상황에서 셈을 명확히 하는 것은 동업을 유지하는 기초이기 때문이다.

사업을 처음 시작할 때는 쉽게 손을 잡지만, 막상 사업이 잘되면 이해관계에 따라 갈라서는 경우가 대부분이다. '동고(同苦)는 할 수 있어도, 동락(同樂)은 못 한다(고생은 나눌 수 있어도 이익은 나눌 수 없다)'라는 속담이 있을 정도니 말이다. 아버지의 가르침은 구인회가 사업을 할 때 '동업자 의식'으로 발전해나간다.

선비의 아들, 책 대신 주판을 들고

서울 유학 1년 만에 고향에 내려온 구인회는 무엇을 할 것인지를 곰곰이 생각해보았다. 그때 눈에 들어온 곳이 있었다. 마을 어귀에 자리 잡고 있는 일본인 무라카미의 잡화 가게였다.

무라카미가 승산마을에 흘러 들어왔을 땐 빈털터리였다. 처음 그는 눈깔사탕 장사를 했다. 그 뒤 차츰 물품을 넓혀나가 연필, 성냥, 양초 같은 물건을 팔기 시작했다. 그러다 지수보통학교가 들어서자 문구점으로 업종을 전환했다. 집집마다 남포등(석유를 넣은 그릇의 심지에 불을 붙이고 유리로 만든 등피를 끼운 등)을 쓰게 되자 석유도 팔면서 잡화상으로 가게를 키워나갔다. 마을에는 다른 잡화상이 없었다. 그의 가게는 물건을 독점적으로 팔았다. 그는 한복을 차려입고 갓까지 쓰고는 주민들의 환심을 샀다.

구인회는 무라카미가 맨손으로 사업을 키워나가는 것을 눈여겨봤다. 그에게는 배울 점이 몇 가지 있었다. 하나는, 돈이 모이는 목을 볼 줄 아는 안목이었다. 무라카미는 만석꾼이 많이 살았던 이 마을에 처음부터 터를 잡았다. 또 다른 하나는, 필요할 때 과감하게 변신할 수 있는 결단성이다. 무라카미의 가게는 몇 번씩이나 업종을 변경하며 사업을 확장해나갔던 것이다.

무라카미를 지켜보며 구인회는 사업에 흥미를 느낀다. 무라카미의 폭리로 비싸게 잡화를 사야 하는 현실도 알게 된다. 그는 마을 젊은 이들을 설득해 협동조합을 만들어 공동 판매를 해보자고 제안한다.

"석유나 잡화를 진주 같은 큰 도시에서 구입해 적당한 이윤을 붙여 팔면 마을도 좋고 조합 밑천도 만들 수 있다. 우리도 한번 협동조합을 만들어보자."

마을 청년들이 그의 제안을 지지하면서 마을에 협동조합이 세워졌다. 협동조합 이사장이 된 구인회는 마산과 진주 같은 큰 도시를 돌아다니며 석유를 포함한 각종 잡화를 사다 협동조합 구판장에서 팔았다. 그가 석유를 팔 당시만 해도, 그가 훗날 호남정유라는 대형 정유사를 세우게 될지는 꿈에도 생각하지 못했을 것이다.

협동조합이 세워지자 무라카미의 가게는 곧 타격을 받았다. 값이 싸고 질이 좋은 데다 이왕이면 조선사람 물건을 팔아주자는 마을 사람들의 배려가 있었기 때문이다.

장사가 잘되자 구인회는 생활필수품인 면과 비단까지 손을 댔다. 옷감을 판 경험은 나중에 포목상(베나 무명 따위의 옷감을 파는 장사)을 하는 데 결정적인 도움이 된다.

구인회의 손에는 이제 책이 아니라 주판이 들려 있었다. 그는 3년 동안 협동조합 일을 하면서 장사를 어렴풋이 깨우쳐나갔다. 이제 마을은 자신의 활동무대로는 너무 좁다는 생각이 들었다. 고향의 좁은 울타리를 벗어나 넓고 넓은 바깥세상에서 새롭게 도전하고 싶었다.

구인회의 나이 스물다섯. 이미 3남 1녀의 아버지가 되어 있었다. 다섯 명의 아우도 있었다. 교리 벼슬의 자존심과 나라를 빼앗긴 울분으로 세상을 등지고 있는 할아버지, 줄어만 가고 있는 재산을 힘겹게 지키고 있는 아버지에게 언제까지고 의지해 살 수는 없었다. 그는 본격적으로 사업을 하기로 결심한다. 협동조합에서의 경험을 살려보기로 했다. 옷감과 침구를 파는 사업을 생각한 것이다.

그가 사업을 시작할 수 있었던 결정적인 이유는, 협동조합을 하면서 '작은 성공 경험'을 쌓아갔기 때문이었다. 그는 경쟁자인 무라카미 가게와 싸워나갔고, 그러면서 잡화의 유통과 마케팅 노하우를 쌓아나갔다.

작은 성공 경험이 없는 상태에서 크고 거대한 꿈은 현실에서의 성공으로 이어지기 힘들다. 큰 성공을 거두기 위한 가장 좋은 방법은, 작은 성취를 계속 쌓아나가는 것이다. 작은 성공경험을 많이 쌓게 되면 어떤 일을 하든지 자신감이 생기고 실패를 두려워하지 않게 된다. 작은 성공 경험이 결국 큰 성공을 불러오는 것이다.

훗날의 LG와 GS, 뜻 모아 장사를 시작하다

구인회는 아버지 앞에 꿇어앉아 조용히 입을 열었다.

"제가 장사를 해보려고 합니다."

"우리 집안이 어떤 집안인데 장사를 한다는 말이냐."

예상했던 것처럼 아버지는 크게 놀랐다. 선비 집안의 맏아들이 돈벌이를 위해 장삿길로 나서는 것을 동네 사람들이 어떻게 여길지 걱정스러웠다. 아직 어려 세상 물정에 어두운 아들이 장사에 손댔다가 많지도 않은 가산을 탕진할지도 모른다는 불안감도 있었다.

그러나 세상은 변하고 있었다. 한일합방 이후 싫든 좋든 새로운 문물, 새로운 가치관이 봇물처럼 쏟아져 들어오고 있는 판에 20대의 아들에게 전통적인 가치관만 강요해서야 되겠는가 하는 생각도 들었다. 아버지는 일단 아들을 할아버지에게 보냈다.

"정 그렇다면 할아버지께 직접 말씀드려 보려무나."

구인회는 할아버지 방으로 가서 다시 무릎을 꿇었다.

"할아버지, 밖으로 나가 장사를 해볼까 합니다."

"장사?"

할아버지는 뜬금없는 말에 한참 동안 손자의 얼굴을 들여다봤다. 그러고는 담뱃대에 불을 붙였다. 눈을 지그시 감고 담배 연기를 연거푸 내뿜은 뒤 운을 떼었다.

"인회야, 우리 집 장손인 네가 장사를 한다고 하면 세상 사람들이 우리 가문을 뭐라고 하겠느냐."

"할아버지, 각오하고 있습니다. 그렇지만 욕먹는다고 가만히 있으면 누가 저 많은 동생들과 자식들을 공부시켜줍니까?"

"그래, 무슨 갈인지 알겠다. 장사를 하겠다면 무슨 장사를 할 생각인고?"

"포목상이 괜찮을 것 같았습니다. 협동조합을 운영하면서 눈여겨 본 일이기도 합니다."

"포목상?"

할아버지는 담배연기를 길게 내뿜었다. 손자 귀여운 생각만 한다면 "오냐, 네 뜻대로 한컨 잘해봐라" 하고 시원하게 허락하고 싶었다. 하지만 온갖 풍상을 겪어온 노인의 심사숙고는 젊은이의 그것과는 차원이 달랐다.

담배가 다 타고 재만 남았다. 이윽고 할아버지는 긴 담뱃대를 쑥 뽑으며 입을 열었다. LG와 GS가 존재하느냐 마느냐를 가름하는 국면이었다.

"그게 네 생각이라면 굳이 막지는 않겠다. 그렇지만 서투른 장사를 한다고 우리 집안을 망쳐서는 안 되느니라. 무슨 말인지 알겠느냐."

"예."

"장사를 하려거든 네 요량대로 해보거라. 땅을 팔아서 장사 밑천을 대줄 순 없느니라."

"예, 잘 알겠습니다."

할아버지 방에서 나온 구인회의 마음은 몹시 무거웠다.

'무슨 수로 밑천을 만들어야 하나…….'

그날부터 그는 돈을 꾸러 다니기 시작했다.

며칠 뒤 할아버지는 아버지를 따로 방으로 불러들였다. 손자에게 밑천을 대줄 수 없다는 말은 했지만 할아버지 마음은 편치 못했다.

"인회가 돈 꾸러 다닌다면서?"

"예, 저도 들었습니다."

"세상이 이래 됐는데 못 할 일이 뭐 있나! 보내야 안 되겠나."

할아버지는 며칠 동안 고민했던 생각을 피를 토하듯 말했다.

"돈 좀 마련해주거라."

그로부터 너댓새가 지난 어느 날 아버지는 남몰래 구인회를 불러 앉히고는 백지로 둘러싼 돈다발을 내놓으며 말했다. 아버지가 친구한테 꾸어온 돈이었다.

"2천 원이다. 내 힘으로는 지금 이것밖에 못 준다. 세상을 얕보지 말고, 신용을 얻는 사람이 되어야 하느니라. 나는 너를 믿는다."

"나는 너를 믿는다"라는 아버지의 말이 아들의 가슴을 울렸다.

그러나 2천 원으로는 가게조차 얻기 어려웠다. 구인회는 큰집 양자로 가 있던 바로 아랫동생인 구철회와 상의했다.

"네가 좀 보태라. 그리고 같이 하자. 둘이서 하면 잘될 거야. 난 자신 있다."

형과 동생은 뭉쳤다. 구철회는 갖고 있던 돈과 친구에게 빌린 돈을 합쳐 1천 800원을 만들었다. 모두 합해 3천 800원이 마련됐다. 5년 뒤인 1936년 이병철이 자본금 3만원으로 정미소를 시작한 것과 견주면 시작은 빨랐지만 규모는 상대적으로 작았던 셈이다.

첫 술에 배부를 리 없건마는

구인회가 첫 가게의 문을 연 곳은 유행의 도시, 소비의 도시인 진주였다. 식산은행 건너편에 '구인회상점'이라는 간판을 올렸다. 그때가 1931년 7월, 일본이 만주사변을 일으킨 그해였다.

정주영과 이병철이 첫 사업 품목으로 쌀을 선택했다면, 구인회는 포목을 선택했다. 쌀과 포목은 성격은 다르지만, 공통점을 갖고 있다. 포목은 쌀처럼 화폐의 역할을 했다. 나라에 세금을 낼 때 포목이 기준이 될 정도로 환금성이 높은 상품이었다. 포목 역시 쌀처럼 시장이 넓고, 사업성이 컸다고 할 수 있다.

산업사회 이전에는 먹고 입는 업종이 가장 큰 시장을 형성했다. 현재 자동차와 IT 같은 첨단산업 비중이 더 커졌다고 하지만, 코카콜라와 같은 음료회사나 나이키 같은 의류 회사는 여전히 큰 시장을 갖고 있다.

구인회가 포목을 택한 또 다른 이유는 일본 상인과의 경쟁우위에서 찾을 수 있다. 포목을 패션사업으로 본다면, 조선인과 일본인은 차이가 날 수밖에 없다. 조선인의 패션 취향을 찾는 데에는 조선 상인이 일본 상인보다 비교우위에 설 수 있다. 여기에 도시의 부유층 여인들과 기생들은 유행에 민감해 유행주기가 빨라져 옷감 판매를 높일 수도 있었다.

물론 이상과 현실은 다르다. 구인회는 첫술에 배부르리라고는 생각지 않았다. 그러나 손님이 너무 없었다. 그야말로 파리만 날렸다. 이듬해 결산을 해보니 500원이나 적자가 났다. 쌀 한 가마에 4원 50전 할 때니 쌀 100가마가 넘는 결손이었다.

구인회는 기가 막혔다. 적자가 난 이유를 곰곰이 생각해보았다. 대량으로 물건을 구매해야 값싸게 물건을 살 수 있는데, 밑천이 없다 보니 그러지 못한 게 문제였다. 손님의 발길을 끌게 하려면 좀 더 다양한 품목을 들여와야 했다.

구인회는 생각다 못해 동양척식회사 진주지점을 찾아갔다. 토지를 담보로 잡힌다면 8천 원 정도는 융자해줄 수 있다고 했다.

구인회는 동양척식회사의 토지감정 담당자와 함께 고향집으로 내려갔다. 금의환향이 아니라 담보를 감정하기 위한 귀향이었다. 땅을 잡히기 위해 가야 하는 고향 길은 무척이나 멀어 보였지만 어쩔 도리가 없었다. 아버지 앞에서 구인회는 부끄럽고 면목이 없어 차마 얼굴을 들지 못했다.

아버지는 "네가 망하면 집안도 망한다!"고 말하며 땅문서를 건넸다. 비통한 표정이었다.

"……."

아들은 아무 말도 하지 못했다.

실패가
성공의 밑천이다

"나는 항상 청년의 실패를 흥미롭게 지켜본다. 청년의 실패야말로 그 자신의 성공 척도다. 그가 실패를 어떻게 생각했는가, 어떻게 거기에 대처했는가, 낙담했는가 물러섰는가 아니면 더욱 용기를 북돋아 전진했는가, 이것으로 그의 생애는 결정되는 것이다."

비스마르크 시대의 명장 몰트케 원수가 한 말이다. 이병철은 20대에 실패했을 때 이 말을 곱씹으며 스스로를 위로했다. '경영의 신' 모두 20대엔 실패자였다. 세 사람은 재기가 힘들 정도로 쫄딱 망했다. 정주영은 자동차 수리공장에 화재가 나서 빚더미에 올라앉았다. 이병철도 무리한 땅 투기로 벌어들인 재산을 날렸다. 구인회는 1년 만에 쌀 100석에 이르는 적자를 내고, 염치없게도 아버지에게 땅문서를 담보로 빌렸다. 동업한 사람들이 떨어져나갔고, 주위 사람들은 그들의 재기에 고개를 저었다.

그들이 사업에 실패한 이유는 무엇일까? 시대 변화의 움직임, 즉 세계 공황의 여파에 따른 국내외의 경제상황을 잘 간파하지 못했기 때문이다.

20대의 그들이 사업을 벌이고 있을 때는 1930년대 초반에서 1940년대 초반이었다. 1929년 10월 24일 뉴욕 증권거래소의 주가 대폭락을 시작으로 확산된 대공황은 전무후무한 대불황이었다. 불황은 수요 부진을 낳았다. 미국은 뉴딜정책으로 불황을 돌파하려 했지만, 일본은 식민지를 늘려가는 방식을 택했다. 바로 중국과 미국과의 전쟁이었다.

전쟁은 사업가에게 수요를 확대시키는 기회가 되기도 하지만 한순간에 사업을 접어야 하는 위기도 된다. 20대의 그들에게는 후자였다. 정주영의 자동차 서비스센터는 강제로 합병당하고 말았다. 이병철도 벌어들인 재산을 일제의 비상조치로 도로 내놓아야 했다. 국내외의 경제상황에는 관심을 쏟지 않고 정세를 전혀 예측하지 못했기에 제대로 대응을 하지 못했던 것이다.

사업에서는 국내외의 환경변화를 빨리 체감하는 게 무엇보다 중요하다. 거시적인 환경변화를 제대로 알아야 미시적인 분야에서 제대로 대응할 수 있다.

또 다른 사업실패의 원인은 경험의 부족이다. 이병철이 첫 사업인 정미소에서 적자를 보게 된 것은, 수요와 공급이라는 경제학의 기본 원칙을 모른 채 사업을 시작했기 때문이었다. 구인회 역시 처음부터 자신이 갖고 있는 자본의 규모를 따져보고 품목을 정했다면 첫 사업에서 곤혹을 치르지는 않았을 것이다.

실패에 맞서는 3인 3색의 스타일

모든 사람들이 그들처럼 실패를 하고 좌절을 한다. 그들 역시 실패 뒤 역사의 뒤안길로 사라져 범부로 살거나 술주정뱅이가 될 수도 있었다. 하지만 그들은 위기에 대처하는 자세가 달랐다. 그 차이가 성공한 기업가와 실패한 사업가로 갈라놓는다.

정주영은 직관적으로 실패에 대응했다. 그는 돈을 빌려 시작한 아도서비스 공장에 화재가 나면서 치명적인 타격을 받자 직관의 힘으로 실패에 맞섰다. 직관(intuition)은 판단과 추론 같은 과정을 거치지 않고 본질을 곧바로 꿰뚫어보는 것이다. 정주영은 그때를 이렇게 회상한다.

"나는 좌절할 수 없었다. 좌절로 끝내고 싶지 않았다. 길은 오직 하나뿐이라는 결론을 내고 다시 오윤근 영감을 찾아가 무릎을 꿇고 앉아 사정을 했다."

정주영은 실패를 겪으며 '운(運)'에 대한 도전적인 시각을 갖는다. "운은 무엇인가? 운은 별것 아닌 때를 말한다. 좋은 때가 왔을 때 그걸 놓치지 않고 꽉 붙잡아 제대로 쓰면 성큼 발전한다. 나쁜 때에 부딪쳐도 죽을힘을 다해 열심히 생각하고 노력하고 뛰면 오히려 좋은 때로 뒤집을 수 있다."

운이 사람의 성패를 결정하는 게 아니라, 사람이 운을 결정한다는 것이다. 그 뒤 그는 한평생 사업을 하면서 '시련은 있어도 실패는 없다'라는 말을 가슴속 깊이 새겨놓는다.

반면 이병철과 구인회는 실패를 두고 분석적으로 대처했다. 실패의 원인을 꼼꼼히 따져보고 대안을 찾았다. 실패에 맞서는 과정이 대단히 논리적이고 단계적이었다.

첫 번째 정미소 사업에서 적자를 봤을 때, 이병철은 원인을 분석하고 이전과는 다른 전략을 구사했다. 실패했을 때 그 원인을 찾아 잘못된 점을 고치며 사업을 계속하는 건 그리 쉬운 일이 아니다. 사업에 실패하면 패닉 상태에 빠져 이성적인 판단을 하지 못하는 사람이 수두룩하다. 실제 그와 동업한 한 친구는 "더 망하기 전에 나머지 자본금이라도 건지자"며 사업포기를 제의하기도 했으니 말이다.

이병철은 은행 돈을 왕창 빌려 땅 투기를 하다 일제의 비상조치로 사두었던 땅을 시가보다 싸게 되팔고 정미소와 운수회사까지 날렸다. 그러나 실패에 머물러 있지는 않았다. 이때 그는 사업 실패에서 얻은 교훈을 다섯 가지로 기록한 뒤, 그의 평생의 지침으로 삼았다.

"첫째, 사업은 시대의 움직임을 정확히 통찰해야 한다. 둘째, 무모한 과욕을 버리고 자기 능력과 한계를 냉철히 판단해야 한다. 셋째, 우연한 행운을 바라는 투기는 절대로 피해야 한다. 넷째, 제2·제3의 대비책을 강구해야 한다. 다섯째, 대세가 기울어 이미 실패라는 판단이 서면 깨끗이 미련을 버리고 차선의 길을 택해야 한다."

그는 평생 사업을 하면서 이 교훈을 지킨다. 그가 훗날 한국비료 사태로 위기에 몰렸을 때에는 여기에서 나온 교훈 가운데 다섯 번째를 선택한다.

구인회 역시 적자의 원인을 분석했다. 밑천이 없다 보니 점포 규모를 키울 수도 없었고 품목과 재고량도 따라주지 못한 게 문제였다. 그는 자본을 더 늘려야 한다는 결론을 내고 아버지에게 머리를 숙이며 다시 도전을 꿈꾼다.

실패하니까 청춘이다

20대의 실패는 청춘의 권리다. 물론 사람들은 실패를 원하지 않는다. '실패학(失敗學)'의 대가인 하타무라 요타로 일본 도쿄대 교수는 미지의 분야에 도전할 때 성공 확률은 0.3퍼센트에 불과하다고 말한다. 대부분의 도전이 실패로 끝난다는 것이다.

하지만 실패를 감수하지 않으면 성공 기회를 잡기가 불가능하다. 실패했다는 것은 시도했다는 뜻이다. 시도하지 않으면 성공도 없다. 그들은 실패를 두려워하지 않는 실천력을 갖고 있었기에 기회를 잡을 수 있었다.

빌 게이츠는 그의 책 『미래로 가는 길』에서 다음과 같이 역설했다.

"실패한 기업에 몸담은 경력이 있는 간부를 의도적으로 채용하고 있다. 실패할 때는 창조성이 자극되게 마련이다. 밤낮 없이 생각에 생각을 거듭할 수밖에 없다."

물론 실패만 해서는 성공할 수 없다. 실패에서 배워야 한다. 그래야 같은 잘못을 반복하지 않게 된다. 이게 실패학의 핵심이다. 실패학은 일단 실패가 생겼을 때 원인을 정밀하게 분석해 같은 실패를 반복하지 않도록 하는 것을 목표로 두고 있다. 실패를 기회로 바꾸기 위해선 필연적인 실패를 긍정적으로 받아들여야 한다.

실패한 사람들이 자주 하는 말이 있다. '운칠기삼(運七技三)'이다. 사람이 살아가면서 일어나는 모든 일의 성패는 노력보다 인간의 힘으로 어쩔 수 없는 운에 달려 있다는 것이다.

그러나 운칠기삼을 얘기할 때 놓치기 쉬운 게 하나 있다. 바로 '기삼'이다. 노력이 3이 있다는 걸 사람들은 간과한다. 운이 좋은 사람일지라도 단지 운 때문에 성공하는 건 아니다. 노력이 3이 있어야 7이라는 좋은 운이 따라온다. 그 3의 노력을 통해 기회를 포착하며 좋은 운을 기다리는 것이다.

청춘의 '기삼'은 그 무엇보다 강해 나쁜 운도 기회로 바꿔버린다.

젊음은 실패를 성공으로 바꿔놓는 밑천이다. 현대건설 회장 시절 정주영은 아도서비스가 불타고 나서도 끝까지 포기하지 않았던 것을 회상하면서 이런 말을 한 적이 있다.

"지금 생각하면 젊을 때였으니까 그것을 했지, 지금 같으면 좌절하고 말았을 거야. 하하항."

2장

반전 없는 인생은 없다

정
주
영

"내가 실패라고 생각하지 않는 한 이것은 실패가 아니다.
내가 살아 있는 한 나한테 시련은 있을지언정 실패는 없다.
낙관하자, 긍정적으로 생각하자."

성공과 실패의
롤러코스터를 타다

8·15 해방을 맞았을 때 정주영은 무직이었다. 무질서한 해방공간에서 독자적인 사업 기회를 선뜻 찾아내기는 힘들어 보였다. 그래도 그는 기죽지 않았다. 아침밥을 먹고 나면 집을 나서 새로운 사업 아이템을 찾아다녔다. 그러다 조선제당이라는 회사에 취직했다. 직장에 다니면서도 그는 무슨 사업을 할지 고민을 거듭했다.

정주영이 다른 회사도 아니고 제당회사에 취직한 것은 흥미롭다. 이병철은 한국전쟁 당시 제당사업에 뛰어들어 큰돈을 벌었다. 정주영 역시 제당이 돈이 되는 사업이라는 것을 알고 있었던 듯하다. 그러나 정주영은 제조업을 할 만큼의 자본이 없었다. 제당사업은 무역업으로 돈을 벌어 어느 정도의 자본을 만든 이병철의 몫이 됐다.

일본이 패망한 뒤 남한에 진주한 미군은 군정을 선포하고 일본인의 재산을 개인에게 팔아넘기기 시작했다. 정주영은 중구 초동의 공터 200평을 사들였다.

해방 이듬해 4월, 그는 그곳에 '현대자동차공업사'를 차렸다. '현대'라는 이름을 최초로 사용한 회사였다. 정주영은 후에 현대라는 이름에 대한 추억을 이렇게 회상했다.

"가난의 때를 벗어나기 위해 지어본 이름이 현대였습니다. 자동차 수리공을 했기 때문에 그 이름을 생각한 것 같은데, 자동차는 현대 문명의 이기잖아요. 당시 자동차는 아주 대단한 것이었으니까요."

해방공간에서 정주영이 다시 자동차 서비스센터를 연 것은, 단지 이전에 같은 분야를 경영했기 때문만은 아니다. 자동차의 수요를 내다본 것이었다.

당시 우리나라에 있는 자동차 수는 7천 386대였다. 해방을 맞자 차를 필요로 하는 수요는 큰 폭으로 늘어났다. 우리나라에 살던 70만 명의 일본인이 본국으로 돌아갔고, 일본과 중국, 만주에 흩어져 있던 200만 명의 조선인이 귀국했다. 이들을 운반하기 위한 차량 수요는 넘쳐났다.

일본과의 무역이 전면 중단되면서 새로운 차를 수입하기 힘들어진 점도 서비스센터의 호황을 불러왔다. 그때만 해도 우리나라에선 차를 만들 자본도 기술도 없었다. 일본과 무역이 중단되자 차를 수입하는 것조차 불가능했다. 차가 고장 나면 부품을 몇 번씩 바꿔가며 고쳐 써야 했다.

정주영은 처음에는 미군 차의 엔진을 갈아준다든가 고장 난 차를 고쳐주는 일을 했다. 그러다 낡은 일본차를 뜯어고쳐 다른 용도로 쓰이는 차를 만들기도 했다. 1.5톤짜리 트럭 중간을 이어 붙여 2.5톤짜리로 뚝딱 만들어냈다. 일감이 불어나면서 처음 열 명이었던 직원이 1년 만에 팔십 명으로 늘어났다.

돈이 몰리는 곳을 포착하고

어느 날 정주영은 자동차 수리대금을 받으러 관청에 갔다가 정신이 번쩍 드는 광경을 본다. 자신은 자동차 수리로 고작 몇 백 원을 받아가는데, 건설업자들은 몇 만 원을 받아가는 것이었다.

'일이라면 우리가 더 죽어라 하는데, 이럴 수가…… 이왕이면 나도 큰돈을 받는 일을 해야지.'

건설업이 새로운 시대를 이끌어가는 산업이 될 것이라고 정주영은 직감적으로 깨달았다. 해방 직전, 일본은 막대한 전쟁비용을 충당하느라 도로, 철도, 다리 등 이른바 사회간접자본에 거의 투자하지 않았다. 해방이 되자 전국의 도로에서는 대규모 지반 침하 현상이 나타났고, 철도는 과잉운전으로 시설이 낡아 사고가 빈발했다. 미 군정은 원조자금 일부를 사회간접자본에 투입할 수밖에 없었다.

게다가 건설업에서 가장 많은 비용을 차지하는 인건비는 상당히 낮았다. 일을 하려는 사람은 넘쳐났지만, 일자리 찾기는 하늘에서 별 따기였다. 그렇다 보니 건설인력을 확보하기가 쉬웠고, 임금도 저렴했다. 건설업은 초기 자본이 많이 들지 않는데다 복잡한 절차 없이 회사를 세울 수 있다는 점도 매력적이었다.

건설업은 또 다른 기회를 불러왔다. 한국전쟁으로 전국토가 황폐해졌고, 그 폐허에 새로운 것을 지어야 했기 때문이다. 미래 유망산업을 예측하는 정주영의 능력이 빛을 발휘한 것이다. 물론 예측을 잘한다고 해서 성공하는 것은 아니다. 예측한 뒤 실행에 옮겼기에 가능했던 일이었다.

정주영이 건설업을 하자고 얘기하자, 동업자들과 가족은 너도나도 강하게 반대했다.

"건설업은 경험이 있어야 하는 겁니다. 자동차나 만지던 우리가 어떻게 건설업을 합니까?"

"토목 공사라는 게 한두 달로 끝나는 일이 아니잖아요. 어떤 공사는 1년도 걸리고 2년도 걸리는데…… 물가는 자고 나면 오르니 잘못 공사를 맡았다간 망해요, 망해."

그러나 정주영은 뜻을 굽히지 않았다.

"하면 된다고 긍정적으로 생각해 봐. 아, 글쎄 해보지도 않고 왜 그

런 생각을 하냔 말이야!'

"……."

정주영은 건설업이 전혀 생소한 일이라고 생각하지 않았다. 안암동 고려대학교 본관을 지을 때 공사판에서 일한 경험도 떠올렸다. 자신의 경험으로 볼 때, 건설업을 하려면 큰 기술이 있어야 하는 것도 아니라고 생각했다. 견적 넣어 계약하고 수리해준 다음 돈을 받는 일은 건설업이나 자동차 수리사업이나 다를 바 없다고 여겼다.

그러나 그는 건설업이 장기간에 걸쳐 진행되고, 인플레이션에 큰 영향을 받는다는 비판은 간과했다. 이 때문에 그의 30대는 성공과 실패의 롤러코스터를 타게 된다.

정주영은 그날로 현대자동차공업사 건물 안에 '현대토건사' 간판을 하나 더 걸고 건설업을 시작했다. 1947년 5월 25일이었다.

막상 건설업에 뛰어들었지만 실적은 신통찮았다. 간판을 내건 뒤, 2년 반 동안은 이것저것 하청을 받아 회사를 유지하는 정도였다. 그의 예측대로 미군은 사회 간접자본에 막대한 달러를 투입했지만, 이른바 일류업자 열댓 명 외에는 기회가 오지 않았다. 3천여 개가 넘는 군소업자들이 난립해 치열한 수주경쟁을 벌이고 있었다. 현대토건사도 그 군소업자 중 하나에 지나지 않았다.

현대토건은 1950년 1월 현대자동차공업사와 합병하면서 '현대건설'로 새로운 출발을 한다. 두 사업체를 합병함으로써 회사 규모도

키우고 체제도 정비하려 한 것이다. 합병을 계기로 자동차공업사와 사무실을 같이 쓰던 현대건설은 본사를 광화문 평화신문사 빌딩으로 이전했다.

한겨울에 만들어낸 푸른 잔디

'이제부터 건설업을 본격적으로 해나가자.'

정주영은 의욕을 불태웠다. 하지만 얼마 안 돼 한국전쟁이 터지고 말았다. 그는 바로 아랫동생인 정인영과 함께 부산으로 피난을 갔다. 정인영은 서울 YMCA에서 영어를 배웠고, 일본으로 유학을 가 2년간 영어를 공부한 뒤 귀국해 「동아일보」 외신부 기자를 하고 있었다.

기회는 예상치 못한 곳에서 찾아왔다. 우연찮게 정인영이 미군 공병대 중위의 통역을 맡게 된 것이다. 공병대는 미군 숙소 때문에 골머리를 썩고 있었다. 수십만의 미군들이 부산으로 물밀듯이 밀려들어 왔지만 이들을 수용할 만한 숙소가 전혀 마련돼 있지 않았다. 학교 교실을 임시 숙소로 썼지만 그것만으로는 태부족이었다.

미국은 전쟁기간 중 30만 명에 이르는 병력을 한국에 주둔시켰다. 한국군도 10만 명에서 60만 명으로 증가했지만 이들을 위한 숙소는 절대적으로 부족했다. 전쟁을 수행하기 위한 비행장과 도로, 다리도 건설해야만 했다. 이 모든 것이 건설업자의 몫이 됐다.

정인영은 형 정주영을 미군에게 건설업자로 소개했고, 두 형제는 미군을 따라다니면서 공사를 따낼 수 있었다. 서울이 수복됐을 때는 미군 지프를 타고 서울 집으로 돌아와 가족에게 그동안 번 돈을 한 가방 가득 안겨줄 정도였다.

3천여 개의 군소건설사 중 하나였던 정주영의 현대건설이 건설업에서 자리를 잡게 된 것은, 미군이라는 최대 고객을 만났기 때문이었다. 영어를 할 수 있는 사업가는 미군을 상대하는 사업에서 비교 우위를 가질 수 있었다. 더욱이 미군이 발주하는 건설사업은 떼일 염려가 없는데다 달러로 공사대금을 지급받았다. 전쟁으로 인플레이션이 극심해 우리나라 돈 가치가 하루아침에 뚝뚝 떨어지는 상황에서 달러는 황금에 버금가는 안전 자산이었다.

건설회사를 세우고 나서도 큰 재미를 보지 못했던 정주영이 전쟁 기간 동안 사세를 급속히 늘린 것은, 영어를 할 줄 알았던 동생이 가져온 기회 덕분이었다. 다른 한편 동생이 영어를 잘 할 수 있었던 건 형 덕분이기도 했다. 정주영이 서울에서 어느 정도 자리를 잡아 정인영이 일본에서 유학할 수 있도록 지원했기 때문이다. 형과 아우는 이렇게 함께 기회를 움켜잡았다. 그러나 이후 1970년대에 둘은 중동 진출을 놓고 이견을 보이며 갈라서게 된다.

정주영은 최대 고객인 미군의 신뢰를 계속해서 쌓아나가기 위해 애썼다. 우연히 찾아온 기회를 성과로 만들려면 그에 합당한 노력이 따라야 한다. 정주영은 남다른 창의력을 발휘하며 기회를 자신의 것으로 만들어나갔다.

1952년 12월 아이젠하워가 한국을 방문한다. 자신이 대통령에 당선되면 한국전선을 직접 시찰하고 전쟁을 평화적으로 종결짓겠다는 선거 공약을 지키기 위해서였다. 그가 묵을 곳은 운현궁이었다. 한겨울철이었지만 보일러가 없었다. 수세식 화장실도 없었다. 내부 단장도 필요했다. 보름밖에 시간이 남지 않았다. 미군은 고심하던 끝에 정주영을 불렀다.

설명을 듣고 난 정주영은 오히려 역제안을 한다. 공사를 기일 안에 제대로 해놓으면 공사비의 배를 보너스로 받고, 반대로 기일 내에 일을 못 마치면 갑절로 벌금을 낸다는 것이었다. 미군은 이를 흔쾌히 받아들였다.

정주영은 일꾼을 데리고 피난으로 비어 있던 집을 뒤져 보일러, 파이프, 세면대, 욕조, 양변기를 실어왔다. 하루 24시간씩 밤낮없이 일해 기어이 약속 시한 사흘 전에 공사를 마무리 지었다. 공사비를 받으러 간 정주영에게 미군들은 엄지손가락을 세우며 "현다이, 넘버 원!"이라며 소리를 질렀다.

이 뿐만이 아니었다. 정주영식 창의력의 절정은 '한겨울의 푸른 잔디'였다. 미8군 공병대가 정주영에게 부산 광안리 유엔군 묘지에 푸른 잔디를 심어달라고 요청했다. 내한한 아이젠하워가 그곳을 참배해야 하는데 주위가 너무 황량하다는 이유였다.

많은 사람들은 이렇게 생각했다.

'한겨울에 푸른 잔디라니……'

그러나 정주영은 이렇게 생각했다.

'풀처럼 파랗게 나 있으면 된다!'

그는 실제 공사비의 세 배를 요구하고 계약을 맺었다. 그 길로 트럭 30대를 사방에서 끌어 모아 낙동강 일대 보리밭을 통째로 샀다. 그러고는 파란 보리 포기를 떠다 묘지에 심었다. 살벌했던 묘역이 순식간에 푸른빛으로 변했다. 미군들은 "원더풀, 원더풀, 굿 아이디어!"라며 감탄사를 연발했다. 이런 인연으로 정주영은 미8군 공병대의 전폭적인 신용을 얻으며 그들의 발주공사를 독점하기에 이른다.

상식에 갇힌 고정관념을 거부하고 항상 새로운 관점에서 세상을 바라보았기에 정주영은 무일푼에서도 기회를 잡을 수 있었다. 창의력과 직관의 힘이 얼마나 중요한지를 보여준 것이다.

고령교에서 쓴맛을 보다

전쟁은 인플레이션을 낳는다. 1차 세계대전 뒤, 독일은 1달러가 4조

2천억 마르크에 이를 정도로 극심한 인플레이션을 겪었다. 한국 역시 전쟁 인플레이션에 시달렸다. 전쟁이 끝날 무렵인 1953년 물가는 해방 직후보다 무려 18배나 급등했다. 전쟁비용 조달과 파괴된 시설 복구를 위해 돈을 마구 찍어내는 바람에 통화량이 폭발적으로 증가했던 것이다. 한국전쟁이 일어나기 직전인 1950년 6월 24일 558억 원이던 화폐 발행량은 1953년 2월, 1조원을 훌쩍 넘어섰다. 세금마저 잘 걷히지 않았다. 한국은행은 인플레이션을 잡기 위해 모든 방법을 동원했지만 헛수고였다.

결국 이승만 정권은 경제 혼란과 살인적인 인플레이션을 해결하기 위해 1953년 2월 '1차 통화개혁'을 단행했다. 화폐단위를 100 대 1로 평가 절하했고, 화폐 단위도 원(圓)에서 환(圜)으로 바꾸었다. 그럼에도 1차 통화개혁은 별로 큰 효과를 거두지 못했다.

전쟁이 끝나면서 정주영에게 위기가 찾아온다. 최대 고객이 사라져버린 것이다. 1953년 6월 휴전협정이 체결되자 미군이 철수하기 시작했다. 정주영은 미군 공사에만 의존해서는 안 된다는 생각에 정부의 전후 복구공사에 뛰어들었다. 조폐공사가 발주한 고령교 공사였다. 공사 기간 2년에 계약금 5천 478만 환이었다. 고령교는 대구와 거창을 잇는 다리로 지리산 공비 토벌을 위해 정부가 시급하게 복구하려고 했다. 그때까지의 정부 발주 공사 중 최대 규모였다.

공사는 물 깊이가 10미터나 되는 곳에 열세 개의 기둥을 세우고,

그 위에 60미터짜리 다리 몸체를 놓는 일이었다. 정주영은 복구공사에 큰 기대를 걸었지만 처음부터 난관이었다. 강을 가로지르는 다리 상판마저 부서진 채 물속에 잠겨 있어 복구공사라기보다 신축공사에 가까웠다. 공사 환경 역시 만만찮았다. 겨울에는 모래가 쌓여 깊이가 얕아졌지만, 여름에는 물이 불어 공사를 제대로 할 수가 없었다. 무엇보다 큰 문제는 장비 부족이었다. 대부분 사람의 손에 의지한 원시적인 공사로 진행할 수밖에 없었다.

가까스로 다리를 세워놓으면 허무하게 홍수에 쓸려 사라지곤 했다. 낙동강 상투 지방에 큰비가 내리면 중류인 고령교 근처에 비 한 방울 떨어지지 않아도 홍수가 났다. 공사를 착공한 지 1년이 지나도록 다리 하나 제대로 박지 못하고 있었다.

그동안 물가는 하늘 높은 줄 모르고 치솟았다. 착공 당시 석유 값은 700환에서 1년 만에 2천 300환으로 뛰었다. 40환이던 쌀 한가마도 2년 만에 4천 환이나 됐다. 자재 값도 날마다 뛰고 일꾼 품삯도 무섭게 뛰어올랐다. 물가는 1년 만에 120배로 치솟았다.

살인적인 인플레이션으로 떠안게 된 빚더미

회사 금고는 텅 비게 됐다. 일꾼들이 임금을 달라고 파업을 했고, 지지부진한 공사는 언제 끝날지 알 수가 없었다.

　직원 월급이 한두 달씩 밀리기 시작했다. 정주영은 빚을 얻으러 미친 듯 이리저리 뛰어다녔다. 사무실에는 매일 빚쟁이들이 몰려와 돈을 내놓으라고 난리를 쳤다. 그들은 정주영의 집에 몰려가 도끼로 마루를 쾅쾅 찍으며 돈 내놓으라고 아우성쳤다.

　정주영은 후에 "아무리 어려워도 낙관적이던 내가 그때는 잠깐 길이 보이지 않았다"라고 털어놓았을 정도로 당시 상황은 심각했다. 그 뒤에도 그는 가끔 수중에 돈 한 푼 없어서 쩔쩔매는 꿈을 꾸곤 했다. 고령교 공사로 겪은 고통이 잠재의식 한 귀퉁이에 깊은 상처로 남은 탓이었다.

　어쩔 수 없이 정주영은 가족회의를 열고 각자의 집을 팔기로 뜻을 모았다. 조상에게 차례 지낼 집 한 칸은 있어야 한다는 동생들의 의견에 정주영은 집을 대신해 자동차 수리공장을 내놓았다.

　아우 정순영은 삼선동 20평짜리 기와집을 팔고, 매제 김영주는 돈암동 20평짜리 집을 내놓았다. 가족과 동업자 네 명의 집이 그렇게 팔려나갔다. 가까스로 마련한 9천 970만 환을 현대건설 자본금으로 집어넣었다. 설립 당시 자본금 30만 환을 합쳐 총자본금 1억 환을 만들었다.

　살인적인 인플레이션으로 집과 공장을 팔아도 돈이 모자랐다. 빚이란 빚은 다 끌어들여야 했다. 이자가 한 달에 18퍼센트나 됐다. 1

년이면 쓴 돈의 배를 이자로 내야 했다.

현대건설이 눈엣가시였던 경쟁 업체들은 너나없이 빈정댔다.

"소학교밖에 안 나온 친구가 2년이나 되는 장기 공사를 수주하면서 인플레를 생각이나 해봤겠어?"

"잘됐지 뭐. 그동안 미군 공사에서 잘 해먹었는데 손해 좀 봐도 끄떡없을 걸."

견디다 못한 정인영이 공사를 그만두자고 했다. 그러나 정주영은 냅다 소리를 질렀다.

"어렵다고 해서 그만두자는 거야? 그건 약속을 어기는 거고, 약속을 어기면 신용을 잃게 된다는 거 몰라?"

비싼 수업료는 그 값을 한다

정주영의 뜻에 따라 고령교 공사는 그대로 진행됐다.

1955년 5월 마침내 고령교는 완공됐다. 처음 계약보다 2개월 늦었다. 계약대금 5천 478만 환보다 많은 6천 500만 환의 엄청난 적자를 본 뒤였다. 그전 해에 이병철이 설립한 제일제당 자본금이 2천만 환이었으니, 그 세 배가 넘는 적자를 본 것이다. 빚쟁이들은 여전히 사무실과 집으로 몰려들었다.

고령교 공사는 정주영에게 시련이었지만 역설적으로 우리나라에는 보탬이 됐다. 미군 공사에서 모은 달러를 우리나라 돈을 찍어내는 조폐공사에 다 털어 넣다시피 했기 때문이다.

정주영에게 불어 닥친 시련은 전쟁 중의 인플레이션을 예측하지 못했던 것에서 비롯됐다. 넉넉잡아도 1년 반이면 공사를 끝낼 수 있다고 생각했고 물가가 올라봤자 두 배 정도일 거라고 안이한 생각을 한 게 문제였다. 형편없이 부실한 건설 장비로는 고령교 정도의 공사도 힘들 수 있다는 사실도 간과했다. 그는 고령교 공사로 인한 결손빚을 청산하는 데 20여 년이 걸렸다.

비싼 수업료를 내고 한 공부였다. 건설업에 장비가 가장 중요하다는 것을 정주영은 절실히 깨달았다. 그는 스스로를 위로했다.

"시련이지 실패가 아니다. 내가 실패라고 생각하지 않는 한 이것은 실패가 아니다. 내가 살아 있는 한 나한테 시련은 있을지언정 실패는 없다. 낙관하자, 긍정적으로 생각하자."

비록 많은 빚을 졌지만 얻은 것도 있었다. 바로, 신용이다. 내무부는 약속을 지키기 위해 정주영이 끝까지 공사를 마무리한 점을 높이 평가했다. '현대건설은 믿을 수 있다'는 인식을 심어준 것이다.

고령교 공사가 끝난 어느 날 아침, 정주영은 매제 김영주와 아우 정순영의 집을 찾았다. 그들은 초동 다리 옆에 판잣집을 지어 살고 있었다. 그 모습을 보고 정주영의 가슴은 무너졌다.

"내가 부자 되면 큰 집 사줄게……."

이 말에 김영주와 정순영이 울고, 정주영도 울었다.

30대까지 정주영의 삶은 이처럼 롤러코스터를 탄 듯 성공과 실패의 오르막과 내리막을 걷고 있었다.

이병철

국내외 경제상황 분석을 거친 뒤 새로운 사업에 뛰어들었다.
1938년 3월 1일, 대구시 인교동, 자본금 3만 원.
목조건물에 '삼성상회'라는 간판이 내걸렸다.
삼성이란 브랜드는 이때 처음 등장했다.

내가 가장 잘하는 건
사업이다

땅 투기에 실패해 벌어들인 재산을 고스란히 날려버린 이병철은 1937년 가을, 훌쩍 여행을 떠난다. 두 달 동안의 긴 여정이었다.

부산에서 시작한 여행은 서울을 거쳐 평양, 신의주, 원산, 흥남을 지나 만주의 장춘, 심양과 북경, 청도, 상해까지 이어진다. 멀고 먼 대륙여행이었다. 지금처럼 교통이 발달한 때가 아니어서 기차는 연착하기 일쑤였다. 기차 안은 사람들로 북새통을 이뤘다.

이병철이 여행을 시작한 건 마음을 달래기 위해서이기도 했지만, 새로운 사업을 시작하기 위한 시장조사의 목적도 있었다. 머리를 식히는 한편으로 새로운 출발의 기회를 찾기 위함이었다.

여행 기간 동안 이병철이 관심 있게 지켜본 것은 상품 가격과 유통 과정이었다. 만주에는 사과나 건어물이 매우 부족했다. 우리나라에서 가져다 중국에 내다파는 전문업자도 거의 없었다. 그러다 보니 사과나 건어물 가격은 국내보다 가격이 엄청나게 비쌌다. 이런 상품을 만주로 수출하면 돈을 벌 수 있을 것 같았다.

무역업을 시작한 특별한 이유

두 달 동안의 여행을 통해 얻은 경험으로 이병철은 무역업을 시작했다고 『호암자전』에서 밝히고 있다. 무엇보다 그가 무역업에 나선 진짜 이유는 세계경제 정세 때문이었다.

이병철은 실패 후 새로운 사업을 모색하면서 세계경제의 움직임을 먼저 읽었다. 실패에 매몰되지 않고, 실패를 통해 새로운 도전을 한 것이다.

중국대륙과 만주로의 여행으로 이병철은 국내외 경제흐름을 직접 확인해볼 수 있었다. 즉, 그는 대공황 이후 요동치기 시작한 세계경제 변화를 직접 느껴보고 가장 경쟁력 있는 사업 아이템을 잡은 것이다. 당시 열강들은 대공황이 불러온 경제침체에 대항하기 위해 국내 산업을 보호하려고 관세장벽을 높이는 보호무역을 한층 강화하고 있었다.

그 일환으로 자신들의 식민지를 묶어 배타적 시장권을 형성하기 시작했다. 1932년 영국은 영연방 국가끼리 무역거래를 원활하게 하기 위해 이른바 '파운드 블록(Pound block)' 경제권을 만들었다. 식민지를 블록으로 묶어 블록 안에서는 자유무역을 하면서 다른 나라 상품에는 높은 수입관세를 물린 것이다.

다른 나라도 보고만 있지 않았다. 미국, 프랑스 등도 나름의 배타적 시장권을 형성하기 시작했다. 일본도 마찬가지로 '엔 블록(Yen block)' 경제권을 만들었다. 조선, 대만, 만주 등 식민지를 묶어 폐쇄적인 자급자족 경제권을 형성한 것이다.

그 결과 세계는 파운드, 달러, 마르크, 프랑, 엔 등과 같은 화폐를 쓰는 제국주의 국가들과 그들의 식민지를 묶은 여러 블록으로 나누어졌다. 무역 전쟁이 첨결해지면서 국제관계가 험악해지자, 강대국은 다가올 전쟁에 대비한 군사력 경쟁에 들어갔다.

이 가운데 일본의 경제 상황은 더욱 어려워진다. 일본이 중일전쟁을 벌이자 서구 열강들은 일본에 경제제재 조치를 단행했기 때문이다. 다른 나라와 무역이 힘들어지자 일본은 엔 블록 내의 무역을 더욱 촉진시킬 수밖에 없었다. 블록 안에서의 무역을 원활히 하는 정책을 펴면서 1930년대 후반 식민지 조선의 엔 블록 무역도 크게 늘어났다.

엔 블록 안의 무역이 확대된 다른 이유도 있었다. 엔 블록 안에는 도쿄, 서울, 중국의 장춘, 상해 등과 같은 대도시가 있었는데, 도시마다 생활필수품 가격이 천차만별이었다. 일본은 블록 내 도시의 물가 조절을 위해 물자이동을 풀어주었다. 즉 도시마다 차이가 나는 가격폭을 줄이기 위한 정책이 블록 내 무역을 확대시킨 요인이었다.

이병철은 이런 국제경제 변화의 움직임을 놓치지 않았다. 국내에 돌아온 이병철은 중국시장에 가져다 팔 과일과 건어물을 면밀히 조사했다. 작황이 안 좋아 가격이 급등할 때의 위험을 살펴보았다. 필요한 양을 제때 대줄 수 있는지도 검토해보았다.

그가 중요하게 생각한 것은 유통망이었다. 중국의 여러 지방에서도 사과를 생산했지만 만주에 있는 사람들은 사과를 접할 기회가 거의 없었다. 중국 철도망이 열악해 사과가 산지에서 만주로 유통되지 못했기 때문이다.

사과와 건어물을 모아 기차에 실어 만주로 보내기 가장 좋은 곳은 어디일까? 대구였다. 경부선의 주요 경유지였고 경북지역의 물산이 모이는 교통의 주요 길목이었다. 당시까지만 해도 경부선은 경의선과 이어져 만주로의 유통이 원활한 편이었다. 대구에는 사과 과수원이 많았고, 포항이 근처에 있어 건어물도 쉽게 확보할 수 있었다.

무역업은 이병철이 제조업을 할 수 있는 자본을 버는 기회를 만들어주었다. 1950~60년대 우리나라를 대표하는 기업가로 성장하는 데 무역업이 결정적인 기여를 한 것이다.

대구에서 3만 원으로 연 삼성상회

1938년 3월1일, 자본금 3만 원. 대구시 인교동 61-1번지 서문시장 근처 지상 4층, 지하 2층의 목조건물에 '삼성상회'라는 간판이 내걸렸다. 삼성이란 브랜드는 이때 처음 등장했다. 현재 삼성그룹의 모체가 바로 삼성상회다. 이병철은 『호암자전』에서 '삼성'이라고 짓게 된 이유를 이렇게 말했다.

'삼성(三星)'의 '삼(三)'은 큰 것, 많은 것, 강한 것을 나타내는 것으로서 우리 민족이 가장 좋아하는 숫자다. '성(星)'은 밝고 높고 영원히 깨끗이 빛나는 것을 뜻한다.

일부 사람들은 삼성 브랜드가 일본 재벌 이름에서 영향을 받은 것이라는 주장을 펴기도 한다. 당시 일본 1위 재벌이었던 미쓰이의 한자 이름이 삼정(三井)이었고, 2위 재벌이었던 미쓰비시의 한자 이름은 삼릉(三菱)이었다.

하지만 꼭 일본 기업 이름에서 따왔다고 볼 수만은 없을 것 같다. 삼(3)이라는 숫자는 일본 뿐 아니라 우리나라와 중국에서도 가장 좋아하는 숫자다. 특히 삼이라는 숫자는 사업가들이 좋아하는데, 화로처럼 삼발이가 달린 기구는 쓰러지지 않는다는 특징 때문이다. 창업보다 수성이 더 어렵다는 것을 아는 사업가들은 3이라는 숫자를 쓰러지지 않는다는 뜻으로 인식하고 있었다.

삼성상회는 대구 근처에서 청과물을, 포항에서 건어물을 사들여 만주에 내다 팔았다. 그리고 여기에 새로운 사업이 추가됐다. 국수사업이었다. 이병철은 제분기와 제면기를 사들이고 국수를 만들었다. 글로벌기업 삼성의 첫출발은 과일 수출과 국수사업이었던 셈이다.

그가 무역사업과 국수사업을 동시에 한 것은 위기를 분산하기 위해서였다. 노벨경제학상 수상자인 제임스 토빈이 말한 '계란을 한 바구니에 담지 마라'를 떠올리면 될 듯하다. 토빈의 이 말은 주식투자에서 위험을 줄이고 투자수익을 극대화하기 위해 여러 종목에 분산투자하는 방법을 쉽게 풀어놓은 것이다. 이병철 역시 세계경제의 환경변화에 따라 큰 손해를 입을 수 있는 무역업에 '몰빵'하는 대신, 안정적인 기반을 다져갈 수 있는 국수사업을 병행했다. 이병철식 포트폴리오 구성이었던 셈이다.

국수 브랜드는 3개의 별이 선명하게 새겨진 '별표'였다. 국수사업은 일제의 식량 수탈이 심해지면서 식량이 턱없이 부족하다는 데에서 착안한 것이었다.

국수는 히트를 쳤다. 한 다발에 10전짜리 국수를 60다발씩 포장한 상자가 하루에 100개 이상 팔려나갔다. 주요 고객은 안동과 봉화에서 온 도매상이었다.

그때 대구에는 국수공장이 다섯 개나 있어 경쟁이 치열했다. 경쟁에서 이기기 위해서는 뭔가를 차별화 해야만 했다. 자신의 국수가 여러 국수 중 하나가 되는 게 싫었다. 이병철은 프리미엄 전략을 썼다. 값이 좀 비싸도 맛과 품질이 좋은 국수를 팔고 싶었다. 먹을 것이 없어 배를 채우기 급급하던 때였지만, 그는 품질에 승부를 걸었다. 별표국수는 값이 가장 비싼데도 없어서 못 팔 만큼 잘나갔다.

국수공장은 24시간 돌아갈 정도로 바빴다. 이병철은 이때 그 전과는 사뭇 다른 기질을 보였다. 이맹희의 회고에 따르면, 당시 이병철은 가족을 데리고 공장 귀퉁이에서 새우잠을 잤다고 한다. 밤중에도 국수기계를 돌렸는데, 잠을 자다가도 기계가 멈추면 점검하기 위해서였다. 국수기계가 왕왕 돌아가는 소음 속에서 밀가루 분진을 마시며 이병철과 가족은 공장에서 2년을 살았다. 고생 끝에 이병철은 삼성상회 건물을 살 때 진 빚 1간 원을 2년이 채 안 돼 모두 갚았다. 삼성상회에서 돈을 모으자 그는 주류사업에도 뛰어들었다.

그러나 다시 시작된 방황

대구에는 여덟 개의 양조장이 있었다. 일본인이 4개, 조선인이 4개를 갖고 있었다. 이때 일본인이 운영하던 조선양조가 매물로 나왔다. 연간 7천 섬을 술로 만들 수 있는 대형 양조장이었다. 이병철은 양조장을 12만 원에 사들인다.

이병철은 왜 양조사업에 손을 댔을까? 당시 일제는 중일전쟁을 벌이고 있어서 전비 확충을 위해 세금을 확보하는 데 혈안이었다. 때문에 쌀이나 석유 같은 주요 생필품을 통제했는데, 허가받은 양조장에서 만드는 술만은 통제하지 않았다. 오히려 세수 확보를 위해 밀주 단속도 강하게 하는 통에 양조장은 장사가 제법 잘되고 있었다. 이병철은 양조사업으로도 많은 이익을 낼 수 있었다.

사업이 그럭저럭 굴러가자 이병철은 다시 방황하기 시작했다. 양조업자와 어울려 밤마다 요정으로 향했다. 돈과 시간을 주체하지 못해 새벽 1시가 지나서야 집으로 돌아오기 일쑤였고, 오전 10시가 지나서야 일어나는 나태한 생활이 이어졌다. 대구 요정에 싫증이 나면 서울이나 부산의 요정을 찾거나, 일본 규슈의 벳부나 멀리 교토까지 원정을 다녔다. 이병철은 8·15 해방 전까지 요정을 출입했다.

왜 그는 방황을 계속했던 걸까? 사업가로서 정해놓은 뚜렷한 목표가 없었기 때문이었을까. 장사꾼은 돈을 버는 게 목적이지만, 사업가는 돈을 버는 게 목적이 아니다. 돈을 버는 것, 그 이상의 가치를 추구해야 한다. 그러나 그때 이병철은 아직 사업가로서의 비전을 갖지 못했던 듯하다. 게다가 1941년 어머니가 일흔 살의 나이로 세상을 떠났다. 늦둥이 막내아들이던 그는 아버지보다 어머니와 정신적으로 더 가까웠다. 어머니의 죽음은 세상에 홀로 남겨진 것과 같은 충격이었을 것이다. 그는 당시를 이렇게 회고했다.

"암담한 정세 속에서 찾아드는 말할 수 없는 허전한 심정이 밤마다 발길을 술자리로 돌리게 했을 뿐이다."

그에게 '찾아드는 말할 수 없는 허전한 심정'은 어떤 것이었을까?

해방 뒤 제2의 각성, '사업보국'

8·15 해방은 이병철에게 큰 영향을 미친다. 아무런 사명감 없이 사업을 벌여온 스스로를 반성하는 기회가 되었기 때문이다.

"해방된 나라에 기여하는 길은 무엇일까? 내가 가장 잘하는 일을 하는 거다. 그건, 사업이다. 그렇다. 내가 조국을 위해 봉사하는 길은 사업에 투신하는 것이다."

달빛을 안고 평화롭게 잠든 아이들의 모습을 보며 사업에 뜻을 세운 것이 '제1의 각성'이라면, 해방 뒤 조국을 위해 사업을 하겠다는 신념을 굳힌 것이 '제2의 각성'이었다. 이병철은 '사업보국(事業報國)'이라는 국어사전에도 없는 새로운 말을 만들어냈다. 기업경영을 통해 국가와 사회, 나아가 인류에 공헌하고 봉사하겠다는 뜻이었다.

사업보국은 일본의 '경영의 신'으로 불리는 마쓰시타 고노스케가

자주 쓴 말이기도 했다. 이병철은 이를 모방한 것이었는데, 여기서 중요한 점은 그가 장사꾼 마인드에서 기업가 마인드로 전환했다는 점이다. 물론 이병철이 기업경영에서 진짜 사업보국을 했느냐는 그 뒤에도 두고두고 논란거리였다. 소비재 산업에 뛰어들어 국민들에게 좀 더 싼 제품을 살 수 있도록 했고, 반도체 산업을 개척해 사업보국에 기여했다고 긍정하는 이들이 있다. 반면, 정경유착으로 기업을 문어발식으로 늘려갔고 저임금의 노동자를 통해 '돈병철'이 된 사람이라며 사업보국이란 말은 가당치 않다고 비판하는 이들도 있다. 이병철 스스로도 그런 비판을 의식한 것 같다. 그는 이런 말을 한 적이 있었다.

"사업보국은 그 후 기업을 일으키고 경영하는 데 일관된 나의 기업관이 되어왔다. 그러나 사회일반의 이해를 제대로 얻지 못하고, 때로는 돈벌이주의자라는 비난까지 사면서 고난의 길을 가는 출발점이 되기도 했다."

해방 정국은 정치적으로 혼란스러웠다. 좌익과 우익은 서로 의견을 달리하며 팽팽히 대립했다. 좌익 활동이 맹위를 떨쳤던 대구에서는 1946년 10월 폭동이 일어났다. 그는 대구 폭동 한가운데에 있었고, 폭동 과정을 유심히 지켜볼 수밖에 없었다. 대구 폭동은 이후 그가 무역회사를 차릴 때 '사원주주제'를 도입하는 배경이 된다.

그 와중에 삼성상회 경영을 책임지고 있던 이순근이 좌익 운동을 하기 위해 떠난다. 이병철은 새 지배인에 이창업을 영입했다. 이병철은 사람을 보는 눈이 뛰어나다는 평가를 받곤 했는데, 이창업이 딱 그에 들어맞는 사람이었다. 이창업은 후에 위기에 빠져 있던 이병철이 재기를 하는 데 결정적인 기여를 한다.

삼성물산공사로 경영의 묘미를 맛보다

대구에서의 사업이 자리를 잡아나가고 있었다. 이병철은 대구에서 사업을 계속할 것인지, 무대를 넓혀 서울로 갈 것인지를 놓고 고민했다. 대구에서 애써 닦은 기반을 버리고 아무 기반도 없는 서울로 올라간다는 것은 모험이었다. 주위에서도 서울로 가는 것이 위험하다고 했다.

하지만 어느 정도 성공을 거둔 데에 만족하고 눌러앉으면 앞으로 큰일을 할 수 없다고 생각했다. 그는 가족을 데리고 서울로 올라와 혜화동에 새 둥지를 틀었다. 서울에서도 그는 특유의 신중함을 보인다. 당장 사업을 착수하지 않고, 이병철답게 국내외 정세를 조심스럽게 살피면서 기회를 기다렸다.

그의 눈에 띈 건 무역이었다. 이번에는 수출이 아니라 수입이었다. 해방이 되자 일본인이 운영했던 대부분의 공장이 제대로 가동을 못해 생활필수품이 극도로 부족했다. 반면 일제가 태평양 전쟁을 치르면서 억눌러왔던 통제가 풀리면서 수요는 폭발하고 있었다. 그러나 갑자기 생산할 길이 없어 생필품 값은 하늘 높은 줄 모르고 치솟았다. 이병철은 일상생활에 긴요한 물건을 해외에서 들여와 팔면 자신은 돈을 벌고, 사람들은 좀 더 싸게 물건을 구입할 수 있다고 여겼다.

이병철은 서울로 올라온 지 1년 반이 지난 1948년 11월 서울 종로 2가 근처(현재 YMCA 건물)에 100여 평을 빌려 '삼성물산공사'라는 간판을 내걸었다. 회사 이름에 '공사'가 들어간 데에는 이유가 있었다. 해방이 되자 일본과의 무역이 전면 중단되면서 국내 무역상은 마카오, 홍콩 등 중국 상인들과 거래를 할 수밖에 없었다. 이들에게 친근한 느낌을 주기 위해 중국식 이름을 포함시킨 것이다. 삼성물산공사는 홍콩과 마카오에 오징어와 우뭇가사리, 목화기름 찌꺼기 등을 수출하고 설탕, 의약품, 비료 등을 수입했다.

이병철은 삼성물산공사를 시작할 때 고향친구인 조홍제와 동업을 했다. 처음에는 사장인 이병철이 75퍼센트의 돈을 대고 전무 조홍제, 상무 김생기 등 여섯 사람이 나머지 25퍼센트를 댔다.

하지만 얼마 지나지 않아 이병철은 원하는 사원은 누구나 돈을 댈 수 있도록 했다. 지분에 따라 이익도 골고루 나눠주었다. 이른바 사원주주제를 시행한 것이다. 직원에게 '내 회사'라는 주인의식을 심어주기 위해서였다. 자신에게 돌아오는 이익이 많아지면 사원들은 더욱 즐겁게, 더 열심히 회사를 위해 일하게 될 것이라고 여겼다.

그가 이런 생각을 하게 된 것은 대구 폭동 사건을 본 뒤부터였다. 폭동의 원인을 한마디로 '먹고살기가 어렵기 때문'이라고 여겼기 때문이다. 이병철은 그때 "기업가는 돈을 벌면 사원들에게 배분해야 한다는 것을 느꼈다"고 말했다.

수입 상품은 통관되기가 무섭게 팔려나갔다. 물자가 턱없이 부족했던 터라 수입만 하면 몇 배의 이익을 붙여도 날개 돋친 듯 팔려나갔다. 1950년에는 홍콩에 3만 달러어치의 목화에서 기름을 짜낸 찌꺼기를 수출하기도 했다. 이 기름 찌꺼기는 그 뒤 황금 같은 값어치로 되돌아온다.

삼성물산공사는 1950년 3월 결산에서 1억 2천만 원의 이익금을 남겼다. 1년 만에 543개 무역업체 중 7위로 올라섰다. 이병철은 비로소 기업 경영의 묘미를 알게 됐다. 무슨 일을 하든 쉽게 실패하지 않을 것이란 자신감도 생겼다.

그렇게 한창 잘나가고 있을 때 한국전쟁이 터졌다. 삼성물산이 수입해 보관하던 설탕, 면사, 한약재, 염료 등은 전쟁 통에 모두 불타버렸다. 이병철이 타고 다니던 시보레 자동차도 강제로 빼앗겼다. 이 차는 남로당 당수였던 박헌영이 타고 다녔다. 또다시 전 재산을 날리는 듯했다. 그동안 벌어놓았던 돈이 신기루처럼 사라지는 것 같았다.

구인회

어느 날 밤, 그는 동생과 함께
점포를 다시 일으키는 문제를 놓고 얘기를 나누다가
문득 '장마 진 해는 풍년이 든다'는 옛말이 생각났다.
'옳다, 이거로구나!'
번갯불처럼 머릿속을 스치는 아이디어에 무릎을 탁 치면서 일어섰다.

주변을 살피면
어떻게든 새 길이 보인다

구인회는 아버지가 내준 땅문서로 동양척식회사에서 8천 원을 대출받았다. 그 돈으로 많은 품목을 들여놓았다. 대량으로 물건을 구매해 이전보다 싸게 살 수 있었다. 수많은 포목이 장만되어 있으니 가게 앞을 지나는 사람들의 눈길을 끌게 됐다. 찾아오는 손님의 발길도 한결 늘어났다.

장사가 활기를 띠면서 구인회는 까다로운 손님일수록 세심하게 더 신경을 썼다. 열 명의 새 손님을 끌어들이는 것보다 단 한명의 단골손님을 만드는 게 더 중요하는 것이 그의 생각이었다. 까다로운 손님이 돌아가고 나서 구철회가 투덜대면 구인회는 정색을 하고 아우를 타일렀다.

"그 손님이 바로 단골이 될 손님이다. 그 손님 마음에 들게 해주면 반드시 우리 가게를 다시 찾는다."

그의 눈은 정확했다. 뜨내기란 물건 보는 눈도 없고 시세가 어떻게 돌아가는지도 잘 모른다. 뜨내기손님은 거리를 지나다가 아무 데서나 물건을 샀다. 그러나 까다로운 손님은 달랐다. 상품의 질이나 가격뿐만 아니라 점포 주인의 행동거지에도 신경을 썼다. 이런 손님일수록 한번 마음에 들면 1년이고 3년이고 단골로 가게를 찾아왔다.

대홍수로 잠겨버린 구인회상회

1936년 7월, 며칠 동안 억수같이 퍼붓던 비가 폭우로 변했다. 진주 남강이 시시각각으로 불어났다. 진주 사람들은 남강이 불어나고 있는 것을 걱정하긴 했지만, 설마 강둑이 무너지리라고는 생각지 못했다. 당시 여름철 장마는 해마다 되풀이되는 연례행사였기 때문이다.

그러던 어느 날 밤, 남강은 둑을 무너뜨리고 순식간에 시가지를 덮쳤다. 구인회상점도 삽시간에 물속에 잠기고 말았다. 가게에 쌓아놓은 주단, 인조견 들이 모두 물에 잠겨버렸다.

가게를 지키고 있던 구인회와 구철회는 다급한 대로 값나가는 것부터 정신없이 높은 곳으로 끌어올렸다. 전기가 나가 칠흑 같은 어둠 속에서 촛불을 켜고 구인회는 아우가 올려주는 물건을 위로 쌓았다.

하지만 자꾸만 차오르는 흙탕물을 이겨낼 도리가 없었다. 물은 점점 불어 2미터까지 차올랐다. 구인회는 동생과 함께 옥상으로 올라갈 수밖에 없었다. 한 치 앞도 안 보이는 캄캄한 밤에 지붕 위로 기어 올라간 둘은 오도 가도 못 하는 처지가 되고 말았다. 두 형제는 이루 말할 수 없는 허탈함에 주저앉고 말았다.

구인회는 비에 흠뻑 젖은 채 팔짱을 끼고 앉아 눈을 감았다.

'이제 모든 것이 끝장인가. 모든 것이 신기루였나.'

옆에 있는 동생에게 너무 미안했다.

"철회야, 진주 나와서 장사하자고 말한 내가 잘못이다. 잘 지내고 있는 너에게 공연한 고생만 시킨 것 같아……."

어슴푸레한 어둠 속에서 먼동이 텄다. 두 사람은 추위와 걱정으로 뜬눈으로 밤을 넘겼다. 둘 다 눈이 빨갛게 충혈돼 있었다.

장마 진 해는 풍년 들기 마련이라

사람들은 소중하게 여기던 것을 잃으면 오랫동안 상심해하며 미련을 버리지 못한다. 미련이 강하면 강할수록 과거에서 헤어나지 못하고 자포자기해버린다.

구인회는 다르게 생각했다. 눈에 보이는 모든 재산은 흙탕물에 날려버렸지만, 눈에 보이지 않는 고객의 신뢰와 거래처의 신용, 자신의 경험은 여전히 간직하고 있었다. 그는 재기하기 위해 멀리 부산과 마산을 오가며 은행 문턱이 닳도록 들락거렸다. 하지만 담보가 없는 상황에서 자금을 빌리기는 쉬운 일이 아니었다.

어느 날 밤, 구인회는 동생과 함께 점포를 다시 일으키는 문제를 놓고 얘기를 나누다가 문득 '장마 진 해는 풍년이 든다'는 옛말이 생각났다.

'옳다, 이거로구나!'

번갯불처럼 머릿속을 스치는 아이디어에 그는 자기도 모르게 무릎을 탁 치면서 일어섰다.

"큰 장마가 든 뒤에는 뙤약볕의 무더위가 이어지기 마련이다. 그렇게 되면 곡식과 과일이 잘 익어 풍년이 든다. 풍년이 들면 농가 소득이 늘기 마련이고, 소득이 늘면 농민들은 아들 딸 혼인을 시키려고 한다. 그러니 올 가을에는 비단이나 광목이 있는 대로 팔려나갈 것이다. 더구나 이번 수해로 의복이나 침구를 망친 사람이 많으니 수요도 늘어날 것이다."

구인회는 곧바로 행동으로 옮겼다. 이전부터 알고 지내던 원창약방 주인 원준옥을 찾아갔다.

"가을에 갚을 테니 돈 좀 꿔주세요."

원준옥은 잠시 구인회의 얼굴을 보고 있다가 되물었다.

"얼마나 필요한데요?"

"만 원이면 됩니다."

"만 원요?"

원준옥은 놀랐다. 만 원이라면 쌀 200가마를 살 수 있는 거금이었다. 그러나 그는 구인회의 신용을 믿고 돈을 빌려준다.

그날부터 구인회는 동서남북으로 정신없이 뛰기 시작했다. 오만가지 포목을 대량으로 구입했다. 가게에 쌓지 못하는 물건은 따로 창고를 빌려서 보관해야 할 만큼 많은 물량을 확보했다.

그러는 사이 하루하루 선선해지는 날씨와 함께 가을이 찾아왔다. 예상은 적중했다. 그해 농사는 대풍이었고 9월로 접어들자 총각, 처녀는 앞 다퉈 짝을 지었고, 포목전의 옷감은 날개 돋친 듯 팔려나갔다. 경기를 예측하지 못한 포목상 주인들은 구인회상점의 북새통을 지켜만 볼 수밖에 없었다.

이 무렵 구인회는 그저 남이 생산한 물건을 받아다가 파는 소극적인 장사에 만족하지 않았다. 광목에 무늬를 박은 날염과 비단에 문양을 넣는 문직을 생각해 공장에 주문을 했다. 구인회상점에 가야 그런 옷감을 살 수 있었기에 가게 매출은 크게 늘어갔다. 기존 틀에만 얽매이지 않고 자유분방한 아이디어로 남보다 앞서 신제품을 개발했기 때문에 경쟁자를 따돌릴 수 있었던 셈이다.

변화의 기미를 느끼다

포목점에서 돈을 번 구인회는 처남 허윤구가 경영하는 조만물산(朝滿物産)에도 자금을 투자했다. 구인회는 마늘이나 명태를 수출하고 콩을 수입하기 위해 서울, 만주 등지로 여행하는 일이 가끔 있었다.

1937년 늦은 봄의 일이었다. 구인회는 서울에 다녀오는 길에 마산에 잠시 들렀다. 마산 연안 부두에는 일본군의 말이 수없이 집결하고 있었다. 당시의 말은 요즘의 차량과 같은 것이어서 군수 물자 수송을 말이 대신하곤 했다. 헤아리기 어려울 만큼 많은 수의 군마가 어디론가 떠나기 위해 집결해 있는 광경은 그가 만주에서 봤던 일본군의 심상치 않은 움직임과 다르지 않았다.

'저토록 많은 군마가 해로를 통해 어디론가 일시에 수송된다는 것은 어디선가 전쟁이 일어날 징조다. 전쟁이 터지면 모든 물건이 군수물자로 징발돼 생활필수품 품귀현상이 벌어진다. 옷감만이라도 전쟁물자로 통제되기 전에 비축해두면 돈도 벌 수 있고 조선 사람에게 다소나마 도움이 되리라.'

구인회는 긴박하게 움직이는 대외 환경의 변화를 놓치지 않았다. 은행에서 돈을 빌려 광목 1천 짝을 사 모았다. 한 짝이 20필이니 2만 필을 비축한 셈이다.

때마침 그해 7월 7일, 일본이 중일전쟁을 일으켰다. 전쟁이 일어나자마자 생활필수품은 품귀 현상을 보였다. 먼저 식품이 부족해지더니 그 다음은 옷감이었다. 품귀현상에 불안심리가 더해져 생활용품이면 그게 무엇이든 팔려나갔다. 구인회상점에 가득 쌓였던 광목도 눈 깜짝하는 사이에 바닥이 났다. 그해 연말에 결산을 해보니 무려 8만 원의 흑자를 기록했다.

현재 관점에서 구인회의 사업 방식은 몇 가지 측면에서 재평가 해볼 수 있다. 먼저 긍정적인 평가다. 구인회는 경기상황을 예상하고 경영환경을 면밀히 분석한 끝에 실행에 옮겼다. 이른바 불확실한 미래의 수요를 예측해 수익을 극대화한 전략이다. 수요예측은 지금도 기업 경영의 중요 요소다. 새로운 상품과 서비스를 내놓기 전에 고객 수요를 제대로 파악해야 마케팅 전략을 제대로 짤 수 있다.

반면 구인회의 방식은 오늘날 불법으로 간주되는 매점매석이었다는 비판도 나온다. 대점을 통한 이익 극대화였다는 것이다. 당시로서는 매점매석 그 자체가 불법은 아니었지만 차액을 내는 정도가 지나치거나 그 방법이 옳지 못하면 장사의 도리에 어긋난다.

어떤 이들은 또 다른 해석을 내놓는다. 주식시장은 늘 그렇듯이 많은 사람들이 공포에 질려 주식을 팔 때 그걸 사는 사람이 끝내 돈을 번다. 즉, 많은 사람들이 전쟁을 예견하며 불안에 떨고 있는 상황에서 전시 특수 경기를 예측해 상품을 구입했기에 대박을 터뜨렸다는 것이다.

결과적으로 구인회는 엄청난 돈을 벌었다. 당시 논이 평당 25전이었다는 기록에서 유추해보면, 8만 원은 40만평이라는 어마어마한 토지를 살 수 있는 돈이었다.

잇단 사업실패로 실의에 빠지고

포목사업에서 돈을 벌면서 구인회도 무역업으로 눈을 돌렸다. 원산지에 가서 포목을 싸게 구입해 팔면 중간 상인을 거치지 않는 만큼 차액도 커지고 싸게 공급할 수 있다고 생각했다.

하지만 이병철과 달리 구인회는 무역업에서 재미를 보지 못했다. 일본에서 비단을 갖고 와 팔았으나, 수입이 꽉 막혀버려 무역사업은 교착상태에 빠져버렸다.

설상가상으로 본업인 포목사업에도 암운이 깃들기 시작한다. 일제는 1939년 9월 모든 가격을 동결시키는 '가격 통제령'을 공포했다. 중국과 전쟁을 치르던 일제가 급등하는 물가를 물리적으로 잡기 위해 반시장적인 정책을 내놓은 것이다. 가격을 통제할 경우, 시장은 교란될 수밖에 없고 상인이 일차적으로 타격을 받게 된다.

구인회는 가격 통제령을 간과하고 있었다. 1940년 6월 구인회는 사업영역을 넓히기 위해 가게 이름을 '주식회사 구인회'로 바꾸었다.

주식을 발행하며 사업규모를 키워 근대적 경영체제를 갖춰나가려 한 것이다. 하지만 가격 통지령으로 그의 가게는 개점휴업을 해야 하는 상태에 내몰렸다. 물건을 싸게 사서 비싸게 팔 수 없게 된 것이다. 군복을 제외하곤 만들 수 있는 천도 없으니 장사를 하고 싶어도 할 수 없는 실정이었다.

이런저런 궁리를 해봤지만 전쟁의 소용돌이에 휘말려 있는 판국에 할 수 있는 장사란 별로 없었다. 어쩔 수 없이 수산물사업에도 손을 대보았다. 수산물은 일제의 통제에서 제외됐기에 어물과 청과물 거래를 착안해낸 것이다. 그는 30톤 규모의 선박을 구매해 운영하면서 어물과 청과물을 사고팔았다. 그러나 태평양전쟁 발발로 청과, 어물 상거래에도 한계를 느끼게 된다. 반면에 이병철은 당시 무역이 힘들어지자 국수와 양조 분야에 집중하면서 사업을 유지했다.

'운송업을 한번 해보면 어떨까?'

구인회는 개점휴업 상태인 도목점에 앉아 이 궁리 저 궁리하던 끝에 운수업을 해보기로 한다. 일단 뭐라도 한번 해보는 게 노는 것보다 낫지 않겠느냐는 생각에서였다. 그러나 치밀한 준비 없이 한 사업의 결과는 뻔했다.

그는 트럭 30대를 사들여 운수업에 뛰어들었다. 트럭의 대부분은 일본군이 쓴 뒤 2년 동안이나 굴리지 않고 묵힌 것으로 폐차 직전 상태였다. 고물 트럭은 시도 때도 없이 고장을 일으켰다. 트럭 가득히 생선을 싣고 가다 도중에 고장이 나서 생선이 모두 상하게 되는 일이 비일비재했다. 생선이 모두 상하게 되면, 생선 값을 운송업자가 변상해야만 했다. 썩지 않는 물건을 운송할 때도 문제였다. 트럭이 고장 나면 다른 트럭을 빌려다 목적지까지 실어다 줘야만 했다. 그러다보면 운송비가 두 배로 들었다.

트럭은 서로 경쟁이라도 하듯 고장을 일으켰다. 차의 특성이나 운송업의 관행을 제대로 알지 못한 채 무작정 뛰어든 게 문제였다. 견디다 못한 구인회는 결단을 내렸다. 운수업을 포기한 것이다.

땅을 사들여 기회를 엿보다

구인회는 사업이 제대로 되지 않자 불안해졌다. 투자처를 찾지 못해 그동안 벌어놓은 돈을 다 까먹을 수도 있다는 생각이 들었다. 뭔가 뾰족한 아이디어라도 얻을까 싶어 고향마을을 찾아 아버지와 의논을 했다.

아버지는 땅을 사라고 했다.

"세상이 이래 어지러우니, 갖고 있는 돈을 땅에 묻어두는 게 어떨까 싶다. 세상이 변하면 만사가 다 바뀌지만 땅덩어리만은 어디 가겠나?"

그 역시 아버지의 말에 동의했다.

'쓸 만한 물건은 모두 징발당하는 상황에서 현금은 그 가치가 형편없이 떨어져 휴지조각이 되고 있다. 하지만 땅만은 만고불면으로 그 값어치를 지니고 있는 게 아닌가.'

천석꾼, 만석꾼인 허 씨네와 한 마을에 살면서 그들의 땅을 부러워했던 기억도 떠올랐다.

"어디 이번 기회에 나도 만석꾼 소리 한번 들어보자. 하자고 마음먹으면 못 할 것도 없지."

구인회는 진주로 가자마자 그동안 모아두었던 40만 원을 모두 찾아 땅을 사들였다. 경상남도 일대의 땅을 돈이 허락하는 한 매입했다. 일제가 전쟁을 준비하고 있는 이때 가장 확실하게 재산을 보호하는 길은 땅을 소유하는 거라고 믿었다. 그는 만석꾼으로 변신해갔다.

이병철이 한때 땅 사재기에 몰두했던 것처럼, 구인회 역시 땅을 마구 사들였다. 두 사람의 차이가 있다면, 이병철은 자신의 자금이 아닌 은행 차입으로 땅을 산 것이고 구인회는 자신의 돈으로 땅을 구입한 것이다. 때문에 구인회는 이병철처럼 은행 대출 중단으로 직격탄을 맞지는 않았다.

물론 구인회 역시 이병철과 마찬가지로 땅을 투기하려 했다는 비판에서 자유로울 수는 없다. 일제의 통제경제 상황에서 제대로 사업을 할 수 없었다는 점을 고려하더라도 비생산적인 땅에 돈을 투입하는 것은 옳지 못한 방법이었다. 그 역시 해방 뒤 몰락한 대지주 계층처럼 토지개혁으로 벌어둔 돈을 한순간에 날릴 수도 있었다.

그러나 구인회는 보통의 대지주 계층과 달랐다. 해방이 되자 만석꾼 부럽지 않은 땅을 팔아버린다. 구인회의 평전인 『한번 믿으면 모두 맡겨라』에서는 땅을 팔게 된 이유를 이렇게 밝히고 있다.

> 자신(구인회)이 가지고 있는 만석꾼 부럽지 않은 많은 토지도 이제 이 강산이 우리 민족에게로 되돌아왔으니 풀어나야 되지 않을까. 되도록 여러 사람이 부쳐 먹을 수 있도록 큰 덩어리 땅은 쪼개어 풀어야겠다. 가난한 우리 농민들이 자기 땅을 갖게 되니 좋고, 자신은 토지와 바꾸어두었던 사업 밑천을 고스란히 되찾아 해방된 내 나라에서 새로 사업을 하게 될 것이니 이거야말로 일석이조가 아니고 무엇이랴 싶었다.

구인회는 한 시대가 가고 새로운 한 시대가 눈앞에 닥쳤는데 안주하고 있지는 않겠다고 결심했다. 스스로 농사를 짓는다면 모르지만 그러지 못할 바엔 농사짓는 사람에게 땅은 돌려주고, 장사하는 사람은 장사에만 몰두하자는 생각이었다. 그는 주변 사람을 시켜 여기저기 흩어져 있는 땅을 처분하기 시작했다. 대부분의 땅을 자신이 산 가격 언저리에 팔아 매매 차익을 크게 내지는 못했다.

그가 땅을 판 이유를 해방된 나라의 농민들을 위한 선한 마음 때문이었다고만 볼 수는 없을 것이다. 그보다는 땅을 팔아 새로운 시대에 새로운 뭔가를 해보고 싶은 마음이 더 컸던 것 같다.

좀 더 넓은 무대로의 도약을 꿈꾸며

"진주는 무대가 너무 좁다. 좀 더 넓은 부산으로 가자."

1945년 해방을 맞아 구인회는 좀 더 큰 도시에서 새롭게 도전해보기로 한다. 가족을 이끌고 부산으로 옮겨 서대신동에 집을 한 채 마련해 그곳을 근거지로 삼았다. 부산은 한국전쟁 때 그에게 새로운 기회를 준다.

구인회는 서울에 올라가 있던 아우 구철회와 구정회에게 전보를 보내 부산에서 힘을 모아 일해보자고 제안했다. 아우들은 맏형의 제의에 이의 없이 부산으로 내려왔다.

형제가 한 자리에 모이자 해방 공간에서 어떤 사업이 좋을지를 논의했다. 자신들이 확보하고 있는 자금능력도 생각해봐야만 했다. 형제는 해방된 우리나라에서 당장 필요한 것은 각종 생활필수품이라는 데 의견을 같이했다. 생필품을 만들지 못하는 현실을 감안해 외국이나 타지방에서 무역을 통해 가져와 팔아보자는 생각에 이르렀다.

구인회는 형제의 의견을 종합해 무역업에 나서기로 했다. '조선흥업사'라는 이름으로 무역업 허가서를 미군정청에 제출했다. 미군정청에서 허가증이 발급된 것은 1945년 11월. 무역업허가 제1호였다.

막상 무역업을 선택했지만 구인회는 도통 떠오르는 아이템이 없었다. 이리저리 사람을 만나며 사업 아이템을 찾고 있을 무렵, 어느 날 시장 거리를 지나가다 아이디어 하나가 떠올랐다.

당시는 일본인들이 남겨놓고 간 집, 이른바 적산가옥이 부산에 많았다. 이런 집들은 대부분 다다미방으로 돼 있었다. 다다미방 난방은 숯불에 의존했다. 난방을 필요로 하는 겨울철에는 목탄 수요가 크게 늘어났다. 그러나 일제가 2차 대전을 치르면서 한반도의 모든 자원을 싹쓸이로 수탈해갔으니 상업용 땔감과 목탄은 품귀현상을 빚었다. 그 무렵 쓰시마 섬에 가면 목탄을 무진장 구입할 수 있을 거라는 말이 떠돌았다.

구인회는 그 말을 듣고 목탄을 구입하기 위해 작은 통통배로 대한해협을 가로질러 쓰시마 섬에 가려고 했다. 하지만 배가 거센 파도에 떠밀려 일본 남부인 큐슈의 후쿠오카에 도착했다. 구인회는 어쩔 수 없이 삽, 곡괭이, 쟁기 날 같은 농기구를 사가지고 돌아왔다. 부산에서 농기구를 모두 팔았지만 손에 들어오는 이득은 없었다.

숯장사는 계속됐다. 경남 합천 해인사 근처에 화물차를 보내 숯을 실어 나르며 1년 동안 부지런히 뛰었지만 장사는 시원찮았다. 돈이 안 되는 사업을 하다 보니 지난날 진주에서 포목상을 하던 시절이 그리워지는 때도 있었다. '황금같이 귀중한 젊은 시절을 이같이 뜨내기 장사로 허송세월 해버리면 어쩌나' 하는 생각이 마음 한구석에서 머리를 쳐들고 있었다.

구인회와 달리, 같은 무역업을 했던 이병철은 사업을 크게 일으켰다. 그 시대와 사람들이 원하는 아이템을 이병철은 찾았지만 구인회는 그러지 못했기 때문이다. 그 차이가 사업 성패를 갈라놓았다.

해방 조국의 숨 가쁜 소용돌이 속에서 구인회는 스스로 변신과 도약을 위해 나름의 노력을 계속했다. 하지만 이러저러하는 사이 시간은 흘러만 갔다. 해방 정국은 술렁이고 혼란만이 가득했는데, 구인회도 예외는 아니었다. 그 역시 자리를 잡지 못한 채 갈팡질팡했다.

시대 변화가 주는
기회를 활용하라

위기는 모든 것을 쓸어가 버릴 것 같지만 위기가 끝나면 언제나 기회를 만드는 사람은 있다. 우리나라에 IMF라는 위기가 찾아왔을 때도 그랬다. 대다수 직장인들은 구조조정이라는 핵폭풍 속에서 하루하루 버티기에도 벅찼다. 그러나 그때 회사에서 스스로 걸어 나와 시대를 앞서간 사람들이 있었다. 네이버, 다음, 엔씨소프트, 넥슨과 같은 포털회사와 게임 회사를 차린 사람들이다.

변화를 감지한다는 것은 중요한 능력이다. 변화의 흐름을 제대로 읽을 줄 안다면 무엇을 하든 선택의 폭은 넓어진다. 자신의 경쟁사가 어떻게 변화하고 있는지, 하다못해 CEO의 스타일 변화 같은 회사 주변의 움직임이 어떠한지 파악하고 있다면 기회를 포착할 수 있는 길은 보인다. 아무리 작은 것이라 하더라도 변화의 움직임을 포착하고 그에 따라 자신을 적응시킬 줄 아는 사람은 결국 성공에 이른다.

'경영의 신'은 시대의 변혁기에 스스로를 한 단계 업그레이드시켰다. 정주영은 미군의 군납 건설을 통해 재기의 발판을 마련했다. 이병철은 제일제당이라는 제조업에 뛰어들면서 부를 거머쥐었다. 구인회는 무역업의 실패를 발판 삼아 이후 화장품사업, 플라스틱 공장을 만들며 사업가의 틀을 다져나갔다.

그들의 성공을 견인한 공통된 장소는 부산이었다. 한국전쟁 당시 부산은 그들에게 어떤 기회를 주었을까?

시대와 고객이 원하는 수요를 찾다

전쟁은 모든 것을 폐허로 만들었다. 얼마 있지도 않던 산업시설은 잿더미로 변했다. 남한에서는 산업 시설의 40퍼센트가 파괴됐다. 주요 공업지대였던 경인과 삼척 역시 폐허가 됐다. 피난행렬은 이어졌다. 지주는 토지를 버렸고, 공장주인도 생산설비를 버렸고, 무역업자도 수입품을 버렸다. 통화남발로 물가는 3년 동안 35배나 뛰어올라 그나마 갖고 있던 돈은 휴지조각으로 변했다.

전쟁을 피해 사람들이 몰려든 곳은 부산이었다. 그들은 부산에서 처음부터 다시 시작해야만 했다. 인구 50만 명의 부산에, 전쟁 발발 후 300만 명의 피난민이 몰려들었다. 기존 인구의 여섯 배에 이르는 사람들로 부산은 북적거렸다.

300만 명 중에서 성공의 기회를 움켜잡은 사람은 시대와 그 시대의 사람들이 원하는 것을 포착한 이들이었다. 부산으로 피난 내려온 사람들이 가장 원했던 것은 무엇이었을까? 먹을거리와 최소한의 생필품이었다. 먹을거리는 미국의 원조로 다소 해결됐지만 비누, 양말, 신발과 같은 일상 생활용품이 턱없이 부족했다. 사업가에게는 놓칠 수 없는 기회였다. 구인회는 칫솔과 비눗갑 같은 플라스틱 제품을 만들어 도약의 발판을 마련했다.

부산에는 피난민만 있었던 건 아니었다. 전쟁 당시 한국에 파병된 미군이 부산으로 들어왔다. 이들도 수요를 만들어냈다. 병영과 비행기, 군수물자 수송은 누군가가 해야 했다. 정주영은 미군을 상대로 한 비즈니스로 건설업계에 이름을 내민다. 이병철도 부산에서 무역으로 큰돈을 벌었다. 변혁기의 부산에서 무역이 크게 성장했기 때문이었다.

2차 대전 뒤 일본에 진주한 미군은 군국주의 부활을 우려해 이른바 엔 블록의 일본경제권 해체 작업을 진행했다. 그 일환으로 미군은 일본이 한국, 대만과 무역을 하지 못하도록 통제했다.

그러나 남한에서는 그나마 있던 공장들도 전쟁으로 파괴됐다. 생필품이 절대적으로 부족해 필요한 물품을 해외에서 사들여와야만 했다. 그러나 가장 가까운 나라인 일본과 무역을 할 수 없으니, 무역업자들은 대안을 찾았다. 일본보다 훨씬 멀리 떨어져 있던 홍콩과 마카오였다. 거리가 멀수록, 위험부담이 높을수록 무역품 값은 비쌀 수밖에 없었다. 두 지역에서 물건을 들여오기만 하면 가격을 몇 배씩 올려 받아도 물건은 날개 달린 듯 팔려나갔다. 이병철은 이를 통해 큰돈을 벌게 된다.

미국의 막대한 원조는 고객의 수요를 확인하는 기회가 됐다. 중국이 1949년 10월 공산화되고 북한이 이듬해 남한을 침공하자, 미국은 공산세력의 직접적인 위협에 직면한 남한과 일본에 막대한 경제적·군사적 원조를 제공하기 시작했다.

미국의 원조물자를 받는 창구가 부산이었다. 부산항으로 들어온 원조물자는 전체 원조물자의 90퍼센트를 넘었다. 밀가루, 설탕, 의약품 등이 쏟아져 나왔다.

　미국이 원조 물자를 쏟아부었지만 피난민들에게는 턱없이 부족했다. 이병철은 이런 흐름을 놓치지 않았다. 설탕과 밀가루의 수요를 확인한 것이다. 국내에서 설탕과 밀가루를 싸게 만들기만 하면 수요는 무한할 것이라고 전망했다. 예측은 맞아떨어졌다.

스스로 개척해야 살아남는다

부산에서 사업을 했던 모든 사람이 성공한 것은 아니었다. 전쟁 초기 목재와 고무 공장을 운영했던 사람은 원자재를 확보하기 어려워 회사가 휘청거릴 정도로 자금난을 겪기도 했다. 미국의 원조가 부산항으로 들어오면서 무역 호황을 노리고 배를 만드는 조선사업에 뛰어든 사람 역시 어려움을 겪었다. 원조 물자를 날랐던 배들이 주로 일본에서 만들어졌기 때문이다. 기술에서 뒤진 분야는 오히려 심한 타격을 받았다.

　일제 때 잘나갔던 대기업도 부산에서 스스로 붕괴되거나 규모가 축소됐다. 화신그룹이 그랬다. 화신의 창업자인 박흥식은 1926년 을지로에 지물(종이) 도매를 하면서 사업을 불려나갔다. 그 뒤 화신백화점을 세운 뒤 350개의 체인점을 만들면서 몸집을 키웠다. 일제의 전쟁을 지원하기 위해 비행기공장을 세우고 비행기를 헌납하며 일본에 협조하기도 했다.

하지만 해방을 맞자마자 반민족행위자로 체포됐으며, 한국전쟁 중에는 백화점을 북한군에게 압수당했다. 전쟁 중 일본으로 피신 갔던 박흥식은 그 뒤 새로운 기회를 잡는 데 실패했다.

반면 자영업자와 중소기업에게 부산은 도전의 장이었다. 빈털터리로 피난 온 사람도 기회를 찾아 돈을 벌었다. 구멍가게 수준의 중소기업이 대기업 수준에 오르기도 했다.

화신과 같은 일제 강점기의 대기업들은 통제경제 상황에서 일제에 적극 협력하며 사세를 키울 수 있었지만, 중소기업은 반대였다. 중소기업은 일제가 벌인 태평양 전쟁으로 직접적인 통제를 받았다. 원료를 구입하기 힘들었고 강제로 통폐합당하기도 했다. 정주영도 일제의 기업 정비령 때문에 서비스센터가 통폐합되면서 사업에 손을 뗄 수밖에 없었다.

일본과 무역이 끊긴 것도 대기업에겐 큰 타격이었다. 일제강점기에 잘나갔던 대기업들이 일본에서 들여온 상품과 기술에 의존했기 때문에 일본과 무역이 끊기면서 제품 생산에 나서기 힘들어졌다.

반면 부산은 중소기업에게 유리한 환경을 가져다주었다. 시장은 급변했고, 새로운 시장이 생겨났다. 중소기업들은 대기업이 선점한 기존 시장에서 벗어나 틈새시장을 찾을 수 있었다. 일본과의 무역단절로 위기를 맞게 된 대기업들과 달리 중소기업들은 원료와 기술, 시장을 스스로 개척해나갔다. 구인회가 그랬다. 일본의 도움을 받지 않고 자체적으로 화장품 크림을 만들기 시작했다. 이후 플라스틱 사업에 뛰어들 때도 일본이 아닌 미국 기계를 들여와 사업을 시작했다.

한국전쟁 전까지 정주영은 이름도 없는 건설사를 운영해왔고, 이병철은 나름 무역업으로 돈을 벌었지만 다른 대기업에 비하면 결코 크지 않은 회사였다. 그나마 전쟁 통에 모든 것을 잃었다. 구인회 역시 플라스틱 공장을 세우기 전까지는 그저 그런 공장을 운영하는 수백 명 가운데 한 명에 불과했다.

전쟁은 온통 잿빛 미래를 그려놓았다. 그러나 그들은 성냥에 불을 붙이듯 사업을 일으켰다. 부산에서 돈을 번 그들은 자본을 모아 공장을 지으면서 제조업에 뛰어든다.

  어느 시대를 막론하고 변화의 시기에 사업가들은 기회를 엿본다. 여기저기서 새로운 파고가 밀려오고 있는 지금 현재도 누군가에겐 새로운 도전이 시작되는 시기가 될 것이다.

3장

남들은 안해도 나는 한다

정
주
영

학교와 다리, 도로를 짓는 일이 계속됐지만
시멘트가 없어 현장에선 일손을 놓아야 하는 경우가 비일비재했다.
'없으면 만들면 되지 않을까?'
시멘트가 없다면 시멘트 공장을 만들면 된다.
어려운 일에 부닥치면 문제를 단순하게 정리해 해결하는 그는
시멘트 공장을 세우기로 마음먹는다.

현장마다 어김없이
호랑이가 어슬렁거린다

'불감폭호 불감풍하(不敢暴虎 不敢馮河, 맨손으로는 호랑이를 잡지 못하고, 걸어서는 황하를 건널 수 없다)'

『시경』에 나오는 이 말을 정주영은 고령교 공사에서 시련을 겪은 뒤 마음속에 새겼다. 원래 이 말은 쓸데없이 내는 무모한 용기를 경계한 것으로, 용기보다는 신중한 검토와 그에 대한 대책이 앞서야 한다는 것을 뜻한다.

그러나 정주영은 다르게 해석했다. 어떤 일을 할 때는 그 일에 필요하고 잘 맞는 적절한 도구가 있다는 뜻으로 받아들인 것이다. 고령교 공사의 패착은 장비가 부족해 생각만큼 속도를 내지 못한 데 있었다. 그 역시 그걸 알고 있었다.

"나는 고령교 공사에서 생긴 막대한 적자의 뼈아픈 원인 가운데 하나가 장비 부족이라고 생각했다. 그래서 장비 부족 문제를 해결하는 것을 제일의 목표로 삼았다."

그때만 해도 우리나라는 높은 실업률을 기록하고 있어 일꾼을 모으기는 쉬웠다. 하지만 건설 장비는 그렇지 못했다. 마음대로 구할 수 없었다. 장비를 갖고 있는 업체에 세를 주고 빌려 쓸 수는 있었지만, 그러면 남는 게 별로 없었다. 고령교 복구공사에서 경험했듯 결국 건설업체의 공사 능력은 장비에 달려 있었다.

정주영은 장비를 구하기 위해 이리저리 뛰어다녔다. 유엔군 묘지에 보리를 심는 발상의 전환으로 미군과 우호적인 관계를 갖게 된 건 행운이었다. 마침 미군은 오래된 장비를 매주 민간업자에게 팔고 있었다.

다른 건설업자들은 미군과 직접 접촉은 못 하고 대부분 중간 상인을 거쳐 구입했기에 비싸고 고장이 많은 장비를 샀다. 하지만 정주영에게는 매각 장비 안내서가 우송되어왔다. 미군과 돈독한 친분관계를 맺어두었기에 가능한 일이었다.

그는 미군이 장비를 팔 때마다 직접 현장에 찾아가 장비를 선택했다. 자동차 수리사업을 할 때, 일이 바쁘면 다반사로 직원들과 함께 야근을 하면서 자동차의 기계 원리와 기능을 터득한 것이 큰 도움이 됐다.

정주영이 장비를 사들인 데에는 또 다른 이유도 있었다. 전쟁이 끝나면서 공사 상황이 바뀌었기 때문이다. 전쟁 중에는 긴급공사가 대부분이었다. 설계도나 시방서(공사 시공 방법과 일정을 기록한 문서) 없이 빠른 시간 안에 공사를 끝내면 그만이었다. 전쟁이 끝나자 한국 정부는 미국 원조 자금을 재원으로 복구공사를 활발히 진행하고 있었다. 이때부터 시방서에 엄격한 장비 조항이 삽입됐다.

제대로 된 장비가 없으면 공사를 따내기도 힘들 뿐더러, 고령교 때처럼 맨손으로 공사를 해서는 이익도 남지 않았다. 장비를 확보하면서 현대건설도 차츰 제자리를 잡아가기 시작한다.

고령교 악몽에서 벗어나다

1957년 여름, 현대건설은 한강인도교 건설을 맡으며 전국적으로 주목받게 된다. 고령교 공사로 망했다는 소문이 자자했던 현대건설이 또다시 전후 최대 단일 공사를 수주했기 때문이다.

한국전쟁 때 폭파된 한강인도교는 정부의 곳간이 비어 그때까지 복구를 못 하고 있었다. 미국의 원조자금을 받아서야 공사가 진행됐다. 공사 기간 8개월, 공사 금액 2억 3천만 환. 공사장에서 밥깨나 먹은 사람이라면 누구나 큰 이익이 날 공사임을 알 수 있었다.

처음에 현대건설은 이 수주에 끼지도 못했다. 내무부장관은 공사를 건설업계 2위인 조흥토건에 맡기려고 했다. 반면 공사 승인권을 갖고 있던 재무부장관은 건설업계 6~7위권인 흥화공작소에 주려고 했다. 공사 규모가 큰 사업인 데다 한강다리를 복구하는 상징적인 사업이어서 두 업체 모두 서로 맡겠다고 치열한 로비를 펼쳤다. 1년이 넘도록 서로 양보를 하지 않았다.

　타협점을 찾지 못한 정부는 결국 경쟁 입찰에 부친다. 흥화공작소가 수주를 할 것처럼 보였다. 수주 금액으로 달랑 1천 환을 써낸 것이다. 당시 시내에서 한강까지의 택시요금이 4천 환 정도였는데, 그것의 4분의 1밖에 안 되는 금액이었다. 입찰에 참가했던 경쟁사들은 쓴웃음을 지을 수밖에 없었다. 정주영 역시 허탈했다.

　하지만 이변이 벌어졌다. 입찰서를 뜯어본 내무부장관은 "흥화공작소의 1천 환 입찰은 기부공사를 하겠다는 의미이므로 입찰 자격이 없다"라고 공식 발언을 했다. 결국 두 번째로 낮은 가격을 쓴 현대건설이 자동으로 낙찰을 받게 되었다. 현대건설이 경쟁 업체보다 공사비를 낮게 써넣을 수 있었던 것은, 정주영이 장비를 많이 확보해 나머지 비용을 크게 줄였기 때문에 가능했다.

　한강인도교는 만만한 공사가 아니었다. 미국 원조기관은 한국 건설업체의 실력으로는 공사를 진행하기 어렵다며 국제 입찰을 부치자고 제안하기도 했다.

　하지만 정주영은 공사를 계약 기간 안에 해냈다. 1958년 5월, 한

강인도교 개통 모습이 전국에 방송되면서 현대건설은 덤으로 큰 홍보효과도 얻게 됐다.

정주영은 한강인도교 공사에서 40퍼센트의 이익을 거두었다. 고령교 공사의 악몽에서 벗어날 수 있는 계기도 만들었다. 이 공사로 현대건설은 업계 선두인 대동건설과 조흥토건, 극동건설, 대림산업, 삼부토건과 함께 6대 건설업체로 어깨를 나란히 하게 됐다.

없으면, 우리가 만들면 된다

한국전쟁이 끝난 뒤 본격적인 복구 건설이 진행됐다. 복구공사에서 가장 많이 필요했던 게 '건설공사의 쌀'로 불렸던 시멘트였다. 하지만 당시에는 시멘트가 크게 부족했다. 1958년엔 약 56만 톤의 시멘트가 필요했지만, 정작 우리나라에서 생산한 시멘트는 25만 톤에 불과했다. 부족한 시멘트는 다른 나라에서 사와야 했다. 수입 시멘트는 관세가 붙어 그만큼 가격도 높아져 공사비도 덩달아 올라갈 수밖에 없었다.

학교와 다리, 도로를 짓는 일이 계속됐지만 시멘트가 없어 현장에선 일손을 놓아야 하는 경우가 비일비재했다.

'없으면 만들면 되지 않을까?'

시멘트가 없다면 시멘트 공장을 만들면 된다는 것. 여기서도 정주영의 스타일이 나온다.

'강원도나 충청도에는 석회석산이 숱하게 많다. 그런데 시멘트가 부족하다니 말이 안 된다.'

어려운 일에 부닥치면 문제를 단순하게 정리해 해결하는 그는 시멘트 공장을 세우기로 마음먹는다. 1958년 충북 단양군 매포면 어상천리의 석회석 광산을 산다. 그곳에는 8천 200만 톤의 석회석이 묻혀 있었다.

정주영은 매년 20만 톤씩 시멘트를 생산하기로 계획하고, 정부에 공장 신청서를 냈다. 그러나 이승만 정부의 관료들은 이런저런 이유를 대며 공장 건설을 허가해주지 않았다. 그가 따져 묻자, 그들은 "지금 나오는 시멘트만으로도 충분하다"는 이유를 댔다. 그러나 진짜 이유는 다른 데 있었다. 이미 시멘트 공장을 갖고 있는 업체들이 정부에 로비를 해 공장 건설을 방해한 것이다.

4·19 혁명 뒤에 이르러서야 정주영은 새 정부에 다시 신청서를 냈다. 정부는 허가를 해주었지만 곧 5·16 쿠데타로 공장 건설은 물거품이 되는 듯했다. 하지만 군사정부가 국토 건설에 초점을 맞추면서 시멘트 수요는 크게 늘기 시작했다. 외국에서 수입한 시멘트 비율은 1961년 12.9퍼센트였으나 1963년엔 26.3퍼센트까지 올라갔다.

결국 군사정부는 쌍용양회 40만 톤, 한일시멘트 40만 톤, 현대건설 20만 톤의 공장을 짓도록 허가해주었다. 현대건설 직원들은 단양 시멘트 공장을 '현대건설의 3·1운동'이라고 할 정도로 반겼다. 수입에 의존하던 주요 건설 자재를 국산화할 수 있었기 때문이다.

공사 현장을 누비는 CEO

정주영은 공사를 시작한 때인 1962년 7월부터 공사가 끝난 1964년 6월까지 24개월 동안 현장을 찾았다. 일요일이면 그는 어김없이 청량리에서 중앙선 야간열차를 타고 현장으로 달려갔다. 시멘트 공장은 그야말로 깊은 산골에 건설 중이었다. 단양 중심지에서 24킬로미터나 떨어져 있었고, 제천에서도 10여 킬로미터 떨어져 있었다. 경비원이 개를 데리고 공사 현장 주변을 돌다 호랑이를 만날 정도였다.

공사 현장에는 또 다른 호랑이가 있었다. 진짜 호랑이가 아닌 '인간 호랑이' 정주영. 직원들 사이에서 그는 '호랑이'로 통했다. 금요일 오후부터 직원들은 "호랑이 오나? 안 오나?"라며 서로 묻고 다니곤 했다.

정주영이 현장을 누비는 건 일상이었다. 현장에 가는 것만으로 성이 차지 않아 수시로 전화를 걸어 "예열실 슬라브 콘크리트 쳤냐? 바닥 콘크리트는 했냐?"며 질문을 해댔다. 어느 때는 담당자가 아닌 직원이 전화를 받아 "잘 모르겠습니다"라고 말했다가 정주영의 고함에 수화기를 그대로 놓고 도망치기도 했다.

누군가는 결재 서류를 들고 왔다가 욕먹고 나가면서 겁을 먹은 나머지 철제 캐비닛 문짝을 출입문으로 잘못 알고 열고 들어가려 했다는 얘기도 있다. 정주영이 다른 곳으로 자리를 옮기면 직원들은 "공습 해제!"를 외칠 정도였다.

어느 일요일 밤, 정주영은 동생 정세영과 함께 야간열차에 몸을 실었다. 그러다 둘 다 깜빡 잠이 들었다. 기차는 이미 내려야 할 단양역을 출발하고 있었다. 정주영은 깜짝 놀라 자고 있던 동생을 깨운 뒤 달리고 있는 기차에서 뛰어내렸다. 순식간의 일이었다. 정세영도 급하게 뛰어내렸다. 정세영이 형을 돌아보니, 정주영은 몸을 툭툭 털고 일어나 캄캄한 밤길을 성큼성큼 걸어가고 있었다.

"참, 형님도…… 마흔이 훨씬 넘은 나이에……."

정주영은 동생과 함께 캄캄한 밤을 더듬어 징검다리를 건너고 산길을 따라 10여 킬로미터를 걸어 새벽에서야 현장에 도착했다. 그가 안 온 줄 알고 느긋하게 아침을 먹으러 가던 직원들은 경악했다.

그때 불도저 한 대가 흙탕물에 빠져 꼼짝 못 하고 있었다. 그는 운전기사를 내려오게 한 뒤, 직접 운전석에 앉았다. 불도저가 나아가는 데 방해가 안 되도록 삽날을 높이 치켜들었다. 그런 다음 1단 저속 기어를 넣고 앞으로 나아가게 하는 레버를 잡아당겼다. 불도저가 어럽지 않게 진흙탕을 빠져나왔다.

정주영의 '현장 정신'은 시멘트 건설 공사장만이 아니었다. 원효로에 있던 중장비 공장도 그가 매일 찾는 코스였다. 어떤 날은 아침에 들러 지시를 했다. 직원들은 "오늘 왔으니 내일 오겠지"라며 일을 내일로 미루고 있었다. 그러다 오후에 다시 들른 정주영에게 얼이 나갈 정도로 혼이 났다. 그는 이렇게 말한다.

"기업은 행동하면서 이루는 것이다. 똑똑하다는 사람들이 모여 앉아 머리로 생각만 해서 기업이 클 수 없다. 우선 행동해야 한다. 예를 들어 누군가를 만나야 한다는 판단이 서면 벌떡 일어나 뛰어나가는 사람이 있다. 반면에 만나야 된다는 생각만 하면서 미적거리다 한 시간 뒤로 행동을 미루는 사람도 있다. 그 한 시간이 큰 차이가 없을지 모르나 한 시간 후로 미루는 사고방식의 차이는 인생의 승패를 좌우한다."

단양 시멘트 공장은 공기를 6개월 앞당겨 1964년 준공됐다. 그때까지 건설 공사에만 참여하던 현대에게 단양 시멘트 공장은 플랜트 건설 분야에 발을 들여놓는 기회가 됐다. 건설업자가 제조업자로 변신한 것이다. 이 공장은 당시 우리나라에서 가장 작은 규모였지만, 가장 높은 생산 실적을 기록하기도 했다. 공장에서 나온 시멘트 브랜드는 바로 '호랑이표'였다.

정주영과 이병철의 다른 경영 스타일

정주영은 현장에서 직원들과 함께 밥 먹고 흙 묻히는 것을 부끄러워하지 않았다. 회사의 최고경영자가 솔선수범하지 않고 직원에게 이래라저래라 해서는 말이 먹히지 않는다고 여겼다. 현장이 돌아가는 것을 훤히 꿰뚫고 있을 정도로 그의 현장 장악 능력은 치밀했다.

정주영의 현장 경영은 직원을 CEO로 훈련시키는 과정이기도 했다.

"현장에서 내 단련을 받으며 일을 배운 사람은 어떤 자리에 갖다놓아도 안심할 수 있다. 무슨 일이든 누구보다 철저하고 완벽하게 수행해낼 능력과 책임감 있는 '진짜 일꾼'으로 만들어놓았기 때문이다."

정주영은 현장에서 매일 새롭게 살았다.

"어제와 같은 오늘, 오늘과 같은 내일을 사는 것은 사는 것이 아니라 죽은 것이다."

현대경제연구원이 지은 『정주영 경영을 말하다』에서는 정주영의 현장 정신을 그의 말을 빌려 이렇게 평가했다.

경영자 역시 현장에서 많은 것을 배울 수 있습니다. 책상에 앉아서 보고를 듣는 것은 빙산의 일각에 불과합니다. 간접적인 보고로 파악한 상황이 실제 현장에 갔을 때와는 판이하게 다른 경우도 종종 있습니다. 또한 현장을 보면 일을 좀 더 효율적으로 할 수 있는 아이디어가 떠오르기도 합니다.

세세한 부분들을 효율적으로 다듬고 또 다듬다보면 작은 효율이 모이고 쌓여서 커다란 절약과 간축으로 돌아옵니다.

이에 반해 이병철은 현장을 실무담당자에게 맡겼다. 현장에서 일어난 일은 현장 실무자가 가장 잘 파악할 수 있다고 여겼다. 현장에서 발생한 정보를 갖고 현장에 있는 사람이 소신껏 판단해야 한다는 게 그의 생각이었다. 정주영은 현장에서 아이디어를 떠올렸다면, 이병철은 현장에서 올라온 정보를 분석해 일을 진행했다.

이런 스타일의 차이는 두 사람의 인생과 밀접하게 연관돼 있다. 정주영이 가출한 뒤 현장에서 일을 시작했다면, 이병철은 사업을 시작할 때부터 여러 상황을 종합적으로 분석하면서 일을 처리했다. 사업 아이템 측면에서 본다면, 정주영은 현장과 직접 관련 있는 건설과 중화학 분야에서 사업을 벌였기 때문에 현장이 무엇보다 중요했다. 반면 이병철은 소비재와 첨단산업 중심으로 사업을 전개해 현장보다는 관리가 더 중요했던 것이다.

이
병
철

'언제까지 남의 나라 물건을 들여와 팔아야 하는가?'
'우리가 쓰는 것은 우리 스스로 만들 수 없을까?'
고민 끝에 내린 결론은 제조업이었다.
"어떤 사업이든 실패 위험은 항상 존재한다.
가장 위험한 것은 실패 여지가 있다는 불안을 갖고 시작하는 것.
처음부터 망설이며 출발하면 될 일도 안 된다."

메인드 인 코리아 설탕,
메인드 인 코리아 골덴텍스

한국전쟁이 발발했을 때 서울에 있었던 이병철은 피난을 가지 못했다. 그러다 맥아더의 인천 상륙 작전으로 서울이 수복되자 대구로 내려온다. 빈털터리가 된 채 대구에 온 이병철을 기다리던 사람이 있었다. 이창업이었다.

"이제 나는 빈털터리야. 모든 것이 끝났어."

"사장님, 걱정하지 마십시오. 우리에게 3억 원이 있습니다. 그 돈으로 다시 사업을 시작할 수 있어요."

이창업은 그간 벌어들인 이익금 3억 원을 궤짝에 담아 내놓았다. 이병철은 서울에 있는 동안 대구의 사업에 관심을 기울이지 못했다. 서울 사업규모가 훨씬 큰 데다 서울에서 기반을 잡기 위해서는 대구까지 신경을 쓸 겨를이 없었기 때문이다. 그는 가끔 편지로 경영상황을 보고 받았을 뿐 운영은 이창업에게 맡겨놓았다. 이창업은 민심이 흉흉한 전쟁 통에도 그를 배반하지 않고 이익금을 건넸다. 빈털터리가 된 이병철이 다시 일어설 수 있었던 건 이창업 덕분이었다.

한편으로는 이병철의 뛰어난 용인술이 돋보이는 대목이기도 했다. '미덥지 못하면 맡기지 말고, 일단 맡겼으면 끝까지 믿어라'라는 이병철의 신념은 지금까지 삼성의 인사관리의 원칙으로 지켜지고 있다.

이창업이 건네준 돈은 재기에 큰 힘이 됐다. 이병철은 피난지 부산으로 내려가 출자금 3억 원으로 삼성물산을 다시 설립했다. 전쟁 중이라 모든 물자가 부족했다. 그는 홍콩에서 설탕과 비료를 수입해 팔았는데, 들어오는 즉시 팔려나갔다.

이때 행운이 찾아왔다. 전쟁 전에 홍콩으로 수출한 목화 기름 찌꺼기의 물품대금 3만 달러가 도착한 것이다. 달러가 무엇보다 귀한 그때 목화기름 찌꺼기는 황금 같은 값어치로 되돌아왔다. 이 돈으로 이병철은 더 많은 설탕과 비료를 수입했다. 6개월 만에 순수익 10억 원을 돌파했고 1년 만에 60억 원을 벌었다.

터닝 포인트가 된 제조업

큰돈을 벌었지만 이병철은 뭔가 허전했다.

'언제까지 남의 나라 물건을 들여와 팔아야 하는가?'

'우리가 쓰는 것은 우리 스스로 만들 수 없을까?'

그가 고민 끝에 내린 결론은 제조업이었다. 제조업은 40대의 이병철에게 인생의 터닝 포인트가 된다.

그때만 해도 공산품은 대부분 수입에 의존하고 있었다. 설탕, 밀가루, 섬유, 비료, 종이, 의약품 등 생활에 꼭 필요한 물품 역시 국내에서 만들지 못할 때였다.

이병철은 사업을 하기에 앞서 예외 없이 분석 작업에 들어갔다. 먼저 전문가들을 찾아가 자문을 듣기도 하고 경제부처 관리를 만나 의논을 했다. 대부분의 사람은 부정적인 견해를 드러냈다. 전쟁으로 사회도 불안정하고 화폐가치마저 폭락하고 있는데다 원조물자가 쏟아져 들어오고 있는 상황에서 제조업은 무모한 도전이라는 것이었다. 제조업은 공장건설에 시간이 많이 걸리고 엄청난 돈을 쏟아부어야 하지만 투자한 돈은 언제 되돌아올지 모르는 사업이라는 지적도 있었다.

이들의 우려가 전혀 설득력이 없는 건 아니었다. 정주영도 자신 있게 고령교 공사에 나섰지만 극심한 인플레이션으로 계약금보다 훨씬 많은 빚을 졌으니 말이다.

이병철은 삼성물산 경영진을 모아놓고서 제조업 진출에 대한 의견을 들었다. 예상대로 경영진은 일제히 반대했다. 한창 경기가 좋은 무역업에서 전혀 생소한 제조업으로 전환하는 것은 의아스럽고 두려운 일이었기 때문이다.

하지만 이병철은 제조회사를 세우겠다는 뜻을 굽히지 않았다. 목표를 정하기까지는 시간이 걸려도, 일단 목표를 정하면 재빠르게 착수하는 게 그의 스타일이었다.

이병철이 무역업을 접고 제조업을 시작한 배경에는 위기감도 있었다. 그는 3만 원으로 무역업을 한 지 1년 만에 60억 원을 벌었다. 정상적인 시장경제 체제 아래에서는 상상조차 하기 힘든 어마어마한 수익률이었다. 그러나 전시 중 530퍼센트에 이르는 물가상승률을 감안해야 한다. 전쟁 인플레이션을 감안한다면 그리 큰 성과라고 볼 수는 없었다. 화폐가치의 하락을 고려해보면 실제 수익은 10억 원에 지나지 않았다. 더구나 이 같은 호황이 얼마나 계속될지도 모르는 일이었다. 벌어들인 60억 원도 한순간에 종잇조각이 될 수 있는 상황이었다. 그는 자신의 성과를 전쟁 경기라는 변칙적인 환경이 가져다준 부산물로 보았다.

이병철은 제조업을 하겠다는 생각을 굳히고, 전 사원에게 제조업 선정을 위해 기초자료를 수집하도록 지시했다. 어떤 분야를 선택할지를 정하기 위해서였다. 얼마 뒤 직원들은 종이, 설탕, 제약이 유망하다는 조사 결과를 내놓았다.

세 가지 사업 아이템이 논의의 책상 위에 올랐다. 제지공업은 해방 전까지만 해도 국내에 21개의 크고 작은 공장이 있었고, 남한에도 소규모 공장이 있었다. 그 가운데 비교적 현대식 설비를 갖춘 공장은 전북 군산 한 군데밖에 없었다. 그나마 전쟁으로 파괴돼 부산에만 몇 군데가 남아 있을 뿐이었다. 원조물자와 폐지재생으로 겨우 수요를 충당하는 실정이었다.

제약 분야도 마찬가지였다. 해방 전까지는 일본제품이 대부분이었으나, 일본인이 물러가자 치료제 하나 제대로 생산해내지 못하고 있는 실정이었다. 항생제는 미군에서 흘러나오는 군수품에 의존할 수밖에 없었다. 의약품 공장을 건설하면 판로는 걱정할 필요가 없을 것 같았다.

제당분야도 열악했다. 북한에는 일제 때 일본인이 평양에 세웠던 대일본제당이 있었으나, 남한에는 생산 공장마저 없었다. 수요는 폭발적으로 늘고 있었으나 모두 수입이나 원조로 수요를 해결해야만 했다. 그때 국내 설탕 가격은 세계 시장 가격의 세 배에 이르렀다.

이 세 가지 사업 아이템을 놓고 하나를 선택해야만 했다. 이병철은 페니실린이 가장 수익성이 높을 것이라고 생각했다. 그러나 기술이 문제였다. 충분한 기술을 확보하려면 많은 시간이 걸릴 것이기 때문에 선뜻 손을 댈 수 없었다. 그러던 중 일본 미쓰이물산에 의뢰한 제지, 제약, 제당의 공장건설 견적서 가운데 제당공장 견적서가 가장 먼저 도착했다. 견적서를 받아들자 그는 다른 견적서가 도착하는 것을 기다리지 않고 하나를 선택했다.

이병철의 선택은 설탕이었다. 경영자의 직관과 결단에 따른 판단이었다. 그는 자신의 선택을 두고 이렇게 말했다.

"조사 자료의 숫자만 갖고는 가부간의 결론이 나지 않는 경우가 많다. 그때 중요한 것이 최고경영자의 직관력이다. 다만 그 직관은 평소의 치밀한 계획과 풍부한 경험, 철저한 자료 조사를 바탕으로 한 것이어야 한다. 경영자에게 요구되는 것은 직관만이 아니라 직관에 따른 통찰을 실천에 옮기는 결단이다."

악전고투 끝에 만들어낸 설탕

앞서 언급했듯이 1953년 2월 이승만 정권은 살인적인 인플레이션을 잡기 위해 원(圓)을 환(圜)으로 고치는 통화개혁을 단행했다. 그해 4월 이병철은 삼성물산 안에 제당공장 창립사무소를 설치했다. 휴전협정이 성사되기 한 달 전인 6월 발기인 총회가 열렸고, 회사 이름은 '제일제당공업주식회사'로 결정됐다. 자본금은 2천만 환이었다. '제일'이라는 이름은 알기 쉽고 부르기 쉬운 이름인데다 1등을 향한다는 뜻도 갖고 있었다.

그는 부산 전포동에 1천 500평의 땅을 사들여 회사 터를 잡았다.

남은 건 공장건설 자금이었다. 일본에서 보낸 견적서를 보면 기계와 시설비용이 15만 달러, 운송비가 3만 달러로 총 18만 달러였다. 당시 이승만 정권은 달러 부족에 시달렸지만, 제당사업의 필요성을 인식하고 있었기에 달러를 대출해주었다.

공장에 들여놓을 일본제 기계와 설비가 부산항에 도착했다. 그런데 문제가 불거졌다. 기계를 짜 맞추고, 설치하고, 시범운전을 해야 할 일본인 기술자들이 한 명도 입국하지 못한 것이다. 일본을 싫어한 이승만이 단 한 사람의 입국도 허가하지 않았기 때문이다.

이병철로서는 황당했지만 이미 엎질러진 물이었다. 우리나라 사람의 손으로 기계를 설치해야 했다. 국내에서 기계를 조립하는 회사에 문의를 해봤더니 설계 도면만 있으면 조립은 가능하다고 했다.

결단이 필요한 시점이었다. 이병철은 국내 기술진으로만 설탕 제조기계를 조립하기로 결심한다. 국내 기술자들은 아침부터 저녁까지 조립에 매달렸다. 하지만 작업은 생각처럼 쉽지 않았다.

공장장은 시도 때도 없이 일본 회사에 국제전화를 걸어 문제점을 물어보았다. 그때만 해도 우리나라의 국제전화 사정은 열악했다. 국제전화를 아침에 신청하면 그날 오후나 다음날 아침에 연결되기 일쑤였다. 그나마 전화 감도 좋지 않아 고함을 지르듯 큰 소리로 외치지 않으면 상대가 알아듣지를 못했다. 기계를 설치하는 데는 어려운 전문용어가 많고 설명이 복잡해 전화로는 한계가 있었다. 그럴 때마다 국제 편지가 일본과 한국을 오고갔다. 편지가 오가는 기간은 2주나 걸렸다. 그동안은 작업을 중지하고 하염없이 기다려야만 했다.

어려운 상황이 이어졌지만 기술자들은 악전고투하며 6개월 만에 일을 마무리했다. 예정보다 두 달이나 앞당겨 설비를 완성한 것이다.

마침내 시운전을 하는 날, 이병철이 조심스럽게 시동 스위치를 눌렀다. 거대한 제당기계가 윙하는 소리를 내며 돌아가기 시작했다. 대만에서 수입한 원당이 기계에 들어가자마자 1분에 1천 800회 회전하는 원심분리기가 크게 요동쳤다. 모든 사람들이 가슴을 졸이며 지켜보고 있었다.

원심분리기가 요란한 소리를 내면서 좌우로 흔들리더니 뭔가를 토해냈다. 검은 액체였다. 그건 설탕이 아니었다. 줄줄이 검은 액체만 쏟아져 나왔다. 이병철의 얼굴이 흙빛으로 변했다.

기술자들이 기계를 세우고 꼼꼼히 살펴봤지만 원인을 찾지 못했다. 기계를 만든 일본 회사에 국제전화를 걸어 물어봤지만 특별한 결함은 없다고 했다. 이병철의 속은 까맣게 타들어갔다. 그날부터 임직원 모두가 밤낮을 가리지 않고 기계에 매달렸다.

사흘째 되던 날, 우연히 공장에 들어와 있던 한 용접공이 지나가는 말투로 한마디 내뱉었다.

"아니, 먼 놈의 원료를 이렇게 많이 넣는 거요? 원당을 한꺼번에 너무 많이 넣어서 기계가 균형을 잃은 거 아니오?"

용접공의 그 말이 이병철의 뇌리를 때렸다. 곧바로 기술자에게 원료를 조금만 넣고 기계를 돌려보라고 했다. '위이잉'하며 다시 기계가 돌아갔다.

'제발 설탕이 나와야 한다!'

짧은 시간이지만 이병철은 이 말을 속으로 몇 번이나 되뇌었다. 얼마 안 돼 기계는 다시 무언가를 토해냈다.

설탕이었다. 눈부시게 하얀 설탕이 쏟아져 나왔다. 사람들은 설탕을 한줌씩 집어 들고 입에 넣었다. 달디 달았다. 그들은 서로 얼싸안았다. 이병철은 쏟아져 나오는 설탕을 바라보며 이제야 일다운 일 하나를 해냈다는 생각을 했다. 10월 5일, 그날은 제일제당 창립기념일이 됐다.

1등 설탕회사가 되다

설탕이 생산됐으나 문제는 또 있었다. 설탕을 담을 포대가 없었다. 당시만 해도 비닐이 없어 흰 천으로 설탕 포대를 만들었다. 설탕 포대는 공기가 잘 통하면서도 설탕가루가 새지 않아야 했다. 그것 역시 우리나라에서 만드는 기술이 없었다.

결국 일본에 기술자를 보내 설탕포대용 천을 만드는 기계를 구입했다. 그렇게 설탕부대용 천은 생산됐으나 이번에는 포대를 꿰맬 수 있는 재봉틀이 없었다. 일본에 수소문 끝에 중고품을 구해 미 군용기에 실어왔다. 모든 것을 처음부터 시작하던 시절이었다.

제일제당이 생산한 설탕은 한 근(600그램)당 100환에 팔렸다. 수입 설탕이 근당 300환이었으므로 3분의 1에 해당하는 싼 가격이었다. 단맛을 애타게 기다리던 당시, 설탕은 불티나게 팔렸다. 밤낮을 가리지 않고 만들어내도 수요를 맞출 수 없었다. '아침에 설탕을 한 트럭 싣고 나가면 저녁에는 돈을 한 트럭 싣고 돌아온다'는 말이 나돌 정도였다. 제일제당은 2년 만에 생산량을 두 배로 늘렸다.

제일제당이 설탕을 생산하기 시작하면서 설탕 수입은 크게 떨어졌다. 1953년 남한의 설탕 수입 의존도는 100퍼센트였으나, 54년 51퍼센트, 56년에는 불과 7퍼센트로 뚝 떨어졌다.

당시 설탕은 설과 추석 선물용으로 쓰일 만큼 인기가 높았다. 설탕은 사회상마저 바꿔놓았다. 설탕이 국산화되면서 곳곳에서 다방이 생겼다. 젊은이들 사이에 음악다방이 인기를 얻었고, 나이든 사람들에게는 다방이 비즈니스 공간으로 활용됐다. 집에 찾아오는 손님을 접대하는 문화도 바뀌었다. 주스나 커피가 드물었던 그 시절 손님이 찾아오면 설탕물을 대접하는 게 최상의 대접이었다.

제일제당의 성공을 지켜보던 다른 기업들도 일제히 설탕사업에 뛰어들었다. 동양제당, 한국정당, 금성제당 등 6개의 제당공장이 잇따라 설립되면서 경쟁이 치열해졌다. 독점체제는 무너졌다.

그러나 제일제당은 '백설'이라는 브랜드를 내세워 업계 선두를 고수했다. 최초로 시작해 사람들의 인식 속에 제일 먼저 자리 잡았기에 가능했다. 마케팅에서 나오는 '선도자의 법칙(The Law of Leadership)'을 십분 활용한 셈이다.

48가지 분석 후 시작한 제일모직

1950년대에는 번듯한 양복을 입고 다니는 사람을 '마카오 신사'라고 불렀다. 그 양복은 마카오나 홍콩에서 밀수입된 영국산 모직으로 만든 것이었다. 영국산 양복 한 벌은 회사원의 3개월 치 월급에 해당하는 6만 환이었다. 이병철도 항상 마카오 양복을 입고 다녔는데, 다방 여급들은 그를 '순모 선생'이라고 부르기도 했다.

제일제당의 성공으로 이병철은 제조업에 대한 자신감을 얻었다. 그는 새로운 사업변화를 모색했고, 양복천을 만드는 모직이 눈에 띄었다. 모직은 양털을 재료로 하고 면방은 목화를 재료로 한다. 모직이 훨씬 더 만들기 어렵고 값도 비쌌다. 면방 공장은 일제 강점기 때도 있었지만 모직은 불모지였다. 모직제품은 모두 외국에서 수입된 제품이거나 밀수품이었다.

이병철은 임원들에게 모직공장을 세우고 싶다는 뜻을 얘기했다. 역시나 임원 대부분은 반대했다. 굳이 하려면 모직보다는 위험이 적은 면방을 하자고 했다.

우리나라의 섬유산업은 면방에 치우쳐 있었다. 이미 많은 기업이 면방 사업을 하고 있는 중이었다. 반면 모직사업은 전무한 상태였다. 국내에서는 모직의 경쟁 상대가 없었다. 그는 경쟁상대가 없기 때문에 위험이 아니라 기회라고 여겼다.

회사 규모를 놓고도 이병철과 임원들은 이견을 보였다. 임원 대부분은 만일의 경우를 대비해 작게 시작하는 것이 안전하다고 말했다. 이병철의 생각은 달랐다.

"어떤 사업이든 실패 위험은 항상 존재한다. 가장 위험한 것은 처음부터 실패 여지가 있다는 불안을 갖고 시작하는 것이다. 그러면 자신감이 없어 100퍼센트 전력투구를 하지 않는다. 배수진을 치고 백척간두에서 단호하게 결행해도 예기치 못한 일들이 생겨 고생하는데, 처음부터 망설이며 출발하면 될 일도 안 된다."

제일제당에 이은 이병철의 또 다른 모험이 시작됐다. 이번에는 400년 전통을 지닌 영국의 모직과 겨루는 것이었다. 기계를 사들이는 자금이 첫 번째 문제였다.

이병철은 미국 원조당국에 기계를 도입하기 위해 달러 대출을 요청했지만 담당자의 반응은 차가웠다. 한국의 기술 수준으로는 공장을 지을 수 없을 것이라며 거절했다. 일본에 건너가 도움을 청하기도 했다. 대부분 냉담한 반응을 보였다. 우리나라에서 모직 공장이 세워지면 자신들의 시장을 잃을 수 있다고 생각했기 때문이다. 다행이 일본의 한 모직회사의 기술담당 이사가 일본 기계를 사준다면 대출을 주선해줄 수 있다는 뜻을 내비쳤다.

곧바로 귀국한 이병철은 정부에 신청서를 냈다. 그런데 정부는 서독의 모직 기계 제작회사인 스핀바우에서 기계 설비를 주문해놓은 상태였다. 정부 역시 모직물 수입에 너무 많은 달러가 들어가고 있는 걸 우려하고 있었다. 먼저 공기업을 하나 만들어 운영하다 기회가 되면 민간에 넘길 계획이었다. 때마침 이병철이 모방 사업을 한다고 하니 정부에서는 잘됐다 싶어 이병철에게 사업을 맡겼다. 이병철은 정부의 뜻에 따라 스핀바우에 공장 설계를 맡겼다.

그러던 어느 날, 세계적인 모직물 기계회사인 미국 파이팅의 한 임원이 미 대사관의 주선으로 이병철을 찾아왔다. 그는 대뜸 이렇게 물었다.

"이 사장님, 한국은 구국 원조를 받고 있는 나라인데 유럽의 기계를 사려고 합니까? 성능이 우수한 미국 파이팅의 기계로 쓰는 게 좋겠소."

그러나 이병철은 제안을 거절했다.

"파이팅의 기계는 같은 디자인 모직 천을 대량생산하는 데 아주

적합합니다. 하지만 여러 가지 다양한 디자인 제품을 생산하는 데에는 알맞지 않습니다."

파이팅의 임원은 다시 한 번 압박했다.

"지난 50년 동안 파이팅은 동남아시아와 라틴아메리카 등 전 세계 60곳 이상의 나라에 모직기계를 판매하고 모직공장을 세웠지만 실패한 적이 없소. 한국 최초의 당신네 모직공장도 우리가 건설해야 실패하지 않을 것이오."

이병철도 단호했다.

"공장 건설에 따른 모든 문제는 우리 손으로 할 겁니다."

이병철의 말에 그는 새가 퍼덕이는 시늉을 하면서 이렇게 호언장담했다.

"한국이 자력으로 건설한 공장에서 3년 이내에 제대로 된 제품을 생산한다면 내가 하늘을 날아 보이겠소."

며칠 뒤 그 임원은 다시 이병철을 찾아왔고, 다시 한 번 생각해보라며 물고 늘어졌다. 그러자 이병철은 책상서랍에서 그동안 적어놓은 메모를 그에게 꺼내 보였다. 메모에는 모직 공장에 반드시 필요한 온도, 습도, 전력, 노동력, 교통, 용수, 수질, 기술력, 직원훈련 등 48개 항목이 적혀 있었고, 이에 대한 문제점과 대응책도 꼼꼼히 정리돼 있었다. 그는 이병철의 메모를 본 뒤 다시는 찾아오지 않았다.

첫 모직제품 '골덴텍스'의 성공

1955년 1월 4일, 대구 칠산동의 한 공터에서 이병철은 안전을 비는 고사를 지냈다. 곧이어 수십 대의 불도저가 일제히 소리를 내며 움직이기 시작했다. 제일모직 착공을 알리는 소리였다.

이병철은 공사 현장을 찾을 때마다 여직원 숙소에 특별히 관심을 기울였다. 공장이 가동되던 1천 명이 넘는 여직원이 필요하기 때문에 기숙사 환경을 최상급으로 갖추도록 경영진에게 특별 지시를 내렸다. 기숙사에는 당시로는 드물었던 스팀 난방이 들어왔고 목욕실, 세탁실, 다리미실, 휴게실도 최고급 제품이 사용됐다. 복도에는 회나무가 깔려 자연친화적인 느낌이 났다. 공장에는 연못과 분수까지 있었다.

일부 임원들은 쓸데없는 곳에 돈을 쓴다며 투덜대기도 했다. 이에 이병철은 이렇게 대응했다.

"돈이 들긴 하지만 긴 안목으로 보면 그게 다 사회에 대한 봉사가 되는 거요. 직원들의 능률이 오르면 그만큼 생산비가 싸질 것이고, 생산원가도 낮아지지 않겠소."

1956년 5월 제일모직 공장에서 첫 모직 제품이 나왔다. 브랜드는 '골덴텍스'였다. 양복 옷감 한 벌이 1만 2천 환, 영국제의 5분의 1밖에 안 되는 가격이었다. 그런데도 도대체 팔리지가 않았다. 국산제품이 좋지 않다는 뿌리 깊은 불신 때문이었다.

이병철은 그런 불신을 깨기 위해 골덴텍스로 만든 옷을 직접 입고 다녔다. 정부 고급관리들은 이병철이 여전히 영국제 순모로 만든 옷을 입고 다닌다고 오해했다. 그럴 때마다 이병철은 슬며시 양복 안에 찍혀 있는 '메이드 인 코리아'라는 글자를 보여주었다. 제일모직은 골덴텍스를 생산한 첫 해에 5억 환이나 손해를 보았다. 하지만 입소문이 퍼지면서 판매는 늘어났고, 제일모직은 곧 적자에서 벗어났다. 정부가 국내 산업을 보호하기 위해 모직물 수입을 금지한 것도 판매에 도움이 됐다.

골덴텍스가 잘 팔리자 경남모직, 한국모방, 대한모방 등 새로운 양복지 회사가 우후죽순 설립됐다. 그러나 선발업체인 골덴텍스는 이미 시장의 70퍼센트를 점유하고 있었다. 제조업의 성공으로 이병철은 1960년대 전국 납세액의 4퍼센트에 이르는 세금을 낸 우리나라 최고의 부자가 됐다. 1970년대 정주영에게 1위 자리를 빼앗길 때까지 1950~60대는 이병철의 황금시대였다.

'재계의 청와대'가 된 비서실

이병철이 제조업에 뛰어들면서 만든 것이 있다. 바로 '재계의 청와대'로 불렸던 삼성 비서실이다. 비서실은 삼성의 규모가 커지면서 이병철이 계열사를 직접 챙기기 힘들어지자 그룹을 조율하기 위해 만든 조직이었다.

1959년 세워진 비서실은 애초에 삼성물산의 한 개 과였다. 하지만 1960년대 말부터 비서실 규모가 크게 확대되기 시작했다. 비서실에는 계열사 직원의 공포의 대상이 된 감사팀이 만들어지면서 15개 팀 200여 명을 거느린 거대 조직으로 커졌다. 비서실 기능도 인사에서 기획, 재무, 감사, 금융, 경영관리, 홍보 분야로 넓혀나갔다.

이병철은 비서실을 통해 조직을 관리하고 통제했다. 깐깐했던 그는 비서실장으로 경리과 출신을 선호했다. 꼼꼼한 스타일의 경리 출신들이 비서실장을 도맡았다. 비서실의 순기능은 그룹을 조율하고 통합하는 것이지만, 역기능은 이병철과 임직원의 관계를 군신관계로 만들어버린 것이었다. 이른바 황제경영은 이 비서실을 통해서 시작됐다.

이건희조차 비서실 조직을 비판한 적이 있었다.

"과거의 비서실은 게슈타포, KGB라고 불릴 정도로 권위에 싸여 있었다. 내가 공장이라도 방문할라치면 비서실은 직원들에게 이렇게 지시했다. '회장 얼굴 보지 말고 열심히 일하는 체 해라. 부동자세를 취해라.' 다들 내 앞에서는 좋은 소리만 했다."

이병철은 비서실을 통해 '관리의 삼성'을 만들었지만, 어찌 보면 비서실로부터 철저하게 챙김을 받았다. 그는 정주영처럼 현장에 직접 나가지 않았다. 비서실을 통해 분석, 진단, 확인을 요구했다.

비서실은 이병철의 완벽주의 때문에 사소한 실수라도 걸리지 않으려고 무단히 애를 썼고 항상 긴장해야만 했다. 이병철은 비행기에서 내린 뒤 공항에서 단 1초라도 발걸음을 멈춰야 하는 일이 생기면 비서들에게 불호령을 내렸다. 비서실 직원들은 공항 수속 때 단 1초도 지체하지 않고 통과할 수 있도록 사전에 조치를 취하느라 초긴장을 해야만 했다. 고속도로 역시 마찬가지였다. 고속도로 톨게이트를 지나칠 때는 비서실 직원들이 탄 차가 앞에 가면서 먼저 톨게이트 비를 정산해야 했다.

차가운 아버지 밑에서 자란 이병철 역시 차가운 경영자 스타일이었다. 이병철은 직원들에게 인간적이기보다는 엄한 아버지의 이미지를 보였다. 또 아주 작은 일까지 놓치는 일이 없는 철저한 경영자였다. 이병철의 아들 이맹희는 『묻어둔 이야기』에서 아버지를 이렇게 회고했다.

언젠가는 아버지를 모시고 사무실에 앉아 있는데 삼성 계열사 상무가 보고가 있어서 아버지 방에 들어왔다. 이 사람은 자리에 앉기도 전에 다리를 달달 떨었다. 너무 심해서 나도 쳐다보고 있는데 아버지가 보다 못해 충고를 했다.

"김 상무, 다리 떨지 말그래이. 다리 떨면 복 나간대이."
상무는 '예'라 대답해놓고도 계속 다리를 떨었다. 한 번 더 충고를 주어도 소용이 없었다 나중에 알고 봤더니 김 상무는 다리 떠는 습관이 있었던 것이 아니라 긴장을 해서 그렇게 다리를 심하게 떤 것이었다. 아버지는 좀체 꾸중을 하거나 큰 소리를 치지 않았지만 그렇게 무섭게 느껴졌다.

구인회

미군이 진주하면서 미제 화장품이 쏟아져 들어오고 있을 때였다.
'중산층을 대상으로 화장품을 만들면 어떨까?'
"틀림없이 많은 고생을 할 거고, 경우에 따라선 큰 손해를 볼 수도 있다.
그러나 화장품이란 지구상에 여성이 있는 한 영원한 상품이다.
남이 손대기 전에 우리가 먼저 해보자."

'누가'가 아니라 '우리'가 한다, 그게 진짜 사업이다

진주에서 부산으로 옮겨 조선흥업사라는 무역회사를 차렸지만 구인회의 사업은 여전히 신통치 않았다. 이병철이 해방 이후 무역회사를 차려 큰돈을 벌고 있었지만, 구인회는 무역사업에 소질을 보이지 못했다.

그 무렵 뜻밖의 손님이 구인회를 찾았다. 고향마을에서 만석꾼으로 손꼽히던 허만정이 셋째 아들 허준구를 데리고 부산까지 온 것이다. 허준구는 구인회의 아우 구철회의 맏사위였으니, 허만정과 구인회는 사돈지간이었다.

허만정은 구인회에게 부탁을 했다.

"내가 사돈의 사업 역량을 익히 알고 있소. 그러니 청을 하나 들어주소. 이 아이를 맡기고 갈 터이니 밑에 두고 사람 하나 만들어주소.

사돈이 하는 사업에 출자도 좀 할 생각이오."

뜻밖이었다. 사돈에게 사업 역량을 평가받은 것에 머쓱했지만 한편으로는 기분이 좋기도 했다. 구인회는 허준구를 받아들인다. 구 씨와 허 씨의 57년 동업이 시작되는 순간이었다.

그러나 조선흥업사는 좀처럼 좋아질 기미가 보이지 않았다. 구인회와 함께 일했던 그의 둘째 동생 구정회는 사업이 제대로 되지 않자 당구장에서 소일하는 시간이 늘어갔다. 그러다 구정회는 당구장에서 김준환이라는 사람을 알게 된다. 김준환은 구인회 집 근처에 있던 흥아화학공업사에서 화장품을 만드는 기술자였다.

구정회는 김준환에게 화장품 얘기를 듣고, 형 구인회에게 화장품 판매를 하면 어떠냐고 제안했다. 구인회는 곰곰이 생각해본다.

'지금껏 포목이나 생선을 다뤄본 경험밖에 없는데 하루아침에 업종을 바꾸어도 해나갈 수 있을까?'

미군이 진주하면서 미제 화장품이 쏟아져 들어오고 있을 때였다. 기술과 경험도 없이 뛰어들었다가 망할 수도 있었다. 하지만 구인회는 다르게 생각해보았다.

'값비싼 미제 화장품을 쓰는 사람은 제한된 일부 부유층이다. 중산층을 대상으로 화장품을 만들면 어떨까?'

LUCKY, 우연히 찾아온 화장품 사업

며칠 동안 고민하던 구인회는 화장품 사업을 시작하기로 결심한다.

"틀림없이 많은 고생을 할 거고, 경우에 따라선 큰 손해를 볼 수도 있다. 그러나 화장품이란 지구상에 여성이 있는 한 영원한 상품이다. 남이 손대기 전에 우리가 먼저 해보자."

이병철이 치밀한 조사를 한 뒤 사업에 착수했다면, 구인회는 직관으로 사업을 결정했다.

구인회는 구정회와 허준구를 데리고 흥아화학에 찾아가 현금을 내놓고 말했다.

"크림 500다스만 주소."

크림을 사온 뒤 그들은 밤늦도록 판매 전략을 짜는 데 골몰했다. 기왕 시장을 개척할 바엔 가장 큰 시장인 서울을 타깃으로 정하기로 했다. 구인회는 다음날 경부선 야간열차에 올라탔다. 어두운 창 밖에 시선을 던진 채 그는 깊은 상념에 빠진다.

'나는 지금 크림 500다스를 싣고, 기약도 없는 서울로 가고 있다. 누가 사주겠다고 약속한 것도 아니다. 팔아주겠다고 손 내미는 사람이 있는 것도 아니다. 앞으로 어떻게 될 것인가.'

새벽녘 서울역에 도착하자마자 서울에서 유학하고 있던 동생 구태회와 구평회의 자취집을 찾았다. 동생들은 화장품을 보고 깜짝 놀라며 물었다.

"형님, 이걸 다 어쩌려고요?"

"서울에는 크림 바르는 사람 없다던?"

그들은 아침상을 물리자 곧바로 남대문시장을 찾았다. 상인들은 크림 통을 열어 찍어도 보고 발라보기도 하면서 "상품은 괜찮은 것 같다"고 말했다. 그러나 누구도 사려고 하지는 않았다. 막연하게 기대를 걸었던 시장 소매상의 반응이 이렇다 보니 구인회는 힘이 쑥 빠졌다.

그러다 고향 사람이 종로2가 명월관 앞에서 큰 화장품 가게를 하고 있는 것을 우연히 알게 됐다. 명월관은 서울에서 손꼽히는 요릿집이었는데, 수많은 기생이 일하고 있었다. 구인회는 이 가게에 화장품을 맡기고 다시 부산으로 내려왔다.

처음 한두 달 동안 화장품은 거의 팔리지 않았다. 그런데 가을로 접어들 무렵 상황이 바뀌기 시작했다. 화장품이 팔려나가기 시작한 것이다. 계절이 늦가을이라 거칠어지는 피부가 걱정되기 시작하는 때였다. 겨울로 들어서자 주문이 쇄도했다. 서울에 올라간 물량은 금방 동이 났다. 홍아화학에 추가 주문을 독촉했지만 그들 역시 원료에 한계가 있어 화장품 물량을 맞추기 힘들었다.

그러던 중 김준환이 사장과 싸우고 홍아화학을 뛰쳐나왔다. 혼자 공장을 운영해볼 생각이었다. 원료를 찾기 위해 여기저기 수소문했지만 쉽지 않은 일이었다. 어느 날 그는 영도에 있는 공장에 원료가 있다는 소문을 듣고 찾아갔다. 일제강점기 때 비누를 만들던 곳이었다. 화장품 원료인 피마자기름 40드럼, 모두 300만 원어치였다. 그는 공장 주인에게 "조금씩 나누어 팔 수 없느냐"고 물었다. 공장 주인은 "공장이 곧 남의 손에 넘어가기로 돼 있어 한꺼번에 팔아야 한다"고 했다.

김준환은 고민 끝에 구정회를 찾아와 사정을 털어놓았다. 구인회와 구정회는 원료를 사서 직접 화장품을 만들어보자는 데에 뜻을 모았다. 원료를 살 돈을 마련해야 했다. 구인회가 처음으로 간판을 내걸었던 진주 구인회상점을 50만 원에 팔았다. 이럭저럭 나머지 재산도 팔아 300만 원을 마련해 원료를 확보했다.

"자, 이제 우리 손으로 크림을 만드는 거다!"

하지만 공장을 세울 만큼의 돈은 없었다. 구인회의 집이 화장품을 만드는 공장이 됐다. 집에 간단한 시설을 갖춰놓고 화장품을 개발하기 시작했다. 김준환이 여러 가지 원료를 배합해 반죽을 하고 화학약품을 넣어 끓이는 복잡한 공정을 처리하는 동안, 구인회는 기대와 불안이 뒤섞인 표정으로 지켜보고 있었다.

마침내 향긋한 향내의 화장품이 탄생했다. 모두 환호성을 올렸다.

"봐라! 우리가 만든 크림이다."

그날 밤 그들은 밤이 깊어가는 줄도 모르고 술잔을 기울였다. 그러다 화장품 이름을 어떻게 지을 것인가를 놓고 이야기꽃을 피웠다. 구정회가 의견을 내놓았다.

"화장품은 서양 것을 쳐주는 경향이 있으니 우리도 서양 냄새를 한번 풍겨보면 어떻겠습니까?"

"어떻게?"

"예쁜 서양 여배우 사진을 모델로 쓰고, 상품 이름도 영어에서 따오는 거죠."

당시 인기 배우였던 디나 더빈을 모델로 쓰자는 데 의견이 모아졌다. 더빈은 〈오케스트라의 소녀〉라는 영화에서 꼬마 아가씨로 나와 갈채를 받은 뒤 예비 숙녀로 커가고 있는 중이었다.

이제 이름이 문제였다. 구정회가 의견을 내놓았다.

"기왕 모델로 서양 여배우를 쓰기로 했으니 상표도 영어에서 따 붙입시다. 원래 상표란 부르기 좋고, 뜻도 좋고, 인상적인 거라야 되는 겁니다. 그런 면에서 '럭키'라 하면 어떻습니까?"

"럭키? 영어로 L. U. C. K. Y의 럭키 말이지?"

"네. 우리말이 아니고 영어이긴 하지만 부르기 쉽고 행운이라는 뜻도 있어요. 뿐만 아니라 우리말로 즐길 락(樂)자에 기쁠 희(喜)자를 쓰면 발음도 비슷하고 뜻도 제대로 맞아떨어지는 것 같은데요."

"락희, 락희라…… 그것 참 발음도 럭키와 비슷하고, 자꾸 불러보니 정말로 즐겁고 기뻐지네, 하하하."

락희. 간결하고 산뜻한 발음이었다. 좋다고 판단된 일은 곧 실천에 옮기는 구인회는 1947년 1월 5일 락희화학공업사를 창립했다.

화장품의 '브랜드'를 만들다

해방 전까지만 해도 일본인들이 만든 일제 크림이 판을 쳤다. 번화가의 대형 광고탑과 백화점에 선전을 하는 것은 일제 크림뿐이었다. 값도 비싸 평범한 여성이 구입하기 쉽지 않았다.

물론 당시에도 국산 크림은 있었다. 하지만 가내수공업 수준으로 만든 게 대부분이어서 일제를 이길 수는 없었다. 크림 통도 귀해 국산 크림은 커다란 통에 담아 다니면서 필요한 양만큼 덜어 파는 식이었다. 상호와 상표도 없이 '동동구리무'로 통칭됐다. 이 이름은 러시아계 행상이 아코디언과 북을 치며 화장품을 팔던 모습에서 비롯되었는데, 북을 두 번 둥둥 친 뒤 크림의 일본식 발음인 구리무를 외친다 해서 이름 붙여진 것이다. 당시 우리 여성들의 사랑을 한 몸에 받던 크림이기도 했다.

아모레퍼시픽의 사사(社史)인 『미의 여정, 샘, 내, 강, 바다』를 보면, 해방 직후와 한국전쟁 당시의 화장품 시장이 어떠했는지 알 수 있다.

일본에서 들어온 백분, 크림, 향수, 비누 등은 이 땅의 여성들에게 이상향을 심어주는 최대의 키워드였다. 그러나 이 제품은 신여성과 상류층 여성을 중심으로 유행했을 뿐, 대부분의 여성은 화장품을 쓸 수 있는 경제적 여유가 없었다. 일제에 의해 집안의 놋쇠 숟가락까지 강제 공출될 정도로 당장 먹고사는 문제가 시급한 일이었다.

화장품은 대부분 큰 북을 둥둥 울리면서 나타나는 '동동구리무' 장수나 방물장수에게 집안 어른 몰래 외상으로 사들여 장롱 깊숙이 신주단지 모시듯 모셔놓았다. 코티 딱분이나 구리무는 콧대 높은 여성들을 한 번에 사로잡을 수 있는, 귀하디귀한 물건이었다.

이런 상황은 해방으로 급변한다. 일제 화장품은 일제히 자취를 감추고 말았다. 생산과 판매를 독점한 일본인이 썰물처럼 빠져나가면서 화장품을 만드는 기술과 재료를 구하기 어려워졌다. 게다가 일본과의 무역 단절로 원료 수입도 쉽지 않았다. 화장품 시장이 재편되는 시기였다.

반면 수요는 늘어났다. 일제 막판에는 전시여서 크림을 구하기 어려울 뿐더러 화장을 하기도 힘든 분위기였다. 해방은 그런 우울한 사회 분위기를 날려버렸다. 사회 트렌드의 변화도 화장품의 인기를 거들었다. 해방 전까지 화장품은 기생이나 쓰는 사치품으로 여겨졌으나 해방과 함께 화장품은 여염집 여성도 쓰는 필수품으로 바뀌게 된다. 먹을거리가 귀하던 때였지만 아름다움에 대한 수요는 변함이 없었다.

구인회의 화장품이 히트를 친 또 다른 이유는, 브랜드를 만들었다는 것이다. 기업의 무형자산 중 가장 큰 가치를 발휘하는 게 브랜드다. 동동구리무가 아닌 럭키 크림이라는 브랜드는 인지도를 끌어냈다. 또한 브랜드는 프리미엄 가격과 높은 마진을 실현할 수 있게 해주었고 유통 업자에 대한 영향력도 높여주었다. 무역업에서 재미를 못 본 구인회는 해방 뒤 급변하는 화장품 시장의 흐름을 잘 포착했기에 또 다른 기회를 잡을 수 있었던 것이다.

깨지지 않는 뚜껑에서 플라스틱 사업으로

"따르르릉!"

한창 크림이 잘 팔리고 있던 어느 날, 구인회에게 한 통의 전화가 왔다. 곧바로 그의 표정이 굳어졌다. 도매상 주인의 항의 전화였다. 크림 통 뚜껑이 절반 이상 깨져 크림이 쏟아진다는 것이었다.

"안 깨지는 뚜껑 좀 만들어내지 못하나? 누가 그거 한번 연구해볼 수 없나?"

구인회가 내뱉은 이 한마디는, 그들의 운명을 돌려놓는다. 한국에서 플라스틱 산업이 태동하는 순간이었다.

구인회는 동생 구태회를 불러 다른 일은 다 그만두고 플라스틱 만드는 방법을 알아보라고 말했다. 구태회는 그날부터 부산 광복동 서점을 샅샅이 뒤져가며 플라스틱 관련 책을 찾아 헤맸다. 한국전쟁 와중이어서 해외의 최신 과학 서적이 서점에 꽂혀 있을 까닭이 없었다.

마침 구태회는 삼성물산 부사장이었던 조홍제가 일본으로 출장 간다는 소문을 듣고, 플라스틱 관련 책을 사다달라고 부탁했다. 조홍제는 일본 출장 한 달 만에 귀국하면서 여섯 권으로 된 『합성수지총서』라는 책을 들고 왔다.

구태회는 밤을 새워가며 책을 다 읽은 뒤 구인회에게 플라스틱이 시대를 앞서가는 업종이 될 거라고 말했다. 크림 통 뚜껑에만 그치지 않고 빗이나 머리핀, 세숫대야, 그릇처럼 다양한 물건을 만들어낼 수 있다는 얘기였다. 곧바로 구인회는 플라스틱 사업을 해보자고 제안한다.

"그거 좋겠다. 우리 플라스틱 한번 해보면 어떻겠냐."

"형님, 지금 시국이 험한데 막대한 자금을 들여야 하는 사업이라……."

1951년 봄이었다. 한국전쟁이 발발한 지 반년 남짓 지난 때였고, 중국의 개입으로 전세는 남한에 불리하게 전개되고 있었다. 이런 때 아무리 장래성 있어 보이는 사업이라도 전 재산을 몽땅 털어 투자하는 일이 과연 현명한 일인지를 고민해봐야 한다는 게 동생의 생각이었다.

그러나 구인회는 이미 플라스틱 사업을 하기로 마음을 굳혔다.

"나는 결심했다. 이런 사업이 우리가 해야 할 진짜 사업이다. 지금 전쟁의 소용돌이 속에서 국민의 생활필수품은 절대적으로 부족한 실정이다. 생활필수품을 차질 없게 만들어내는 일도 애국하는 길이고 전쟁을 이기는 데도 도움이 되는 길이다."

그들은 곧바로 미국의 플라스틱 기계업체 와트슨 스틸만에 주문서를 보냈다. 비록 작은 기계 한 대를 주문하는 일이었지만 구인회는 그동안 모아둔 전 재산인 3억 원을 투자했다.

부산 범일동에 공장 터도 닦았다. 1952년 8월 미국에서 주문한 플라스틱 기계가 부산항에 도착했다. 모두 그런 기계를 처음 보았다. 그들은 설명서를 읽어가며 하나하나 조립해야만 했다.

시험운전을 하던 첫날, 모두가 숨을 죽이고 지켜보고 있었다. 구인회는 벅차오르는 가슴을 달래가며 스위치를 눌렀다. 그러나 기계는 꿈쩍도 하지 않았다. 아무리 찾아보아도 이상은 없었다. 이때 구인회의 아들 구자경이 말했다.

"전압이 낮아 안 돌아가는 거 아닙니까?"

모두들 달려가 전압을 점검했다. 전시여서 전압이 뚝 떨어져 있었다. 급히 변압기를 사다가 전압을 조정하고 다시 스위치를 넣었다.

기계에서 빨간색의 곱고 앙증맞은 빗이 톡톡 튀어나왔다.

"만세! 만세!"

"봐라. 이게 플라스틱이라 하는 기다."

그들은 빗을 부산 국제시장에 내놓았다. 대히트를 쳤다. 대나무나 목재를 가공해 만든 투박한 재래식 빗에 익숙해 있던 사람들은 싸고 곱상한 신소재 빗을 보고 지갑을 열었다.

빗을 만들었으니 비눗갑도 만들었다. 구색을 맞추기 위해 칫솔도 만들자는 의견이 나와 칫솔을 만들었다. 바늘 가는 데 실이라고, 칫솔 만드는 데 성공했으니 이제 치약을 만들어야 했고, 치약이 나온다면 비누도 곁들여야 했다.

김치 먹는 한국사람 치약은 달라야 할 끼라

이 무렵 구인회의 아들 구자경은 초등학교 교사를 그만둔 뒤, 범일동 공장에서 밤낮으로 일하고 있었다. 직책은 상무였지만, 말이 상무였지 공장에서 먹고 자고 24시간을 붙박이로 일하는 막일꾼이나 다를 바가 없었다. 추운 겨울밤에도 비좁은 방에서 군용 슬리핑백 하나로 새우잠을 잤고, 새벽 5시면 눈을 비비고 일어났다. 빗은 2천 개 단위로, 칫솔은 500개 단위로 포장했다. 새벽에 상인들이 오기 전에 모두 포장해두는 게 그의 일이었다.

칫솔까지는 어렵지 않게 만들었으나 치약은 제자리걸음을 걷고 있었다. 치약 품질을 좌우하는 점도와 향기 같은 핵심기술에서 거의 진전을 못 보고 있었기 때문이다. 치약시장에선 미제 콜게이트가 판치고 있었다. 1등 기업에 대항하려면 그들의 노하우를 벤치마킹해야 한다. 구인회는 동생 구평회에게 미국에 가 콜게이트의 기술연구소 관계자를 만나 개발 기술을 알아오라고 지시했다. 어떻게 보면 뻔뻔스러웠지만, 다른 한편으로 보면 순진한 방식이었다.

미국에 간 구평회는 수소문 끝에 콜게이트 연구소를 찾아 연구진을 만났고, 개발 기술을 전수해달라고 요청했다. 당연히 한마디로 거절당했다.

"우리의 치약 기술은 절대 외부로 나갈 수 없는 회사 비밀입니다. 미안하지만 단념하는 게 좋을 거요."

그러나 구평회는 몇 날 며칠을 콜게이트 연구소와 납품업자들을 찾아다니며 얻은 단편 지식을 정리해 귀국했다. 락희화학 개발팀은 이를 기초로 국산 치약을 개발했지만, 치약을 써본 구인회는 다시 만들라고 지시했다.

"서양 것이라고 다 좋은 게 아니다. 지금은 궁하니까 이것저것 가리지 않고 다 좋아하지만, 빠다 먹는 미국사람 치약하고 김치 먹는 한국사람 치약은 달라야 할 끼라. 우리는 우리 기호에 맞는 물건을 만들어보자."

개발팀은 우리나라 사람에게 맞는 맛과 향을 찾아내기 위해 사이다, 비누, 껌 등을 분석·실험하고, 향료회사와도 접촉했다. 그런 과정을 거쳐 럭키치약은 톡 쏘는 맛과 은은한 맛의 중간을 택하기로 했다. 콜게이트나 일제 치약과는 다른 독특하고 개성적인 맛이었다.

막상 개발을 했지만 판매가 문제였다. 콜게이트가 점령하고 있던 시장을 뚫고 나가기는 벅차 보였다. 구인회는 이런 난관을 뚫기 위해 경품과 샘플 마케팅을 펼친다. 럭키치약의 인지도를 높이기 위한 방법이었다.

미도파 백화점에서 럭키치약을 사는 사람들에게 칫솔, 비눗갑, 세숫대야 등 락희화학의 플라스틱 제품을 경품으로 나누어주었다. 외제보다 값이 싼 치약인데다 요긴하게 쓸 수 있는 플라스틱 제품까지 덤으로 받게 되자 사람들은 럭키치약을 집기 시작했다.

1956년 광복 10주년을 기념하는 산업박람회가 서울 창경궁에서 열렸다. 이때 럭키치약 10만 개가 배포돼 큰 호응을 얻기도 했다. 처음 저조하던 치약 판매는 입소문을 타면서 급격히 늘어갔고, 결국에는 콜게이트 치약을 국내에서 몰아내기에 이른다.

구인회는 우연히 시작한 크림사업에서 깨지지 않는 뚜껑을 만드는 일로 이어나갔고, 그것은 또 플라스틱 사업으로 한 단계 더 나아갔다. 플라스틱은 전쟁으로 인해 불편하기 짝이 없는 환경에 처한 많은 사람들에게 너무나 편리한 제품이었다. 요즘으로 치면, 고객의 니즈(needs)를 제대로 짚었던 것이다.

플라스틱 사업은 다시 칫솔과 치약 사업으로 이어졌고, 이를 통해 구인회는 외제품 중심의 치약 시장을 국산 중심의 시장으로 전환시켰다. 구인회가 나중에 전자사업에 뛰어들 수 있었던 것도, 플라스틱 사업이라는 기회를 포착했기에 가능했다.

도전이
성공의 증거다

'경영의 신'에게 40대는 인생의 터닝 포인트였다. 이병철이 제일제당을 세울 때의 나이는 마흔네 살이었다. 구인회가 안 깨지는 크림통 뚜껑을 찾다 플라스틱 사업을 하게 되던 때는 마흔여섯 살이었다. 정주영이 건설공사의 쌀로 불렸던 시멘트 공장을 세운 것은 마흔여덟 살 때였다. 이병철과 구인회에게 이 시기는 해방 전후, 한국전쟁이라는 소용돌이가 몰아치던 때였다. 정주영에겐 한국전쟁이 막 끝난 뒤 재건사업이 진행되던 시기였다.

전쟁 중에 그들처럼 뛰어난 사업 감각으로 큰돈을 벌어들인 사업가가 꽤 있었다. 하지만 대부분의 사업가들은 제조업에 나서기를 주저했다. 투자를 한 뒤 결과를 얻기까지 오랜 시간이 걸리기 때문이다. 반면 이병철과 구인회는 장사로 벌어들인 돈을 제조업으로 전환시키며 사업가로의 삶을 한 단계 도약시켰다. 전쟁이 끝나면 새로운 시대가 올 것이라는 확신이 있었다. 정주영 역시 건설의 시대를 예감했고, 그 시대에 가장 필요한 산업 중 하나인 시멘트를 택했다.

안주하는 것보다 무모한 게 낫다

한 식품업계 회장의 말이다.

"이병철 회장이 제일제당을 설립하려고 할 때 우리 회사를 찾아와 '제조업을 시작한다'며 자금을 빌려달라고 요청한 적이 있었다. 많은 사람들이 '무역업으로 돈을 벌어서 먹고살 만한데 왜 사서 고생을 하느냐'고 생각했다. 그런데 이 회장의 그런 노력이 결국 삼성이라는 큰 회사를 만들어낸 원동력이었다."

이병철이 제일제당을 설립하기 전까지만 해도, 이 식품회사의 회장은 이병철보다 더 부자였다. 그러나 지금 이 식품회사는 삼성과 비교조차 하지 못할 정도의 중소기업에 머물러 있다. 무엇이 그 차이를 만들었을까? 여러 이유가 있겠지만 핵심은 '안주했느냐'와 '도전했느냐'의 차이다. 무모한 도전이라는 일부의 비판에도 '경영의 신'은 제조업에 자신을 던졌다.

  물론 도전이 항상 성공으로 이어지는 것은 아니다. 새로운 시도와 도전의 90퍼센트 이상은 실패로 이어진다. 많은 사람들은 그런 실패를 보고 자신이 도전하지 않고 안주한 것을 다행으로 여긴다. 하지만 시대의 패러다임은 항상 바뀌고, 그런 상황에서 안주하면 결국은 몰락으로 이어진다. 우리는 해방 뒤 지주계층의 몰락을 이미 지켜봤다.

자신이 잘 알고 있는 것에서부터 시작하라

많은 사람들은 자신이 그동안 한 일에서 벗어나 새로운 곳에서 도전하지만, 대부분 경험 미숙으로 실패하는 경우가 많다. 반면 자신이 잘 알고, 잘했던 분야에서 기회를 찾는다면 성공 확률을 좀 더 높일 수 있다.

  건설업을 했던 정주영 역시 건설에서 가장 중요한 시멘트의 중요성을 알았고, 그 분야에서 공장을 세우며 기업가로 거듭날 수 있었다. 그는 일단 뛰어든 다음 그때그때 순간 돌파력으로 헤쳐 나갔다.

고정관념에 사로잡혀 있는 사람들에게는 말보다 행동으로 밀어붙였고 장애물이 나타나면 인력과 장비, 모든 자원을 집중해 돌파했다.

이병철이 제당사업에 나설 수 있었던 것도 무역사업의 경험을 십분 활용했기 때문이었다. 그가 무역사업을 할 때 외국에서 주로 수입한 품목은 설탕, 비료 등이었다. 이들 품목을 자신이 잘 알고 있었기에 수입가격, 판매가격, 판매처, 수요량을 꿰뚫고 있었다. 제품 그 자체를 만드는 것도 중요하지만, 외부적인 요인도 구체적으로 잘 파악하고 있어야 사업 성공을 이끌어낼 수 있다. 만약 그가 무역업을 하지 않았다면 쉽게 제당사업에 뛰어들지 못했을 것이다.

구인회도 그랬다. 처음에는 크림 장사를 했지만, 크림 통이 자꾸 깨지는 것을 보며 플라스틱을 알게 됐고, 그 분야를 알아나가면서 여러 분야에서 활용할 수 있을 것이라는 판단이 선 것이다.

그들이 도약을 할 수 있었던 마지막 관건은, 시대와 사람이 원하는 게 무엇인지를 파악했다는 데에 있다. 아무리 자신이 잘 알고 있는 분야에서 도전하더라도 시대와 호흡하지 않거나 미래를 여는 사업이 아닌 경우엔 실패할 확률이 크다.

경영의 신이 선택한 설탕, 플라스틱, 시멘트는 제각기 다른 형태의 상품이다. 하지만 공통점이 있다. 우리나라에 제조업 공장이 들어서기 전까지 모두 수입했던 상품이었다. 그들은 이런 상품을 제조해내면 더 싼 가격에 국내 시장에서 팔 수 있을 것으로 봤다.

판단은 옳았다. 건설의 시대에 시멘트는 반드시 필요했던 상품이었다. 전쟁이 끝나고 평화의 시대가 오면서 사람들은 설탕의 달콤함을 원했다. 고립된 마을에서 벗어나 다양한 사람들과 어울리게 되는 도시의 시대에 빗과 칫솔, 치약, 플라스틱 제품은 그야말로 요긴한 물건이었다.

의식주를 해결하는 일이 초미의 관심사였던 당시, 그들이 일으킨 제조업은 많은 수입품을 대체하고 상품 가격을 떨어뜨렸다. 100퍼센트 수입에 의존했던 설탕은 우리나라에서 만들면서 가격이 3분의 1로 떨어졌다. 플라스틱 빗과 칫솔, 시멘트도 국산이 나온 뒤 외제를 대체하며 가격을 떨어뜨렸다. 결과적으로 기업가들은 돈을 벌었고 사람들의 삶은 풍요로워졌으며, 국가는 부를 형성할 수 있었다.

제조업에의 도전은 그들에게 또 다른 차원에서 기회를 가져다주었다. 바로 경영관리 능력이다. 제조업에서 성공하려면 무엇보다 조직관리 능력이 절실히 요구됐다. 그들은 제조업을 하면서 체계적인 경영을 배워나갔다. 사람과 자금을 장기적으로 관리하는 노하우를 익힌 것이다. 이는 제조업 경영에 자신감을 불러왔고, 그 자신감은 제조업을 확장하는 계기가 됐다. 지동욱은 『정권을 움직인 한국재벌의 어제와 오늘』에서 상업의 시대에서 자본의 시대로의 변화과정을 이렇게 분석했다.

상업자본이 산업자본으로 전환되는 과정에서 도태되는 기업가도 속출했다. 상업은 투기와 일확천금을 노리는 단기 승부의 개인플레이로 충분하다. 그러나 조직적인 재생산을 전제로 하는 제조업에서는 상업 경영과는 별도의 경영능력이 필요하다. 이것이 기업의 경영을 급속히 변화시키는 요인으로 작용했다.

도전의 결과는 달콤했다. 이병철은 우리나라 최초의 근대적 제조공업에 뛰어 들면서 최고 부자의 반열에 올랐다. 구인회는 포목상과 크림을 팔던 상인에서 화학산업, 나아가 전자산업을 개척해나가는 기업가가 된다. 정주영 역시 건설의 시대에 기반을 닦으며 1970년대 그의 시대를 준비한다. 그들에게 도전은 결국 성공의 증거가 되었다.

4장

신화는 만들어가는 것이다

정주영

오일쇼크에 자금난이 밀어닥쳤다.
'위기의 진원지에서 기회를 찾자.'
그는 중동 진출의 뜻을 밝혔다.
"돈을 잡으려면 돈이 많은 곳으로 가야 한다.
베트남 특수도 끝났다. 지속적인 성장을 하려면
또 다른 해외 돌파구를 찾아야 한다."

안 된다는 법은
어디에도 없다

1960~70년대는 한국경제의 전환기였다. 당시를 움직인 사람은 '민주주의를 죽였으나 경제는 살렸다'는 독재자 박정희였다. 쿠데타로 집권한 박정희는 정통성을 얻기 위해 당시 국민들이 가장 원했던 경제발전에 몰입했다. 단기적으로 효과를 볼 수 있는 수출위주의 불균형발전 방식이었다. 그 시대를 이끈 산업은 중공업이었다.

정주영은 박정희가 목표로 하는 중화학공업에 스스로를 적응시켜 나갔다. 경부고속도로 건설공사를 통해 박정희와 인연을 맺었고, 그 뒤 박정희의 신임을 얻으면서 자신의 전성시대를 만들어나갔다.

정주영은 경부고속도로 건설에서 가장 많은 구간을 시공했다. 단순히 찾아든 운은 아니었다. 태국 고속도로 공사의 시련이 있었기에 가능했던 일이었다. 그는 1965년 태국 파티니 나라티왓 고속도로 건설 공사를 따냈다. 선진 16개국의 쟁쟁한 건설업체 29곳과 겨뤄 수주한 것이다. 공사 계약금은 당시 국내 전체 공사 계약금 가운데 60퍼센트가 넘을 정도로 큰 규모였다.

하지만 고령교 때와 같은 시련이 닥쳤다. 태국의 엄청난 비와 나쁜 토질, 기술의 낙후성으로 공사 진척은 쉽지 않았다. 그는 다시 큰 손해를 입고 말았다. 그러나 시련은, 시련 그 자체로만 끝나지 않았다. 이때의 고속도로 공사 경험은 베트남 진출과 경부고속도로 수주에 결정적인 기회로 작용했기 때문이다.

경부고속도로 건설은, 1964년 12월 박정희가 서독에 파견된 광부와 간호사를 격려하러 갔다가 아우토반(Autobahn, 독일의 자동차 전용 고속도로)을 보게 되면서 시작됐다. 박정희 정권은 경제개발 5개년 계획을 추진했지만 극심한 외자부족으로 어려움을 겪었다.

미국은 쿠데타 정권이라는 이유로 차관을 거절했다. 일본과는 국교가 정상화되지 않아 차관을 요청하기 힘들었다. 박정희는 서독 정부에 차관을 요청했는데, 당시 라인강의 기적을 만들고 있었던 서독 정부는 긍정적인 답변을 보내왔다.

그러나 문제가 있었다. 차관을 받기 위해선 한국정부가 빌린 돈을 갚지 못할 경우 제3자가 대신 갚아준다는 '지급보증'이 필요했다. 가난한 나라였던 한국에 지급보증을 서주는 곳은 없었다.

이 문제를 해결한 것이 한국인 광부 5천 명과 간호사 2천 명의 서독 파견이었다. 이들이 받을 급여를 3년 동안 독일의 코메르츠 은행에 매달 강제 예치하는 담보 방식이었다. 이들의 월급은 800마르크(당시 환율로 10만원), 우리나라 장관 월급이었다. 이들이 국내로 보내온 돈은 무역 외 수입의 30.6퍼센트를 차지할 정도로 경제에 큰 밑거름이 됐다.

박정희가 광부와 간호사를 격려하러 서독에 갔다가 본 것이 바로 고속도로였다. 그는 서독이 전후에 부흥할 수 있었던 이유 중의 하나를 아우토반 덕분이라고 여겼고, 우리나라에도 고속도로를 만들고 싶어 했다. 수출 중심으로 산업구조를 개편하기 위해서는 도로와 같은 사회간접자본을 확충할 필요가 있었기 때문이다. 그러나 세계은행은 고속도로보다 기존 도로를 보수하는 일이 먼저라며 부정적인 의견을 냈다.

결국 박정희 정권은 1965년 국민들에 반대에도 불구하고 일본과 국교를 정상화한 뒤 받아낸 대일 청구권 자금 일부를 전용해 1968년부터 서울과 부산을 잇는 고속도로 건설을 착수시켰다.

1970년 7월 7일 고속도로가 완공되었고, 정주영은 놀랄 만한 속도로 경부고속도를 완공하는 데 결정적인 기여를 했다. 박정희는 정주영을 눈여겨보고 있었다.

포드의 하청업체로 뛰어든 자동차 사업

고속도로가 건설되고 있었으니, 이젠 도로를 씽씽 달릴 자동차가 필요했다. 때를 맞춰 1966년 4월 미국 포드자동차는 한국 진출을 위해 시장 조사를 했다. 그해 신진공업사(한국GM의 전신)가 군사정부의 주선으로 일본 도요타의 코로나를 '새나라'라는 이름으로 조립해 생산하고 있었다.

포드는 한국에 합작 법인을 세우기 위해 몇몇 업체와 접촉했다. 포드의 실사단이 서울에 왔을 때 현대는 접촉 명단에도 끼지 못했다. 자동차 사업은 정주영의 꿈이었지만, 포드의 눈에는 현대가 들어오지 않았다. 현대는 그저 건설업체일 뿐이었다.

포드 사람들은 한국의 몇몇 회사와 접촉하고 돌아갔다. 정주영은 차관 교섭을 위해 미국에 출장 가 있던 정인영에게 임무를 내렸다. 차관은 늦더라도 상관없으니 당장 포드와 자동차 조립기술 계약을 맺고 들어오라는 것이었다.

"그런 일이 하루아침에 쉽게 될까요?"

그러나 정주영은 이렇게 대꾸했다.

"해보기나 했어?"

정인영은 그날부터 형 정주영이 유능한 자동차 수리기술자 출신이라는 점을 앞세워 포드를 설득했다. 그 설득이 주효해 현대는 파트너

후보 명단에 끼어들 수 있었다. 그해 12월 정주영은 현대자동차주식회사를 뚝딱 세웠다.

포드는 제휴 대상 기업의 자본력과 신용도를 조사했다. 주한 미 대사관을 포함해 국내에 있는 미국의 정보기관과 금융기관은 물론 상공회의소까지, 움직일 수 있는 조사 기관은 모조리 동원했다. 16개 기관이 정보를 수집해 포드 본사에 보냈다. 결과는 현대가 1위였다. 현대의 신용도와 정주영의 열의 덕에 높은 점수를 받은 것이다. 그러나 신용도가 1위라고 해서 곧장 기술 계약이 체결되는 건 아니었다.

얼마 뒤 포드의 국제담당 부사장 일행이 정주영을 면담하러 왔다. 면접시험이었다. 사흘 예정이던 면담 스케줄은 단 두 시간 만에 끝이 났다. 자동차 엔진 구조부터 변속장치, 제동장치, 부품 명칭까지 모조리 이야기하는 정주영이 포드 일행에게 자동차 박사로 비쳤기 때문이다. 그는 포드 일행을 위해 직접 운전을 해가며 정성을 쏟았다. 다음날 현대와 포드는 21(국산 부품)대 79(미국산 부품)로 자동차 조립 기술 계약을 체결했다.

그때 정주영은 경부고속도로 건설에 매달려 있으면서도 자동차에 관심을 쏟아부었다. 울산 시골구석에 진입로를 만들고 공장을 지었고, 3년은 걸려야 생산이 가능하리라던 포드의 예상을 깨고 만 1년 만에 포드의 코티나를 조립해 판매에 들어갔다.

하지만 시장에 나온 코티나는 툭하면 말썽을 부렸다. 사람들은 아예 코티나를 '코피나' '고치나' '골치나'로 불렀다. 코티나 택시 100대가 한꺼번에 경적 시위를 벌이면서 자동차 반품을 요구하기도 했다. 곳곳에서 반품 소동이 벌어졌다. 이 바람에 버스나 트럭도 잘 팔리지 않았다.

당시 우리나라 도로는 아스팔트를 깐 곳이 별로 없었다. 포장이 되지 않아 대부분 길이 울퉁불퉁했다. 그러다 보니 코티나는 고장이 잦았다. 포드는 한국의 도로 사정을 제대로 파악하지 못했다. 첫 자동차로 코티나를 선택하게 한 것은 문제가 있었다. 정주영은 포드가 원망스러웠다. 하지만 한국의 도로 사정은 한국에서 살고 있는 사람이 더 잘 알게 마련이다. 그에게도 책임이 있었다.

뒤숭숭한 마당에 현대자동차는 물난리까지 겪고 말았다. 1969년 6월, 홍수로 울산은 물바다가 되었다. 조립이 끝난 차가 물에 둥둥 떠다녔다. 이 바람에 "현대자동차가 물에 빠진 자동차를 판다"는 소문이 났다. 이미 차를 산 사람까지 "혹시 물에 빠졌던 차가 아니냐"며 차 값을 내지 않겠다고 했다.

코티나 때문에 현대자동차는 '똥차'라는 오명을 얻었고, 참혹한 실패는 경영 압박으로 이어졌다. 월급이 몇 달씩 밀리는 건 다반사였다. 현대차 임원들은 날이 새면 발바닥이 닳도록 돈을 꾸러 다니면서 하루하루 부도를 막아나가는 지경이었다. 세금을 못 내 전국 최고 체납자로 신문에 발표된 일도 있었다. 경쟁사 사장이 공개석상에서 현대차를 인수하겠다는 호언장담을 하기도 했다.

포드와의 제휴도 비걱거리기 시작했다. 정주영은 소형차를 만들어 포드의 전 세계 판매망을 통해 수출하는 게 꿈이었다. 그러나 포드는 딱 잘라 거절했다. 국제 시장은 자신들의 것이지 현대 것이 아니라는 얘기였다.

우리나라 최초 고유 모델 1호 '포니'의 등장

정주영은 현대차가 포드의 부품 공장이 되어서는 안 된다고 생각했다. 1973년 그는 포드와 결별한다. 우리 지형과 실정에 맞는 소형차를 독자적으로 개발키로 한 것이다. 선진국들은 비웃었다. 2만여 개의 부품이 들어가는 종합산업으로 불리는 자동차를 후진국의 기업인 현대에서 독자 생산하겠다고 나섰으니 당연한 반응이었다.

자동차를 독자적으로 생산하려면 1년에 최소한 5만 대는 팔아야 했다. 하지만 1972년 우리나라 전체 자동차 판매대수는 승용차와 버스와 트럭을 다 합해봐야 1만 8천 86대였다. 이중 현대차는 4천 61대에 지나지 않았다. 이 때문에 회사 내에서도 반발이 무척 거셌다.

"자본금의 20~30배나 되는 돈이 필요한데, 그 돈을 어디에서 빌린단 말입니까?"

"돈을 빌릴 수 있다고 해도 언제 세계 시장에 차를 팔아 그 돈을 갚을 수 있겠습니까?"

정주영은 굴하지 않았다. 동생 정세영과 함께 자동차에서 가장 중요한 엔진을 만드는 회사와 합작을 추진했다. 일본의 미쓰비시가 반응을 보였다. 미쓰비시는 신진공업사와 합작을 희망했다가 경쟁업체인 도요타에 밀려 한국 진출에 아쉬움이 남아 있던 회사였다.

이렇게 해서 독자 생산의 길이 열렸다. 1973년 일본 미쓰비시와 엔진 계약을 맺고 이탈리아의 세계 최대 자동차 디자인 회사 이탈디자인을 설립한 조르제토 주지아로와 디자인 계약도 체결했다.

우리나라 최초의 고유 모델 1호 '포니'가 나온 것은 이듬해 10월이었다. 조랑말이라는 이름 그대로, 뒤꽁무니가 짧은 스타일의 포니와 조랑말의 엉덩이가 제법 잘 어울렸다. 하지만 정주영은 포니의 디자인이 꼭 꽁지 빠진 닭 같아서 마음에 들지 않았다. 4기통 1,239CC 80마력의 미쓰비시 새턴 엔진을 단 포니는 오일쇼크 뒤 에너지난에 대처하기 위해 설계된 모델이었다.

1976년 2월 포니는 울산공장에서 첫 출고돼 판매됐다. 가격은 220만 원 대로 당시로선 꽤 높았지만, 판매 첫해에 1만 726대가 팔려나가면서 국내 승용차시장 점유율 43.6퍼센트를 차지했다. 정주영은 포드와의 결별이라는 위기에서 한국지형에 맞는 포니를 탄생시켰다. 포니의 생산으로 우리나라는 세계에서 열여섯 번째, 아시아에서는 일본에 이어 두 번째로 자체 고유 모델을 가진 자동차 생산국이 되었다. 지금의 현대자동차가 되기까지의 기반도 포니에서 비롯됐다.

한번 해보는 거지, 못할 것도 없다

1971년 초 어느 날, 정주영은 청와대에서 대통령 박정희와 함께 마주 앉아 있었다. 무거운 침묵이 흘렀다. 박정희가 담배를 피워 물고 정주영에게도 권했다. 정주영은 원래 담배를 피우지 않았다. 아버지를 닮아 평생 절약하며 산 정주영은 "배도 안 부른 담배를 왜 피우나"라고 말하고 다녔다. 그러나 그날은 "담배를 피우지 않는다"고 말할 분위기가 아니었다. 박정희가 정주영에게 크게 화를 냈기 때문이다. 정주영은 뻐끔뻐끔 담배를 피웠다.

박정희가 입을 열었다.

"한 나라의 대통령과 경제 총수인 부총리가 적극 지원하겠다는데, 그거 하나 못 하겠다고 여기서 체념하고 포기해요?"

박정희가 '그거 하나'라고 말한 것은 조선사업이었다. 사실 정주영도 박정희에게 제안받기 전부터 조선소를 해보려고 했다. 그러나 그건 몇 년쯤 지난 뒤 추진할 생각이었다. 그때만 해도 조선업을 하기에는 아직 무리라고 여기고 있었기 때문이다.

하지만 박정희는 그에게 압박 아닌 압박을 가했다. 이유가 있었다. 포항제철이 완성되는 시기였다. 포철에서 생산하는 철을 대량으로 소비해줄 산업이 필요했다. 그즈음 김학렬 경제부총리도 조선사업을 권유했다. 정주영은 '조선소를 건설하자'는 정부의 제안이 이병철에게 먼저 갔다가 거절당한 뒤 자신에게 튕겨왔다는 얘기도 들었다.

결국 정주영은 결심한다.

'그래 한번 해보는 거야. 못할 것도 없지. 철판으로 만든 덩치 큰 탱크가 바다에 떠서 동력으로 달리는 게 배지, 뭐. 배가 별거냐.'

어렵고 힘든 일에 부딪치면 쉽고 단순하게 생각하는 정주영의 주특기가 발휘된다. 자신이 잘 알고 잘하는 건설업처럼 조선사업도 하면 된다고 마음먹었다. 정유공장을 세울 때처럼 배를 큰 탱크로 생각해 도면대로 철판을 잘라 용접을 하면 되고, 배의 내부 기계는 건물에 장치를 설계대로 앉히듯 제자리에 설치하면 된다고 여긴 것이다.

하지만 자본이 없었다. 조선소를 지으려면 차관을 들여와야 했다. 정주영도 나름 이곳저곳 뛰어다녔다. 일본에도 가고 미국에도 갔다. 그렇지만 아무도 그를 상대해주지 않았다. 미친놈 취급이나 받았다. "너희 같은 후진국에서 어떻게 몇 십만 톤의 조선소를 지을 수 있냐?"는 식이었다. 여기서 그의 모험은 시작된다. 세 번에 걸친 관문을 뛰어넘는 모험이었다.

500원 지폐로 통과한 첫 번째 관문

당장 필요한 건 건설 자금이었다. 일본과 미국에서 외면당한 정주영은 영국 바클레이즈 은행의 문을 두드렸다. 영국 은행에서 돈을 빌리려면 영국식 사업계획서와 추천서가 필요했다. 먼저 영국 선박 컨설팅 기업인 'A&P 애플도어'에 사업계획서와 추천서를 의뢰했다.

정주영은 차관 도입에 승부를 걸기 위해 런던으로 날아갔다. 그의 손에는 조선소 부지로 정한 울산 미포만의 황량한 모래사장을 찍은 흑백 사진이 들려 있었다. 그는 A&P 애플도어의 찰스 롱바톰 회장을 만났다. 롱바톰 역시 상황이 호락호락하지 않다고 말했다.

"아직 배를 사려는 사람도 나타나지 않았고, 한국의 차관 상환 능력과 잠재력도 믿음직스럽지 않아 힘들 것 같소."

정주영은 문득 바지주머니에 들어 있는 500원짜리 지폐가 생각이 났다. 그는 거북선 그림이 있는 지폐를 테이블에 펴놓았다.

"이걸 보세요. 이게 우리의 거북선이오. 당신네 영국의 조선 역사는 1800년대부터라고 알고 있소. 하지만 우리는 벌써 1500년대에 이런 철갑선을 만들어 일본을 혼낸 민족이오. 산업화가 늦어져 국민의 능력과 아이디어가 녹슬었을 뿐 우리의 잠재력은 고스란히 그대로 있소."

롱바톰은 미소를 지었다. 곧바로 추천서가 만들어졌다. 현대건설이 고리 원자력발전소를 시공하고 있고 정유공장 건설에 풍부한 경험도 있어 대형 조선소를 지을 능력이 충분하다는 내용이었다. 첫 번째 관문이 통과됐다.

옥스퍼드 박사학위로 통과한 두 번째 관문

며칠 뒤 바클레이즈 은행의 해외담당 부총재로부터 점심을 같이 하자는 연락이 왔다. 약속 하루 전날, 정주영은 호텔에서 초조하게 시간을 보내느니 만사 제쳐놓고 관광이나 하는 게 나을 것 같았다. 현대건설 직원들과 함께 졸업식이 열렸던 옥스퍼드 대학교와 낙조 무렵의 윈저궁을 둘러보았다.

다음날 바클레이즈 은행 부총재와의 점심시간, 부총재는 자리에 앉자마자 정주영에게 물었다.

"정 회장의 전공은 경영학입니까? 공학입니까?"

소학교만 졸업한 그는 순간 아찔했지만 태연하게 되물었다.

"우리가 당신네 은행에 낸 사업계획서를 보았습니까?"

"봤습니다."

정주영은 전날 옥스퍼드대 졸업식을 본 장면을 순간 떠올렸다.

"어제 내가 그 사업계획서를 들고 옥스퍼드대에 갔더니, 한 번 척

들쳐보고 바로 그 자리에서 경영학 박사학위를 주더군요."

자신이 학력은 짧지만 사업경험은 누구보다 많다고 구구절절 말하지 않고, 오히려 자신의 배짱을 보여주는 유머를 던진 것이다.

부총재가 껄껄 웃으면서 말했다.

"하하. 옥스퍼드대 경영학 박사학위를 가진 사람도 그런 사업계획서는 못 만들 거요. 당신의 전공은 유머가 아닌가요? 우리 은행은 당신의 유머와 함께 사업계획서를 수출신용보증국으로 보내겠소. 행운을 비오."

두 번째 관문의 통과였다.

백사장 사진으로 통과한 세 번째 관문

영국은행이 외국에 차관을 주려면 영국 수출신용보증국(ECGD)의 보증을 받아야 했다. 마지막 관문이었다. 수출신용보증국 총재는 배를 살 사람의 계약서를 갖고 와야 승인해줄 수 있다고 했다.

"당신네가 배를 만들 수 있다 해도, 사주는 사람이 없으면 어떻게 원리금을 갚을 거요? 배를 살 사람이 있다는 확실한 증명을 내놓지 않는 이상 나는 이 차관을 승인할 수 없소."

정확한 지적이었다. 돈을 빌려주는 쪽에서는 당연히 확인할 수밖에 없는 질문이었다. 그때 우리나라는 후진국이었고, 그런 나라에서 배를 만든다고 해서 그 배를 믿고 사갈 사람은 없어 보였다.

총재와 헤어진 뒤, 정주영은 갖고 온 황량한 바닷가 사진을 꺼내 보았다. 자신처럼 정신 나간 사람을 찾아야 했다. 그날부터 존재하지도 않는 조선소에서 만들 배를 사줄 선주를 찾아다녔다.

그런데 정신 나간 사람이 있었다. 선박왕 오나시스의 처남인 리바노스였다. 정주영은 롱바톰의 주선으로 만난 리바노스에게 제안을 했다.

"당신이 이런 배를 사준다고만 하면 내가 영국에서 돈을 빌려 이 백사장에 조선소를 짓고 배를 만들어주겠소."

리바노스는 그 제안을 받아들였다. 물론 황량한 백사장 사진만 보고 계약을 한 건 아니었다. 정주영이 그에게 파격적인 조건을 내걸었기에 계약을 맺을 수 있었다. 그가 내건 조건은, 만약 약속을 못 지키면 계약금에 이자를 얹어주고, 배를 만드는 진척 상황을 봐가며 배값을 내도 좋으며, 배에 하자가 있으면 인수를 안 해도 좋고 원금은 다 돌려주겠다는 거였다.

리바노스는 정주영에게 자가용 비행기를 보내며 자신의 스위스 별장에서 계약을 맺자고 했다. 그곳에서 유조선 2척의 주문계약이 체결됐다. 마지막 관문을 넘어선 것이다.

사실, 정주영이 차관을 빌릴 수 있었던 데에는 국가의 도움도 있었다. 국제적인 신용이 없는 건설회사가 몇 천만 달러를 빌리기는 쉽지 않은 일이었다. 관건은 차관에 대한 '국가의 지불보증'이었다. 차관을 갚지 못하면 국가가 책임을 지고 물어주겠다는 보증이 있었기에 영국은행이 차관을 빌려줄 수 있었다. 국가의 지불보증은 정권이 결정했지만, 최종적으로 국민이 책임을 떠맡았던 것이기도 하다.

그렇다고 국가의 보증 덕이었다고만 보는 시각도 옳지 않다. 정주영과 현대건설 실무진들은 치밀한 사업계획서를 만들었다. 바클레이즈 은행은 우리나라에 실사단을 보내 현대가 건설한 화력발전소, 비료공장, 시멘트 공장을 치밀하게 조사했다. 조선소 건설 능력을 따져 보기 위한 일환이었다.

무엇보다 그들은 CEO로서 정주영의 자질에 주목했다. 바클레이즈 은행의 부총재가 정주영을 만나자고 한 이유는, 자신들이 빌려줄 돈으로 조선소를 지으려는 CEO의 됨됨이를 최종적으로 확인하기 위해서였다.

그때 정주영은 특유의 자신감을 유감없이 드러냈고, 부총재는 그 정도의 배짱을 갖고 있는 사람이라면 대출을 해도 괜찮을 것이라고 확신한 것이다. CEO의 자질을 평가해 대출 여부를 결정하는 것은 현재 중소기업에 대출을 해주는 국내 은행들의 경우도 마찬가지다.

배와 조선소를 왜 동시에 못 만드나

세 번의 관문은 준비 작업에 불과했다. 조선소도 짓고, 그 조선소에서 배도 만들어야 하는데 시간이 너무 많이 소요된다는 것이 문제였다. 정주영은 자신의 주특기인 창의력을 발휘한다. 조선소를 짓고 배를 만드는 게 아니라 조선소와 배를 동시에 만들기로 한 것이다.

"반드시 다 지어진 조선소에서 선박을 만들어야 한다는 법은 어디에도 없다. 조선소는 조선소고 선박 건조는 선박 건조다."

조선소 건설과 선박 건조가 함께 진행됐다. 리바노스가 주문한 배 2척을 만들면서 동시에 방파제를 쌓고, 바다를 준설하고, 안벽을 만들고, 도크를 파고, 조선소도 지었다. 직원들은 새벽에 일어나 여기저기 고인 웅덩이 물에 대충 얼굴을 씻고는 일터로 나가 밤늦게까지 일했다. 숙소에 돌아와서는 구두끈도 못 푼 채 잠자리에 들었다.

'현장의 호랑이' 정주영도 울산에 살다시피 했다. 매일 새벽 4시면 어김없이 서울에서 울산으로 내려갔다. 이른 새벽 집을 나서 남대문 근처를 지날 때면, 노점상 부부가 그날 팔 물건을 리어카에 실어 남편은 앞에서 끌고 아내는 뒤에서 밀며 지나가는 모습을 보곤 했다. 그럴 때마다 자신도 모르게 목이 뜨끈해졌다.

"삶이란 저런 것이다. 얼마 안 되는 하루벌이를 위해서도 저토록 필사적으로 열심인데……."

정주영은 그들에게 마음에서 우러나는 유대감과 존경심을 느꼈다고 했다.

부지 60만 평, 건조 능력 70만 톤을 갖춘 대형 조선소가 준공된 것은 1974년 6월. 기공식을 한 지 2년 3개월 만이었다. 현대조선은 그렇게 세워졌다.

하지만 곧바로 위기가 찾아왔다. 1973년 불어 닥친 오일쇼크였다. 전 세계 경제가 불황에 휩싸이면서 배를 주문한 사람들이 잇따라 취소를 해버렸다. 현대조선이 만든 유조선 3척이 울산 앞바다에 떠 있었다. 그중엔 리바노스가 주문한 것도 있었다. 우여곡절 끝에 세워진 현대조선이 휘청거릴 위기에 놓였다. 그러나 정주영은 다시 위기를 기회로 바꿔놓는다.

"만들어 놓은 배를 가져가지 않으면, 우리가 그 배로 새로운 사업을 하면 된다."

정주영은 유조선 3척으로 아세아상선을 설립해 해운업에 진출했다. 우리나라가 수입해 쓰는 기름을 우리 유조선으로 운반하기로 한 것이다. 그동안 우리나라에 기름을 실어 나른 외국 선박회사들은 수송권을 넘겨주는 조건으로 1천 400만 달러를 요구했다. 정주영은 이를 받아들이지 않았다.

"그동안은 우리한테 유조선이 없어 자기네 배를 돈 주고 빌려 쓴 것이지. 이제부턴 우리나라 배로 기름을 운반해다 쓰겠다는데, 그런 요구는 받아들일 수 없다."

8개월을 버텼더니 300만 달러로 떨어졌다. 그래도 버텼다. 결국에는 10원도 건네주지 않고 기름을 운송할 수 있었다. 그렇게 출발한 아세아상선이 지금의 '현대상선'이다. 오일쇼크로 정주영을 몹시도 힘들게 했던 현대조선은 요즘 잘나가는 '현대중공업'이다.

돈을 잡으려면 돈이 많은 곳으로 가야 한다

1973년 10월 터진 중동전쟁은 전 세계 경제를 패닉으로 몰아넣었다. 1차 오일쇼크였다. OPEC(석유수출기구) 소속 6개 원유생산국은 원유가격을 인상키로 합의하고 이스라엘이 아랍 점령지역에서 철수할 때까지 매월 원유생산을 5퍼센트씩 감산하기로 결정했다. 감산 결정은 원유가격 상승으로 이어졌다.

1배럴의 원유가격은 1973년 새해에 1달러 안팎에서 그해 연말에는 11달러로 치솟았다. 원유 100퍼센트를 해외에서 수입하는 우리나라는 직격탄을 맞았다. 원유가격 상승은 대외 의존도가 높은 한국의 물가를 폭등시켰다. 한국이 원유를 사들이는 데 쓴 돈은 1972년 2억 달러에서 2년 뒤 10억 달러로 치솟았다. 외환보유고가 10억 달러 내외였던 한국은 심각한 외환위기에 몰렸다. 나라가 거들 날판이었다. 반면 중동 국가에는 원유가격 급등으로 천문학적인 오일달러가 흘러들어왔다. 그들은 오일달러를 이용해 해외 부동산이나 기업을 사들이거나 도로와 항구 등 엄청난 규모의 건설공사를 벌이기 시작했다.

오일쇼크는 중화학공업 위주로 사업을 벌였던 정주영에게 치명적인 위기였다. 세계경제는 불경기에 휩싸이면서 해외 건설도 발주량이 뚝 떨어졌다. 해외 의존도가 높은 한국경제는 직격탄을 맞으면서 국내 건설경기의 침체가 이어졌다.

또 다른 위기도 있었다. 정주영이 의욕적으로 추진했던 조선소는 1974년에 완공됐다. 오일쇼크 직후 조선소가 완공됨에 따라 배 주문이 급감했다. 조선소를 짓기 위해 자금을 쏟아부었기 때문에 회사의 자금난도 밀어닥쳤다. 내우외환의 시련이었다.

정주영은 위기의 진원지에서 기회를 찾았다. 돈이 넘쳐나는 곳은, 전 세계를 불경기로 몰아넣고 신나게 기름 장사를 하고 있는 중동밖에 없었다. 그는 "돈을 잡으려면 돈이 많은 곳으로 가야 한다. 베트남 특수도 끝났다. 지속적인 성장을 하려면 또 다른 해외 돌파구를 찾아야 한다"며 중동 진출의 뜻을 밝힌다.

첫 타깃은 사우디아라비아의 주베일항만 공사였다. 1975년 사우디 정부는 동부 유전지대인 주베일에 산업항을 건설한다는 계획을 발표했다. 공사금액만 9억 3000만 달러에 이르러 20세기 최대의 공사라고 불렸다. 당시 환율로 4천 600억 원에 해당하는 규모로 우리나라 예산의 절반에 달했다.

　사우디 정부는 주베일항만 공사를 위해 후보기업 열 곳 중 아홉 곳을 선정해 발표했다. 미국, 영국, 서독, 네덜란드, 프랑스의 건설사들이었다. 일본 건설사도 한 자리 못 끼어들고 탈락이었다. 세계에서 제일 큰 단일공사여서 공사를 발주하는 사우디 정부도 그렇고 세계적인 건설사들도 바짝 긴장하고 있었다.

　딱 하나 남아 있는 자리를 놓고 정주영은 "다른 누가 아닌 우리가 반드시 차지해야 한다"며 마음을 다졌다. 최종 선택되는 것은 한 기업이겠지만, 우선은 일단 열 곳 중 하나에 끼는 게 중요했다.

　정주영은 기회를 엿보고 명함을 내밀었다. 조선소 건설을 할 때 안면이 있던 애플도어와 바클레이즈 은행에서 공사 관련 자료를 넘겨받았다. 현대건설은 나머지 한 자리에 신청을 했고, 마침내 열 번째 입찰 자격자로 선정됐다.

　여기서 끝이 아니었다. 입찰보증금 2천만 달러가 필요했다. 한국 정부가 보증을 한다고 해도 안 된다고 했다. 현대건설 직원들은 16밀리미터 필름에다 현대그룹의 시멘트 공장, 자동차 공장, 조선소를 모조리 찍어 은행마다 찾아다니며 필름을 돌렸고, 보증서를 끊어달라고 통사정을 했다. 다행이 바레인 국립은행에서 입찰 나흘 전에 보증서를 발급 받을 수 있었다.

문제는 또 다른 곳에서 불거졌다. 당시 현대건설 사장을 맡고 있던 정인영이 주베일항만 공사에 결사반대하고 나섰다. 10억 달러에 이르는 공사를 기술력과 장비도 부족한 상태에서 도전하는 것은 무모하다고 본 것이었다. 그는 그령교와 태국 고속도로 공사에서의 시련을 떠올렸다. 당시엔 많은 사람들이 경쟁력이 떨어지는 현대건설이 주베일항만 공사를 수주하려면 덤핑이 불가피하고, 덤핑을 하게 되면 회사는 자금난에 몰리게 될 것이라며 비판적인 시선을 보냈다.

정인영은 매일 사우디의 수주 팀에게 입찰을 포기하라는 텔렉스를 보냈다. 반면 정주영은 매일 수주 팀에게 입찰을 따낼 때까지 돌아오지 말라는 텔렉스를 보냈다. 정인영은 사우디에서 입찰을 준비하고 있던 실무 담당자를 국내로 불러들여 "현대 망하는 거 보려고 그래?"라며 호통을 치기까지 했다. 형제간의 갈등이 빚어지면서 수주 팀은 혼란을 겪을 수밖에 없었다. 이에 정주영은 정인영을 군포 중장비 생산회사에 전보발령을 내며 사실상 좌천시키고 난 뒤 주베일 공사에 몰입했다. 그 뒤 정인영은 현대양행을 맡아 분가했다.

주베일에서 일군 중동신화

우여곡절을 겪으면서 현대건설은 공사 계약을 따냈다. 주베일 항만 공사 입찰에서 미국과 유럽 업체가 제시한 견적의 반값을 써낸 것이다. 공사 기간(44개월)도 8개월 단축하는 조건을 제시했다.

아라비아의 태양처럼 건설업계를 뜨겁게 달궜던 중동 신화는 이렇게 끈질긴 도전정신에서 비롯됐다. 7억 리알짜리 현금 수표를 선수금으로 받아내자, 외환은행장은 그에게 전화를 걸어 "정 회장님, 오늘 우리나라 건국 후 최고의 외환 보유액을 기록했습니다"라고 했다.

정주영은 그때를 이렇게 기억했다.

"큰 공사를 수주하게 될 때는 사전에 꼭 아버지 꿈을 꾸는데, 주베일항만 공사 때도 아버지가 꿈에 보였어요. 그래서 이건 우리가 틀림없이 먹을 수 있다는 확신이 서서 덤빈 거지요."

정주영은 철골구조물을 현지에서 만드는 게 쉽지 않자 12만 톤의 기자재를 울산조선소에서 직접 만들어 3만 리(1만 2천 킬로미터)나 떨어진 사우디 현장까지 바지선으로 실어 나르기도 했다.

이렇게 정주영은 위기의 진원지에서 기회를 잡았다. 그가 중동신화를 쓸 수 있었던 이유 중의 하나는 조선소를 건설했기 때문이다. 세계 최대 규모의 조선소라는 이력서는 입찰에 대단히 유리한 무기였다. 기회는 또 다른 기회로 이어졌다. 현대는 조선소를 지은 뒤 얼마 안 돼 오일쇼크를 맞아 자금 사정이 극도로 악화됐지만, 중동진출로 자금난에서 헤어날 수 있었다.

주베일항만 공사는 우리나라 건설업체의 중동진출 서막을 여는 신호탄이었다. 중동건설이 돈이 된다는 소문이 퍼지면서 여러 기업들이 중동으로 날아갔다. 1976년 중동에서 건설공사를 한 기업은 44개였으나 1977년에는 122개로 늘어났다. 경쟁은 과열을 불렀다. 우리나라 기업끼리 덤핑 수주하는 사태가 비일비재했다. 현대만 중동건설 붐에서 이익을 보았을 뿐, 다른 기업들은 큰 손해를 봤다.

현대는 주베일항만 공사로 막대한 이익을 올렸다. 1977년 한 해 현대건설과 현대조선의 순익은 1천 300억 원에 이르렀다. 그때까지 우리나라 기업 누구도 이루지 못했던 엄청난 금액이었다.

정주영은 중동 건설 붐을 타고 번 돈을 자동차 개발에 쏟아부었다. 이는 포드와 결별하면서 독자적으로 한국형 자동차를 만들 수 있는 기회가 됐다. 위기를 기회로 돌려놓으면서 건설, 조선, 자동차 3개의 주력 사업을 키울 수 있었던 셈이다.

현대는 중동 붐으로 삼성을 제치고 재계 서열 1위에 올랐다. 이 실적을 갖고 정주영은 1977년 전경련 회장에도 취임해 10년 동안 그 자리를 지켰다.

많은 사람이 위기를 넘어가기 위해 급급해할 때, 어떤 사람은 위기를 기회로 바꿔놓는다. 정주영이 바로 그런 사람이었다.

이
병
철

"오늘날과 같은 치열한 기업 풍토에서는
수구와 정지는 상대적으로 정체와 퇴영을 의미할 뿐이다.
미국 경영이념의 하나인 '진보는 가장 중요한 생산이다'라는 말은
우리의 기업 현실에도 적용될 수 있는 것이다."

진보는 가장 중요한
생산이다

 이승만 정권 때 이병철은 비료공장을 지으려고 했다. 세계 최대 규모인 연간 30만 톤을 생산하는 규모였다. 차관을 들여와 비료공장을 지을 계획을 세운 뒤 독일과 이탈리아를 돌아다니며 차관 교섭을 해 승낙을 얻어냈다.

 당시 우리나라는 1년에 2억 5천만 달러 규모의 원조를 받고 있었다. 이 가운데 1억 달러 가량을 비료 수입에 썼다. 충주와 나주에 비료공장이 있긴 했지만 연간 6만 톤밖에 생산하지 못하는 규모였다.

 그러나 4·19 이후 이병철은 24명의 기업가와 함께 부정 축재자로 몰려 비료공장은 물거품이 되는 듯했다. 그는 부장검사에게 불려가 조사를 받았다. 탈세가 조사 대상이었다.

 검찰 조사에서 이병철은 세금 문제를 들고 나왔다.

"전쟁에서 이기려면 당연히 돈을 많이 걷어야 합니다. 그러나 전쟁이 끝난 지금도 법인세, 사업소득세, 물품세에 영업세까지 부과해서 1천 환을 벌면 1천 200환을 세금으로 내게 되어 있습니다. 이래서는 도저히 사업을 할 수 없습니다. 불합리한 세금제도는 덮어두고, 기업을 하는 사람을 부정 축재자로 몰아 죄를 묻는 것은 옳지 않습니다."

전쟁기간 중 이승만 정권은 부족한 세금 보전을 위해 세수를 최대한 인상한 적이 있었다. 하지만 여론은 그에게 우호적이지 않았다. 몇 달 동안 조사가 진행됐고, 검찰은 46개 회사에 196억 환의 추징금을 통보했다. 이병철 역시 61억 환의 추징금을 내는 것으로 사건은 일단락됐다. 그는 자신이 추진하던 비료공장 건설 사업계획을 재무부장관에게 넘긴 뒤, 일본으로 떠난다. 그로부터 근 1년 동안의 긴 외유가 시작된다.

박정희와 담판을 짓다

1961년 5월 16일 군사 쿠데타가 일어난 날, 이병철은 일본 도쿄에 있었다. 그는 다시 부정 축재자로 내몰렸다. 열흘 뒤 기업인 11명이 부정 축재를 했다는 이유로 붙잡혀 수감됐다. 이들 중 한 명이 "부정 축재 1호는 도쿄에 있는데 우리 같은 조무래기들만 가둬놓고 뭘 하겠다는 것이냐"고 쿨평했다 일본에 머물고 있던 이병철에 대한 여론도 좋지 않았다.

이병철은 6월 24일 일본과 미국 등 외신기자를 불러 기자회견을 열었다. 전 재산을 사회에 헌납한다는 내용이었다. 이틀 뒤 그는 한국행 비행기에 올랐다. 서울에 도착하자마자 명동 메트로호텔에 감금됐다.

다음날 국가재건최고회의 부의장인 박정희가 찾아왔다.

"의견을 들으러 온 것이니 거리낌 없이 말씀해주십시오."

"기업인을 죄인시해 구속하는 것은 국가 경제 발전에 도움이 되지 않습니다."

순간 박 부의장의 얼굴이 차갑게 굳었다. 하지만 이병철은 말을 이어갔다.

"기업인들이 해야 할 일은 여러 사업을 일으켜 많은 사람에게 일자리를 만들어주고, 세금을 내서 국가 운영을 뒷받침하는 것입니다. 그런데 부정 축재자라고 잡아들이고 벌을 준다면 이 나라 경제는 엉망이 되고 말 겁니다. 지난해 삼성이 낸 세금이 우리나라 전체 세금의 3.4퍼센트쯤 됩니다. 삼성 같은 회사가 30개만 있으면 정부는 세금 걱정할 일이 없을 겁니다."

"그럼 부정 축재한 경제인을 어떻게 처리하란 말이오?"

"국민에게 부정 축재자들을 대충 처리한다는 인상을 줄까 봐 망설이시는 것 같은데, 그 문제는 정부가 공개적으로 투자 명령을 내리면 해결될 것입니다."

"투자 명령?"

"그렇습니다. 부정 축재한 돈에 너희들 돈을 보태 나라 경제에 필요한 공장을 지으라고 하고, 공장을 다 지은 뒤에는 부정 축재한 돈만큼 주식을 정부에 내라고 하는 겁니다."

박정희는 고개를 끄덕였다.

그 뒤 부정 축재 처리 방향은 180도 바뀌었다. 박정희와의 짧은 만남이 있은 뒤, 이병철은 3일 만에 집으로 돌아갔다. 다른 기업인들도 모두 풀려났다.

박정희와 이병철이 타협한 것은 서로의 이해관계 때문이었다. 박정희는 빈곤해방을 내세우며 쿠데타를 일으켰으나, 경제개발을 주도할 경험과 노하우가 없었다. 그런 경험과 노하우를 알고 있는 기업인들이 필요했다. 그래서 그들을 개혁 대상에서 동반자로 전환시킨 것이다. 이병철 역시 정권이 바뀔 때마다 부정 축재자로 몰렸던 자신의 이미지를 개선하기 위해 소비재가 아닌 다른 곳에 투자를 할 필요가 있었다.

그 뒤 쿠데타 세력은 여러 차례 이병철에게 "정부 차원에서 도와주겠으니 농약 공장을 지어보는 게 어떻겠냐"며 압박 아닌 압박을 가했다. 그러나 이병철은 제안을 받아들이지 않았다. 새 사업에 뛰어들기 전 꼼꼼하게 준비하는 성격 탓에 누가 도와준다고 선뜻 움직이는 사람이 아니었다.

세계 제일의 비료공장을 꿈꾸며

1963년 박정희가 대장으로 전역한 뒤 민간인 신분으로 대통령 선거에 출마해 당선되었다. 이 무렵 박정희는 장기영 부총리를 통해 비료공장 건설을 종용했다. 장기영은 이병철에게 수차례 전화를 걸더니 나중에는 집으로 찾아갔다.

"행정상의 문제는 모두 내가 뒷받침할 테니 비료공장을 빨리 지어주시오."

정치적인 이유가 있었다. 박정희는 4년 뒤 있을 다음 대통령 선거에서 당선되기 위해 뭔가를 준비해야 했다. 홍보용 업적을 만들어야 하는데 그중 하나가 비료공장이었다. 농촌 인구가 절대적인 상황에서 농민을 위해 값싼 비료를 공급할 공장을 짓는다는 것은 가장 확실한 선거 대책이었다.

비료공장은 이병철이 오랫동안 준비해온 일이니 그 제안을 물리칠 이유가 없었다. 게다가 이병철과 박정희는 당시만 하더라도 비교적 좋은 관계를 유지하고 있었다.

이병철은 서랍 속에 넣어두었던 비료공장 건설계획서를 다시 꺼냈다. 주위에선 여전히 반대가 심했다. 일부 임원은 비료공장을 짓더라도 리스크를 감안해 25만 톤 정도로 짓자는 의견을 내놓았다. 하지만 그는 세계에서 가장 큰 규모의 공장을 지어야 한다고 주장했다.

당시는 일본 최대 비료공장에서 18만 톤을 생산하고 있었고, 소련이 30만 톤 규모의 공장을 짓겠다고 발표해 화제가 되고 있을 때였다. 이병철은 소련보다 더 큰 33만 톤의 공장을 지으려 했다. 세계 최대 규모가 돼야 세계시장에서 경쟁력을 갖출 수 있다고 이병철은 생각했다.

비료공장 건설에 들어가는 비용을 줄이려면 성능이 좋은 기계를 싼값에 들여와야만 했다. 이병철은 여러 나라에 견적서를 보내달라고 요청했다. 미국이 6천 500만 달러, 독일이 6천만 달러, 일본이 5천만 달러였다.

이병철은 가장 낮은 비용을 낸 일본으로 건너갔다. 일본의 비료업체들의 반발이 심했다. 비료공장을 짓지 않으면 몇 년 동안 싼값에 비료를 제공하겠다는 제의도 있었다. 이병철이 제안을 거절하자 차관을 내주지 못하도록 방해 공작을 펴기도 했다.

이런 방해를 물리치고 이병철은 미쓰이물산과 비료공장 건설 계약을 맺었다. 플랜트 설비와 자금을 차관 형식으로 도입하기로 했다. 차관은 4천 200만 달러로 2년 거치 8년 상환이었고 연리는 5.5퍼센트였다.

계약서에 사인을 하고 서울로 돌아온 이병철은 1964년 8월 한국비료공업주식회사를 세우고 사장이 되었다. 그 이듬해인 12월, 드디어 한국비료 울산공장이 건설에 들어갔다.

사카린 밀수 사건이 터지고

한국비료공장이 80퍼센트쯤 건설되고 있던 1966년 9월 16일, 이른바 '한비 밀수사건'이 터졌다. 발단은 한국비료 공장 창고에 보관 중이던 오스타(OSTA)라는 약품이 시중에 유출돼 판매된 사실이 드러나면서 불거졌다. 한 신문에서 삼성이 일본에서 사카린을 밀수해 국내에 유통했다는 특종보도를 내보냈던 것이다.

오스타는 질소비료 공정에 쓰였지만 사카린 원료로도 활용됐다. 당시만 해도 설탕 값이 비싸 서민들은 사카린으로 단맛을 내곤 했다. 빵에도 사카린이 들어갔고, 주스에도 사카린을 넣어 단맛을 냈다.

신문 보도대로 삼성이 들수입한 것으로 밝혀졌다. 파장이 이어졌고, 재벌이 밀수를 한 것을 두고 여론은 극도로 악화됐다. 사카린 밀수사건에 격분한 김두한 국회의원이 국회에 오물을 뿌리면서 온 나라가 들썩거렸다. 김두한은 대정부 질문 도중 오물통을 열고 "삼성의 사카린 밀수사건을 두둔하는 장관들은 나의 피고들이다. 똥을 피고들에게 선사한다"는 말과 함께 국무총리를 비롯한 장관들에게 인분을 뿌렸다. 이것이 바로 국회 오물 투척 사건이다.

여론이 악화되고 있던 당시 〈사상계〉 사장이던 장준하가 대구에서 열린 '재벌기업 삼성 밀수 규탄대회'에서 "박정희야말로 밀수 왕초"라고 했다가 대통령 명예 훼손으로 바로 구속되기도 했다.

삼성은 왜 밀수를 했을까? 사카린 밀수를 현장 지휘했다고 밝힌 이맹희는 『묻어둔 이야기』에서 사카린 밀수사건은 박정희와 자신의 아버지 이병철의 공모 아래 정부기관이 적극 감쌌던 엄청난 규모의 조직적인 밀수였다고 고백했다.

1965년 말에 시작된 한국비료 건설과정에서 일본 미쓰이는 공장건설에 필요한 차관 4천 200만 달러를 기계류로 대신 공급하며 삼성에 리베이트로 100만 달러를 줬다. 아버지(이병철 회장)는 이 사실을 박 대통령에게 알렸고 박 대통령은 "여러 가지를 만족시키는 방향으로 그 돈을 쓰자"고 했다. 현찰 100만 달러를 일본에서 가져오는 게 쉽지 않았다. 삼성은 공장건설용 장비가, 청와대는 정치자금이 필요했기 때문에 돈을 부풀리기 위해 밀수를 하자는 쪽으로 합의했다. 밀수현장은 내(이맹희)가 지휘했으며 박 정권은 은밀히 도와주기로 했다. 밀수를 하기로 결정하자 정부도 모르게 몇 가지 욕심을 실행에 옮기기로 했다. 이참에 평소 들여오기 힘든 공작기계나 건설용 기계를 갖고 오자는 것이다. 밀수한 주요 품목은 변기, 냉장고, 에어컨, 전화기, 스테인리스 판과 사카린 원료 등이었다.

이맹희는 "문제가 터지자 아버지는 '우리가 설탕 공장을 하고 있는데 우리 회사의 설탕 판매량에 결정적 타격을 줄 사카린 재료를 우리가 왜 밀수했겠는가?'라고 말했다"고 전했다. 이병철이 밀수 자체는 알고 있었지만 상세한 내막은 모르고 있었다는 것이다. 오히려 이맹희는 "처음 밀수를 제안한 사람도 박 대통령이었고 밀수 진행 상황도 뻔히 알고 있는 상황에서 박 대통령이 한국비료 사건에 대해 모른 척했다"고 말했다.

이 사건은 지금까지도 전모가 밝혀지지 않고 있다. 다만 박정희는 독재정권을 유지하기 위해 정치자금이 필요했고, 이병철은 정권의 눈 밖에 나지 않으려고 불법적인 방법으로 정치자금을 건네주려는 데서 비롯된 것으로 추정된다.

이병철은 이 사건으로 한국비료를 국가에 헌납하고 은퇴를 선언하게 된다. 그가 쉰여섯 살 때였다. 은퇴라는 극약 처방을 통해 여론의 비판에서 벗어나려 했고, 여기에 더해 구속된 둘째 아들 이창희를 선처해 달라는 이유도 있었다.

한국비료 밀수 사건으로 이병철과 박정희는 완전히 갈라선다. 박정희는 이병철을 '호사스럽게 자라서 사치스럽게 사는 사람' 소비재

장사나 하는 사람'으로 치부했다. 이병철은 박정희를 '일본인이 세운 만주 사관학교를 나온 천박한 군인' '좌익으로 잡혔을 때 동지들을 배신한 신의 없는 사람'으로 폄하했다.

이맹희의 말에 따르면, 박정희 시절에는 삼성이 어떤 사업이라도 새로 시작하려면 늘 힘이 들었다고 한다. 경제기획원이나 재무부, 상공부, 관련 금융기관, 심지어 중앙정보부나 청와대 비서실과 협의가 된 사항이라도 최종적으로 대통령이 거부해버렸다는 것이다.

한국비료는 1994년에 다시 삼성에 돌아갔다. 정부의 민영화 방침에 따라 공개 입찰에 붙인 결과, 삼성은 최저가 1천 300억 원보다 1천억 원이 더 많은 2천 300억 원을 제시해 한국비료를 가져갔다.

이창우 교수는 『다시 이병철에게 배워라』에서 이병철이 10·26 뒤 박정희의 장례식을 보며 다음과 같이 말했다고 썼다. 박정희에 대한 이병철의 애증이 묻어나는 대목이다.

박 대통령의 장례차가 지나가는 것을 삼성본관 28층, 자신의 집무실에서 내려다보며 호암은 감회에 젖어들었다. 그렇게 한참 생각에 잠기더니 갑자기 사장단 회의를 소집했다.

"오늘 장례식을 치른 사람이 우리 삼성을 얼마나 괴롭혔습니까? 우리가 인수하겠다고 입찰에 참가하여 가장 높은 500억 원을 써내 낙찰되었는데도 이 핑계 저 핑계 대고 넘겨주지 않았습니다. 뿐입니까. 오히려 입찰도 참가하지 않은 기업에게 단돈 100만 원에 넘겨주고 나머지는 연부(일정한 금액을 해마다 나누어 내는 일)로 갚으면 된다고 하지 않았습니까? 우리가 신규 사업을 하려고 하면 무조건 제동을 거는 등 여기 있는 분들도 미처 모르는 여러 가지 방해를 받았습니다. 그리고 나서는 '삼성은 중공업을 하지 않고 소비재만 생산한다, 국가경제 발전에 도움이 안 된다'는 식의 악성 루머를 퍼트렸습니다. 막상 우리가 중공업을 한다고 신청하면 허가 안 내주고, 자격이 있니 없니 소리만 하면서 말입니다."

호암은 격앙되려는 감정을 억누르며 차분하게 말을 이었다.

"한편으로 생각해보면, 오늘 장례식을 치른 사람이 우리를 키웠는지도 모르겠습니다. 눈을 부릅뜨고 감시하면서 우리가 하는 일에 조금이라도 하자나 잘못이 있으면 옭아매려고 호시탐탐 노리지 않았습니까? 그런데 그것 때문에 자연히 우리도 사소한 잘못 하나라도 하지 않으려고 노력을 했습니다. 경영도 아주 투명하게 해서 언제 어디를 들추어도 문제가 되지 않도록 조심한 것입니다. 사실 박 대통령이 집권하기 전에는 주먹구구식 세금 계산이었고, 또 우리만큼이라도 세금 내는 기업이 없었기 때문에 적당히 넘어갔습니다. 그러던 것이 박 대통령이 정권을 잡고 난 이후부터는 회사 경영이 아주 투명하고 튼튼하게 되었습니다. 꼬투리를 잡히지 않으려고 조심한 덕분이지요. 어떻게 보면 우리 회사를 근대화시켜주고 선진기업으로 만든 사람이 박 대통령이라고 말할 수 있겠습니다."

대전환의 계기를 찾아

1968년 이병철은 '진보는 가장 중요한 생산'이라는 신년사를 내걸고 다시 경영일선에 모습을 드러낸다. 한비사태로 물러난 지 1년 3개월 만이다.

오늘날과 같은 치열한 기업 풍토에서는 수구와 정지는 상대적으로 정체와 퇴영을 의미할 뿐이다. 미국 경영이념의 하나인 '진보는 가장 중요한 생산이다'라는 말은 우리의 기업 현실에도 적용될 수 있는 것이다. 따라서 삼성그룹은 새로운 체제로 정비해 내적 충실을 기하면서 창조적 아이디어를 총합하여 자금 운영 방법, 신규 사업 발굴 등에 전력을 다해 기업의 계속성을 보장하여야 할 것이다. _ 1968년 1월 이병철 신년사

그는 1년여 동안 자연농원에서 칩거했지만 경영의 끈을 놓아두지는 않았다. 일선에서 물러난 뒤에도 그는 새 사업을 고민했다. 그때 눈에 들어온 게 바로 전자사업이었다. 곧바로 삼성물산의 젊은 엘리트를 중심으로 개발부가 꾸려졌다. 새로운 사업을 위한 타당성 조사와 자료를 수집하기 위해서였다.

이병철이 전자사업을 들고 나온 이유는 무엇일까? 일본의 성장 산업을 벤치마킹했기 때문이다. 1960년대 일본은 마쓰시타로 대표되

는 전자회사와 도요타로 대표되는 자동차 회사가 세계 시장에서 통할 정도로 급성장하고 있었다. 일본에서 성장한 산업은 우리나라에서도 성장할 수 있다는 게 그의 주된 생각이었다. 따라 하기 전략, 이른바 캐치업(catch-up) 전략이다. 전자와 자동차, 둘 중에 그는 전자를 택했다. 이맹희는 그 이유를 『묻어둔 이야기』에서 이렇게 말했다.

아버지가 자동차보다 전자를 택한 이유는 퍽 재미있다. 이른바 부가가치 크기로 결정한 일인데 그 당시 아버지의 주장으로는 전자는 생산품 1그램당 부가가치가 17원인 반면 자동차는 1그램당 3원 몇십 전에 불과하다는 것이다. 나는 아버지가 전자를 먼저 시작하자고 고집한 것은 당신과 교유했던 일본 경제인들의 인맥과도 관련이 있다고 믿고 있다. 아버지와 흉금을 털어놓고 지내는 분들은 다들 전자산업 기업의 경영자들이었다. 예를 들어 도요타나 닛산, 미쓰비시 같은 자동차 메이커 사장들과도 친분이 있었겠지만 흉금을 터놓고 지냈던 기업들은 다들 NEC, 도에이, 미쓰이, 산요 등 전자업계 경영자들이었다.

또 다른 이유도 있었다. 현장을 누비는 건설업과 같은 중후장대(重厚長大) 사업은 이병철과 맞지 않았다. 차분하고 이지적인 성격의 그에게 맞는 분야는 경박단소(輕薄短小) 사업이었다.

위기의식도 전자사업에 뛰어드는 데 한몫했다. 당시 우리나라 기업들은 베트남전 특수를 누리고 있었다. 하지만 이병철의 삼성은 그러지 못했다. 한국비료에 신경 쓰느라 베트남전에 신경 쓸 겨를이 없었다. 그러다 보니 기업 규모에서 삼성을 치고 올라오려는 경쟁자의 도전이 거셌다. 정주영의 현대가 대표적이었다.

이병철 개인적인 측면에서도, 한국비료 사건 이후 자신의 명예를 회복시킬 대전환의 계기가 필요했다. 복귀를 하려면 명분도 있어야 했다. 그게 바로 전자사업이었다. 소비재 산업만 한다는 비판에서 벗어나기 위해서도 다른 산업을 택해야 했다.

전자사업 진출, 그리고 구인회와의 갈등

전자사업을 시작하는 것도 쉽지 않았다. 한국비료 사태로 이병철과 박정희의 갈등은 극단으로 치달았기 때문이었다. 그런 상황에서 국가의 인가를 받아야 하는 전자사업을 할 수 있었던 것은 정확한 기회의 포착이 있었기에 가능했다.

박정희는 1967년 신년 연두교서에서 '공업입국에 대한 전면 작전'이라는, 군사용어를 방불케 하는 이름으로 전자공업 개발에 힘쓰겠다고 밝혔다.

1968년 베트남전이 막바지로 치닫고 있을 당시, 박정희는 베트남전 종결에 대비하라고 정부 부서에 지시했다. 베트남전 특수가 끝난 뒤를 준비하라는 얘기였다. 이런 위기감을 반영한 듯, 정부는 그해 12월 28일 전자공업진흥법을 만들었다. 정부는 이 법에 따라 '전자공업진흥 8개년 계획'을 이듬해 6월 19일 발표했다. 핵심은 8년 동안 140억 원의 진흥자금을 투자해 전자산업부문 수출액을 4억 달러에 이르게 한다는 것이었다.

이병철은 그 기회를 자신의 것으로 만들었다. 그는 6월 12일자 일본 〈아사히신문〉과의 인터뷰에서 전자산업 진출의 뜻을 분명히 밝혔다.

"전자공업은 앞으로의 성장분야다. 지금 이 전자공업 분야는 미국이 첨단을 걷고 있지만, 삼성도 여기에 나서고 싶다."

당시만 해도 일반인에게 '전자'라는 말은 생소한 말이었다. 정부와 산업계 역시 '전기공업' 또는 '전기기계공업'이라는 일본식 표현을 썼다. 당시 전자사업을 하고 있던 구인회의 금성사와 기존 전자업계에서는 크게 반발하고 나섰다.

그러나 이병철은 의지를 굽히지 않았다. 기업경쟁에서 어느 누구에게도 뒤지지 싫어하는 그가 개인적인 감정에 좌우될 리는 없었다. 게다가 한국비료 사건 이후 자신의 명예를 회복시킬 전자사업이었던 만큼 양보할 수도 없는 처지였다.

구인회의 금성사는 삼성이 전자사업에 뛰어들면 과당경쟁을 불러일으킨다는 점을 지적했다. 이에 이병철은 '전자공업의 오늘과 내일'

이라는 글을 삼성 계열인 「중앙일보」에 싣고 "전자공업은 국내외 모든 기존 기업들과 상부상조하면서 발전해나가야만 동시발전을 가져올 수 있다"고 주장했다. 삼성이 생산한 텔레비전과 라디오의 15퍼센트만 국내에서 팔고 나머지 85퍼센트는 수출하겠다는 조건도 내걸었다.

이런 와중에 가장 곤혹스러워한 것은 박정희였다. 전자사업을 육성하겠다는 계획을 세우자마자, 관계가 껄끄러운 이병철이 전자사업을 하겠다고 뛰어들었기 때문이다. 처음 박정희는 삼성의 전자사업 진출을 탐탁하게 여기지 않았다. 박정희는 "이 회장은 돈 버는 일만 한다는데 그런 사람이 힘든 전자공업을 할 수 있을 것 같소?"라는 반응을 보였다고 한다.

평소 박정희와 만나기를 싫어했던 이병철은 먼저 머리를 굽히고 청와대를 찾아갔다. 이병철은 수출드라이브 정책을 주도하는 박정희에게 전자사업은 달러를 벌 수 있는 강력한 수단이라는 걸 강조했다. 박정희는 이병철과 만난 뒤, 삼성의 전자사업 진출을 허용했다. 단, 조건을 달았다. 삼성이 만든 전자제품은 모두 수출해야 한다는 것이었다. 이병철은 이 조건을 받아들였다.

한국비료 사태 뒤 극단으로 치달았던 박정희와의 관계에서 이병철이 기회를 잡을 수 있었던 것은, 최종 승인권자가 원하는 게 무엇인지를 정확히 파악했기 때문이다. 박정희의 최대 관심사는 경제개발이었고, 경제개발을 위해서는 무엇보다 달러가 필요했다. 이병철은 생산한 제품을 대부분 수출하는 방법을 택했다. 사실 수출은 내수보다 수익률이 떨어진다. 해외에서 가격경쟁력을 갖기 위해서는 마진을 많이 받기 힘들다. 그럼에도 이병철은 수출이라는 카드를 꺼내들면서 박정희와의 불화 속에서 기회를 모색했다.

산요보다 더 큰 단지를 짓겠다

이병철은 1969년 1월 삼성전자의 모태가 되는 삼성전자공업을 세운다. 그는 일본으로 건너가 이우에 도시오 산요 회장을 만났다. 이우에는 마쓰시타 전기(현 파나소닉)의 창업자인 마쓰시타 고노스케의 처남이었다. 한때 같이 마쓰시타 그룹을 일으켰지만 도중에 자기 기업을 차려 나간 사람이었다.

도쿄에 있는 산요 전자단지는 40만 평에 이르렀다. 여기서 텔레비전, 에어컨, 냉장고 등 가전제품이 쏟아져 나와 창고에 차곡차곡 쌓이고 있었다.

이병철은 일본 산요공장을 보고 귀국하자마자 간부회의를 소집한 뒤 41만 평 이상의 공장 터를 물색하도록 지시했다.

'직원이 500~600명이면 충분할 텐데, 그렇게 넓은 땅을 어디에

쓰겠다는 것일까?'

삼성 직원들은 이해하기 힘들었다. 그의 생각은 이랬다.

'지금은 41만 평이 너무 크게 보일지도 모르지만 머지않아 더 많은 땅을 필요로 하게 될 것이다. 도쿄의 산요는 40만 평이다. 그렇다면 우리는 그들보다 한 평이라도 더 큰 단지를 지어야 한다.'

이병철은 수원 일대를 돌아본 다음 수원시 매탄동 일대 45만 평을 공장 터로 매입했다. 원래 계획했던 것보다 4만 평이나 넓은 규모였다. 그러자 여론은 삼성이 한국비료로 실패를 본 뒤 부동산 사업에 뛰어들었다고 비판하기 시작했다. 당시 국내에서 큰 공장이라고 해 봤자 수만 평에 불과했기 때문이다.

그해 12월 '삼성산요전기'가 5천만 달러 자본으로 설립됐다. 삼성이 50퍼센트의 자본을 내고, 일본 산요전기가 40퍼센트, 스미토모 상사가 10퍼센트를 출자했다. 1958년 구인회의 금성사가 설립된 지 10여 년 만에 후발주자로 전자업계에 뛰어든 것이다.

삼성전자 공장 공사를 시작할 즈음, 이우에가 갑자기 세상을 떠났다. 그러자 산요의 태도가 돌변했다. 삼성산요전기의 공장 규모를 3분의 1로 줄이자고 제안하는가 하면, 부품공장을 먼저 짓자는 요구도 했다. 우리나라의 값싼 임금을 활용해 하청공장으로 삼성전자를 전락시키려는 속셈이었다.

기술 전수와 냉장고 공장 건설을 빨리 추진하자는 이병철의 제의

도 무시해버렸다. 오히려 100퍼센트 수출 조건으로는 합작은 물론 기술 제휴도 할 수 없다고 배짱을 부렸다. 국내에서 조립한 제품에도 산요 상표를 붙이도록 강요했다. 정부가 수출을 촉진한다는 조건을 달아 길을 터준 15퍼센트 내수 판매 제품마저 삼성 상표를 붙일 수 없게 됐다. 그때만 해도 기술이 없었던 삼성은 일본 기업에게 당할 수밖에 없었다. 물론 40여년 뒤 삼성은 자신들이 받은 설욕을 반도체를 통해 되갚아준다.

이병철은 텔레비전을 만들어 후발주자의 약점을 뒤엎으려고 했다. 하지만 산요는 합작투자를 한 지 2년이 지나도록 텔레비전 공장 하나 제대로 건설하려고 하지 않았다. 결국 1972년 이병철은 텔레비전 공장 건설이 끝나자 산요와의 합작을 끝내버린다.

국산 컬러텔레비전 1호 생산

삼성전자는 시작부터 적자였다. 삼성전자가 흑자를 내기 시작한 것은 삼성텔레비전의 국내 시판이 허용된 1973년 말부터였다. 이병철은 라이벌 업체들이 흑백텔레비전 판매에 열을 올리고 있는 틈을 타 컬러텔레비전 개발을 추진했다.

전자업계에 뒤늦게 뛰어든 삼성은 1974년 선발업체들을 따돌리고 국산 컬러텔레비전 1호를 생산해내는 데 성공했다. 컬러텔레비전을 통해 후발주자에서 선발주자로 나아가려 했던 그의 꿈이 실현되는 듯했다.

하지만 박정희와의 악연은 쉽게 풀리지 않았다. 이병철의 두 아들도 아버지와 박정희의 불화를 기억하고 있었다.

이맹희는 "1970년대 초반 텔레비전을 만들 때 우리가 12인치를 만들다가 14인치를 만들겠다고 신청하면 박 대통령은 '삼성은 전기도 부족한데 꼭 이런 물건을 만들려고 하냐'고 하다가 다른 업체가 신청하면 곧 허가가 나는 식이었다"고 말했다.

이건희는 "1970년대에 삼성이 새 업종을 한 게 석유화학하고 항공밖에 없다. 박 대통령하고 사이가 나빠서 삼성이 신규사업허가 신청을 내면 전부 퇴짜 맞았다"고 얘기한 적이 있었다.

이병철은 빨리 컬러텔레비전을 시장에 선보여 전세를 역전하고 싶었다. 그러기 위해서는 컬러텔레비전 방송을 시작해야 하는데, 박정희는 흑백텔레비전 방송을 고수했다.

이병철은 "정부가 컬러텔레비전 방송을 규제하고 간섭하지 않았다면 한국의 전자산업은 적어도 3년 내지 5년은 앞섰을 것"이라고 말하며 박정희를 원망했다. 반면 박정희는 "우리 농촌에는 흑백텔레비전도 못 보는 가정이 아직 너무 많아. 우리가 좀 더 잘살게 된 뒤 컬러텔레비전을 시판해도 늦지 않아"라고 참모들에게 말하곤 했다.

박정희는 정치적인 지지 기반인 농민을 생각할 수밖에 없었고, 이병철은 후발주자의 선발주자 따라잡기를 생각하지 않을 수 없었던 것이다.

1980년대까지 삼성은 금성에 밀렸다. 라디오, 세탁기, 텔레비전 등 생활가전 분야에서 만년 2위에 머물 수밖에 없었다. 이 때문에 이병철은 "왜 이리 (금성사에) 당하기만 하노!"라며 격노하기도 했다.

구인회

"우리가 언제까지 미제 피엑스 물건만 사 쓰고
라디오 하나 못 만들고 살아야 한단 말이오.
누구라도 해야 하는 거 아니겠소.
우리가 한번 해보는 거야.
먼저 하는 사람이 고생은 하겠지만 하다보면 될 수 있지 않겠소?"

우린 길 없는 밀림을
헤쳐 나가는 개척자다

1957년 초, 서울 락희화학 사무실. 전축을 놓고 이야기꽃이 피었다. 락희화학 기획실장 윤욱현은 새로 산 전축에 푹 빠져 있었다. 밤마다 전축을 듣다 보니 낮에는 졸음에 못 이겨 깜박깜박 졸기도 했다.

구인회가 물었다.

"전축이라는 게 그래 재밌는 거요?"

"사장님도 한번 들어보세요. 우리나라도 그 정도 제품은 만들어내야 하는데……."

혼잣말처럼 중얼거린 윤 실장의 말을 구인회는 놓치지 않았다.

"우리가 그거 만들면 안 되는 거요?"

"안 될 거야 없지요. 다만 우리 기술 수준이 낮아서……."

"그렇다면 문제없구먼. 기술이 없으면 외국 가서 기술 배워 오고,

그래도 안 되면 외국 기술자 초빙하면 될 거 아니오. 우리가 한번 해보는 거요. 그거 한번 검토해봅시다."

"……."

한가롭게 시작한 대화가 새로운 사업 도전이라는 방향으로 흘러가고 있었다.

하지만 그들에게는 전자제품 개발 경험이 전무한 상황이었다. 밀수로 쏟아져 나오는 외제 라디오와의 경쟁에서 승산도 없어 보였다. 미군 피엑스(군부대 상점)에서는 최신형 라디오가 하루에 수백 대씩 흘러나왔다.

라디오는 그때만 해도 재산목록 1호로 불릴 만큼 상당한 고가였다. 라디오를 사려면 쌀 20가마를 치러야 했다. 당시 지식인 계층의 로망은 제니스 라디오, 그중에서도 '제니스 트랜스 오셔닉(Zenith Trans Oceanic)'은 부와 명예의 상징이었다. 암시장에서 쌀 50가마를 줘도 구하기 어려웠다. 이름 그대로 대양을 가로질러 도쿄는 물론 하와이에서 쏘아 보내는 전파까지 잡아내는 당대 최고의 진공관 라디오가 제니스 트랜스 오셔닉이었다.

당시 이승만 정권이 장악한 국내 라디오 방송은 전부 찬양 일색이었다. 여기에 염증을 느낀 지식인 계층은 제니스 라디오에 열광했다. 미국과 일본에서 벌어지는 일을 쫙 꿰는 사람은 사교계에서도 대접을 받았다. 이런 상황에서 구인회는 전자사업에 착수하겠다는 뜻을 밝힌다.

"우리가 언제까지 미제 피엑스 물건만 사 쓰고 라디오 하나 못 만들고 살아야 한단 말이오. 누구라도 해야 하는 거 아니겠소. 우리가 한번 해보는 거야. 먼저 하는 사람이 고생은 하겠지만 하다보면 될 수 있지 않겠소?"

그러나 전자사업 진출에는 반대도 거셌다. 변변한 기술력도 없이 미제 라디오와 경쟁한다면 한순간에 훅 갈 수 있다는 이유에서다. 지금 벌이고 있는 사업만으로도 적지 않은 수익을 올리고 있는데 무엇 때문에 두 마리 토끼를 쫓으려 하느냐는 비판도 나왔다.

구인회의 생각은 달랐다. 락희화학의 주력 사업인 플라스틱 사업은 큰 기술을 필요로 하지 않았기 때문에 경쟁사들도 뛰어들기 시작했다. 경쟁에서 살아 남으려면 새로운 기술집약적 사업을 앞서서 시작해야 했다. 이미 확보하고 있는 플라스틱 기술과 설비를 갖고 전자제품 캐비닛을 만들 수 있는 이점도 있었다.

'샛별'로 전자산업을 열다

구인회를 중심으로 임직원들은 새로운 사업에 팔을 걷어붙였다. 라디오 생산 공장 건립을 위해 기본 사업계획서를 만들었고, 필요한 생산시설과 생산물품 및 생산량, 기술요원 확보 대책을 마련했다. 우리나라에 와 있던 서독 기술자 헨케를 2년 계약의 기술고문으로 채용했다.

새로운 회사 이름도 정해야 했다. 아무도 가지 않은 길이었다. 그 길을 비쳐주는 '샛별'이 돼야만 했다. 회사 이름을 샛별이라는 뜻의 '금성사'로 지었다. 1958년 10월 1일 금성사는 첫걸음을 내딛는다.

그러나 그 길은 험난했다. 기술 고문으로 초빙한 헨케와 금성사 기술진 사이에 의견 대립이 잦았다. 헨케는 얼마 안 돼 회사를 떠나고 말았다.

국내에서 라디오 부품을 만드는 곳도 없었다. 서독에서 수입된 부품 가격은 너무 비쌌기 때문에 가능한 많은 부품을 국산화해야만 했다. 부품을 개발하는 데만 몇 개월이 걸렸다. 부품을 자체 생산하느라 생산 일정이 예정보다 늦어지는 경우가 빈발했다.

이런 악조건 속에서도 자체개발 노력의 결과 금성사는 스위치, 새시(철, 스테인리스강, 알루미늄 따위를 재로로 만든 틀), 소켓(전구 따위를 넣어 전선과 접속하게 하는 기구), 코드를 자체적으로 제작할 수 있게 되었다.

우여곡절을 거치며 금성사는 1년여 만에 국산 1호의 진공관 라디오를 내놓는다. 라디오 모델명은 A-501이었다. 전기전용(AC)으로 진공관이 다섯 개(5)인 1호 모델이란 뜻이다. 케이스는 다섯 가지 색상으로 소비자가 취향에 따라 고를 수 있었다. 중파 간파 겸용에 이어폰을 사용할 수도 있었다. 가격은 외제 라디오 3만 환보다 낮은 2만 환. 금성사 최초의 라디오 A-501는 '골드스타'라는 상표가 부착돼 서울 미도파백화점 쇼윈도에 진열됐다.

사업을 접느냐 마느냐의 기로에서

처음에 금성사 라디오는 잘 팔리지 않았다. 여러 이유가 복합적으로 작용했다. 당시 국민 소득수준은 라디오를 살 만큼 여유롭지 못했고, 쏟아져 나오는 밀수품에 대한 단속도 없었다.

미군 피엑스에서 흘러나온 제니스에 익숙해진 사람들에겐 미제가 최고라는 인식이 뿌리 깊게 박혀 있었다. 외국 회사와 특약을 맺고 외제 라디오만을 팔고 있던 판매상들이 경쟁업체를 허용하지 않아 판매망을 제대로 갖추지도 못했다. 판매업자들도 국산 제품의 성능을 믿지 못했다. 금성사로서도 제품 성능이나 내구성, 대량생산에 대해 확실한 자신감을 갖고 있지 못했다.

게다가 당시엔 전력 사정이 좋지 않아 전기를 제한적으로 공급하고 있었다. 저녁 5시부터 밤 11시까지 가정에서 전기를 많이 쓰는 시간에는 공장에서도 전기를 쓰지 못했다. 전력 사정이 좋지 않으니 공장에서는 생산에 지장을 받았고, 가정에서는 전자기기를 사용하는 데 어려움을 겪었다.

재고로 쌓이는 라디오가 날이갈수록 늘어만 갔다. 3천 대에 이르는 라디오가 창고에서 썩힐 상황에 놓였다. 설비투자로 자금 지출은 늘어났지만 라디오가 팔리지 않다 보니 적자는 눈덩이처럼 불어나고 있었다.

락희화학에서 벌어들인 돈은 고스란히 금성사로 흘러들어갈 수밖에 없었다. 금성사 주변의 가게들도 회사가 언제 망할지 모른다며 직원들에게 외상을 주지 않을 정도였다. 회사 안에서 비판이 일기 시작했다.

"그것 보라고. 남들이 손대지 못하는 사업에 공연히 뛰어들어 고생이라니까."

일부 사원들 사이에서는 "이럴 바엔 차라리 돈을 은행에 맡겨놓고 다달이 이자나 챙기는 게 더 이익 아니겠냐"라는 말이 나오는가 하면, "엽전(한국)이 양키(미국)와 쪽바리(일본) 상대로 기술 경쟁을 해서 본전이나 찾겠냐"라는 자조적인 말까지 나왔다. 회사 분위기가 싸늘해지고 있었다.

구인회는 이제 전자사업을 중단하느냐 계속하느냐의 기로에 놓이게 됐다. 그는 무거운 마음으로 자신의 뜻을 분명히 밝혔다.

"지금 우리는 전자공업이라는 길 없는 밀림 속을 헤쳐 나가는 개척자인 거요. 언젠가는 고생한 만큼 보람도 얻게 될 테니 그때까지 모두 마음을 합치고 힘을 모아 일해주소. 앞으로 일 년 동안 해보고 그래도 안 되면 그때는 내 손으로 문 닫을 거요."

그러던 중 1961년 5·16 군사 쿠데타가 일어났다. 쿠데타 세력은 곧바로 '부정 축재 처리 요강'을 발표하고 기업인 12명, 공무원 12명, 군인 5명 등 29명을 부정 축재자로 적발해 그중 24명을 구속했다. 조사 범위가 확대되고 '부정축재처리법'이 시행되면서 구인회도 120명 조사 대상자 속에 포함되기에 이르렀다. 그러나 쿠데타 세력의 서릿발 같던 태도는 시나브로 누그러지기 시작했다. 애초 사용하던 '부정 축재자'라는 호칭이 '부정 이득자'로 바뀌더니 나중에는 '일반 기업인'이라는 표현으로 부드러워진 것이다.

농어촌 라디오 보내기 운동이 준 기회

정국이 어느 정도 수습된 뒤, 박정희가 예고도 없이 금성사 연지동 공장을 찾아 라디오 생산 현장을 시찰했다. 안내를 맡은 김해수 과장은 시찰이 끝날 즈음에 "밀수품 단속을 해달라"고 호소하는 것을 잊지 않았다.

즉각 효과가 나타났다. 군사정부는 밀수금지 조치와 함께 밀수품

일제 단속령을 내렸다.

시장에서 판치던 외제 라디오와 각종 전자제품, 잡다한 소비재까지 된서리를 맞고 자취를 감춰버렸다. 재고품으로 쌓여 있던 금성사 라디오가 조금씩 시장에서 팔리기 시작했다.

건전지를 사용하는 트랜지스터라디오를 개발한 것도 판매 향상에 큰 도움이 되었다. 열악한 전기 사정에 영향을 받지 않고 들고 다니기 간편하게 라디오를 들을 수 있었기 때문이었다.

그러던 사이 군사정부가 '농어촌 라디오 보내기 운동'을 벌였다. 자신들의 정책을 시골까지 알리고 싶었던 군사정부는 방법을 찾다가 라디오를 선택했다. 문맹률이 높은 상황에서 라디오가 홍보 수단에 유리하다는 판단에 따른 것이다.

군사정부는 라디오 보급에 힘을 쏟았다. 농어촌 라디오 보내기 운동 전인 1961년 우리나라 라디오 보급대수는 89만 대였으나, 이듬해에는 134만 대로 늘어났다. 라디오를 생산하는 금성사 공장은 한꺼번에 밀려드는 주문량을 소화하느라 주야로 4교대 작업을 강행해야 했다.

금성라디오는 시에도 등장할 정도로 한 세대를 풍미했다. 1966년 시인 김수영은 아내가 라디오를 사온 것을 소재로「金星라듸오」라는 제목의 시도 썼다.

그때만 해도 신문과 잡지를 빼면 별다른 오락도구가 없던 시절이었다. 사람들은 라디오로 당대 명가수의 노래와 드라마를 듣고, 울고 웃으며 전후 상실감과 시대의 불안감을 달랬다.

금성사도 이를 반영해 '명랑한 가정마다 금성 라듸오'라는 카피로 신문광고를 실었다. 하지만 시인은 금성사의 라디오를 직접 인용해 명랑하지 않은 시대에 명랑한 시대를 꿈꾸는 암울한 시대상을 묘사했다.

金星라디오 A504를 맑게 개인 가을날
일수로 사들여온 것처럼
5백원인가를 깎아서 일수로 사들여온 것처럼
그만큼 손쉽게
내 몸과 내 노래는 타락했다

헌 기계는 가게로 가게에 있던 기계는
옆에 새로 난 쌀가게로 타락해가고
어제는 카시미롱이 들은 새 이불이
어젯밤에는 새 책이
오늘 오후에는 새 라디오가 승격해 들어왔다

아내는 이런 어려운 일들을 어렵지 않게 해치운다

결단은 이제 여자의 것이다

나를 죽이는 여자의 유희다

아이놈은 라디오를 보더니

왜 새 수련장은 안 사왔느냐고 대들지만

제니스와의 반전

미제 제니스 라디오 때문에 전자사업 진출 초기 판매부진에 애를 먹었던 구인회의 금성사는 그 뒤 시간이 흘러 40여년 후에 대 반전을 일궈낸다.

1995년 11월, LG전자(금성사는 1995년 LG전자로 사명을 변경했다)가 제니스를 인수한다고 발표하자 미국 전자업계가 발칵 뒤집혔다. 순수 미국 자본이 운영해온 전통의 가전회사인 제니스가 동양의 가전업체에 넘어간다는 소식에 미국인들은 자존심에 상처를 입을 정도였다. '동양의 한 기업이 미국의 자존심을 인수했다'는 얘기마저 나돌았다.

당시는 한국산 가전제품에 대한 미국의 보복관세가 판을 치던 시기였다. 보복관세를 피하고 미국시장을 파고들기엔 제니스가 안성맞춤이었다. 3억 5천 100만 달러의 거액을 들여 55퍼센트의 지분을 인수한 것도 이 때문이었다.

그러나 기쁨은 잠시, 인수 첫해부터 제니스는 만성적자에 시달리며 LG전자의 '미운오리새끼'로 전락했다. 브랜드 파워와 기술력은 탄탄했지만 판매망이 무너진 탓에 매년 적자를 냈다. LG전자는 결국 1999년 미국 법원에 파산신청이나 다름없는 기업회생계획을 냈다. 이후 LG전자는 제니스의 연구·개발 부문을 제외한 모든 사업부문을 정리했다.

어려움을 겪던 제니스는 디지털텔레비전 시대가 개막되면서 효자로 거듭났다. 제니스의 원천기술이 미국 표준으로 채택되어 전자강국인 일본은 물론 세계 300여 가전회사로부터 매년 1억 달러의 로열티를 받을 수 있게 됐기 때문이다. 제니스는 2002년부터 흑자로 반전돼 현재는 LG전자의 '보물단지'로 평가받고 있다. '라디오 한번 만들어 보자'던 50대 구인회의 소박하지만 원대한 꿈이 결국 반전을 일궈낸 셈이다.

이병철과 갈라서다

1968년 초 이병철이 전자산업에 진출한다는 뉴스를 접하고 가장 큰 충격을 받은 사람이 구인회였다.

그때 구인회의 셋째 아들 구자학은 처가 회사인 삼성에 몸담고 있었다. 구인회는 삼성 계열사인 중앙개발 사장으로 일하고 있던 구자학을 락희로 복귀시켜버렸다.

금성사는 삼성의 전자사업 진출에 강력하게 반대했다. 금성사 계열이었던 「국제신보」는 이병철의 기고가 「중앙일보」에 나온 날 사설을 싣고 "삼성이 전자사업에 진입할 경우 국내수요를 상회해 과장경쟁을 낳게 될 것"이라고 비판했다.

금성사는 59개 전자업체로 구성된 한국전자공업협동조합을 통해서도 삼성의 전자사업 진출을 반대하는 목소리를 냈다. 한국전자공업협동조합은 "삼성의 전자사업 진출은 단순 조립에 지나지 않아 전자산업 발전에 도움이 안 된다"며 진입을 반대했다.

물론 다른 이유로는, 시장을 후발업체에게 내줄 수 없다는 생각도 있었다. 사돈의 갑작스런 전자사업 진입에 당황한 구인회는 서운할 수밖에 없었다. 구인회의 평전인 『한번 믿으면 모두 맡겨라』를 보면 이런 장면이 나온다.

7월의 어느 날, 구 회장(구인회)은 부인과 장남 자경과 앉아 있는 자리에서 쓸쓸한 기분으로 말문을 열었다.

"그쪽에서 꼭 그래 하겠다면, 서운한 일이지만 우짜겠노. 서로 자식을 주고 있는 처진데 우짜노 말이다. 한 가지 섭섭한 점이 있다면 금성사가 지금 어려운 형편에 있는 점을 노려서 다리를 걸어 넘어뜨리자고 덤비는 것 같은 기라. 그러나 나는 내 할 일만 할란다. 나도 설탕 사업 할라카면 못할 거 있나. 하지만 나는 안 한다. 사돈이 하는 사업에는 손대지 않을 끼다."

구인회와 이병철은 방송국을 공동 경영한 적이 있었으나, 그 역시 파국을 맞았다.

1962년 이병철은 라디오와 텔레비전 방송사 허가권을 사들였다. 이병철은 구인회를 찾아와 동업을 제안한다.

"사돈, 금성사 라디오가 잘 팔린다는 얘기를 들었소. 우리 둘이 협력해서 상업방송 헌번 해보지 않겠나? 라디오 방송뿐 아니라 텔레비전 방송까지도 같이 해보지."

구인회는 제안을 받아들였다. 라디오에 이어 텔레비전 생산 계획을 갖고 있었던 데다 방송국이 더 생겨나면 텔레비전 판매도 늘어날 것이라 여겼기 때문이다.

두 사람은 50 대 50 비율로 공동출자하고 라디오와 텔레비전 방송사를 설립했다. 임원은 똑같은 수로 구성됐다. 1964년 5월 라디오 방송이 첫 전파를 발사한데 이어 그해 12월에는 텔레비전 방송도 첫 방송을 내보냈다.

하지만 방송사 운영은 삐걱거렸다. 락희와 삼성에서 나온 직원들의 갈등이 깊어졌다. 회사 기업문화가 서로 다르다 보니 의견이 맞을

리 없었다. 사소한 일에도 미묘한 감정 대립으로 파벌의 골이 깊어지면서 회의 때마다 충돌이 잦아졌다.

상황이 그렇다 보니 구인회는 독자경영을 생각하게 된다. 적자인 텔레비전 방송사를 자신이 인수하고, 흑자인 라디오 방송사를 이병철이 가져가는 게 좋겠다는 생각을 했다. 구인회가 이병철을 찾아가 그렇게 말했더니, 이병철은 "그게 좋겠다면 그렇게 해보지"라고 짧게 답했다.

락희는 텔레비전 방송사에 출자한 삼성의 자본금을 건네주려 했으나, 삼성은 이 핑계 저 핑계를 대고 받으려 하지 않았다. 게다가 이병철은 일본에 건너가 있었다. 결국 구인회는 일본으로 건너가 이병철과 만나 다시 한 번 독자경영을 얘기했다. 그러자 이병철은 무겁게 입을 열었다.

"그냥 그대로 같이 해보지!"

원점으로 돌아가자는 말이었다.

구인회는 그 제안을 받아들이지 않았다.

"다시 같이 하자는 제안은 거절하겠네. 원한다면 호암이 양쪽 다 맡아 혼자 하게."

구인회는 자리를 털고 일어났다. 이병철은 현관까지 따라 나와 헤어지는 자리에서 짤막하게 말했다.

"그렇게 결정해주어 고맙네."

결국 이병철은 라디오·텔레비전 방송국을 모두 갖게 됐다. 바로 TBC였다. 하지만 TBC는 전두환 정권의 언론 통폐합으로 이후 KBS로 통합돼버린다.

기회를
자신만의 가치로 만들어라

박정희를 빼놓고 정주영, 이병철, 구인회의 50대를 이야기할 수 없다. 박정희로 인해 구인회는 웃었고, 정주영은 땀 흘렸으며, 이병철은 울었다.

1960~70년대 당시를 다시 거슬러 올라가보자. 1961년 쿠데타로 집권한 박정희가 중점적으로 추진한 것은 경제개발이었다. 쿠데타 세력이 정통성을 얻기 위해서는 당시 국민들이 가장 원했던 '먹고 살고 싶다'는 욕망을 충족시켜야만 했다.

박정희가 처음부터 성장위주의 경제정책을 밀어붙인 것은 아니었다. 오히려 처음에는 재벌을 부정 축재자로 몰아내려 했고, 농어촌 고리채 정리, 중소기업 자금 지원과 같은 서민경제 정책을 내놓았다.

하지만 박정희의 경제정책은 급변한다. '달러' 때문이었다. 케네디 대통령이 당선되면서 미국은 원조정책을 무상증여에서 유상차관으로 바꾸었다. 미국의 국제수지와 재정적자가 커졌기 때문인데, 이는 한국에 대한 무상 원조가 대폭 줄어드는 것을 의미했다.

박정희는 국내에서 자본을 모으는 계획을 세운다. 1962년 6월 통화단위를 다시 환에서 원으로 바꾸는 통화개혁을 실시한 것이다. 이에 따라 10환은 10대 1의 비율인 1원으로 교환됐다. 통화개혁은 은닉한 지하자금을 끌어내 생산시설을 세우는 자본으로 쓰기 위해서였지만, 계획은 성공하지 못했다. 결국 박정희는 국내에서 자본을 모으기가 불가능하다고 생각하게 된다.

박정희는 다시 국외로 눈을 돌렸다. 그가 서독에 광부와 간호사를 보낸 것 역시 미국에서 원조를 받기 힘들었기 때문이다. 국민들의 반대를 무릅쓰고 한일 정상회담을 타결 지은 이유도 차관 도입이 중요한 이유였다.

그때 우리나라에서는 '빈곤의 악순환'이라는 딜레마가 되풀이되고 있었다. 자본이 부족하니 생산할 것이 없었다. 생산할 것이 없으니 소득이 낮았다. 소득이 낮으니 저축할 것이 없었다. 저축할 것이 없으니 투자가 힘들어 생산시설을 세울 수 없었다.

이 악순환의 고리를 끊어버리고 투자를 하기 위해서는 외국에서 자본을 빌려오거나 국내자원을 동원하는 길밖에 없었다. 남한은 외국에서 달러를 빌려오는 방법을 택하고, 북한은 국내 자원을 총동원하는 방식을 선택한다.

박정희는 외국에서 달러를 빌려오는 방법을 택했지만, 그 또한 쉽지는 않았다. 해외 은행들은 대외 신용도가 형편 없었던 우리나라 기업에 달러를 빌려주는 것을 주저했다. 그들은 국가의 지불보증을 요구했다. 박정희는 기업들이 차관을 받을 수 있게 국민을 담보로 보증을 서주었다.

차관은 기업을 길들이는 수단으로도 활용됐다. 차관을 들여오는 것은 대단한 특혜였기 때문이다. 그때 국내 은행금리는 30퍼센트를 오르내릴 정도의 고금리였다. 반면 차관금리는 10퍼센트도 채 되지 않았다. 외자를 도입하려는 기업은 정권에 머리를 숙일 수밖에 없었다. 권력자들은 차관을 받게 해준 대가로 기업에게 검은 돈을 은근히 요구했다. 대표적인 사례가 한국비료 사태였다.

기업들이 어느 정도 차관을 빌리게 되자, 박정희는 경제개발에 본격적으로 나선다. 1·2차 경제개발 5개년 계획(1962~1971년)에선 경공업 중심 정책을 펴다가 3·4차 경제개발 5개년 계획(1972~1981년)

에서는 중화학 공업으로 전환한다.

　1970년대부터 박정희가 중화학공업 정책을 추진한 데는 이유가 있었다. 먼저 경제적인 배경이다. 1차 오일쇼크 여파로 우리나라 경제는 경기침체와 인플레이션, 국제수지 악화 등 어려움을 겪고 있을 때였다. 세계 경제도 좋지 않았다. 전 세계적인 경기침체가 나타나면서 선진국들이 보호무역주의를 강화시켰다. 경공업만으로는 부가가치를 높일 수 없었다.

　정치적인 이유도 있었다. 1969년 닉슨 대통령은 '아시아의 방위는 아시아인의 힘으로 한다'는 내용을 담은 닉슨독트린을 발표한 뒤, 주한미군 감축을 본격화했다. 자주국방이 정권의 최대 관심사가 될 수밖에 없었고, 그러기 위해선 중화학공업의 발전이 뒤따라야 했다.

　선진국의 산업변화도 한 원인이었다. 중화학공업이 발달했던 선진국에서는 노동자들이 힘든 일을 기피하면서 중화학공업에 필요한 노동력이 극히 부족했다. 이런 현상은 임금을 올리게 만들었고, 가격경쟁력이 떨어지는 요인이 됐다. 게다가 선진국들은 공해문제로 중화학공업 시설을 늘리기도 힘들었다.

박정희는 기회를 누구에게 넘겼나

박정희식 경제의 핵심은 특정산업 부분의 수출 정책이었다. 시간이 많이 걸리는 내수와 수출을 병행하는 균형발전 대신 단기적으로 효과를 볼 수 있는 수출위주의 불균형발전 방식을 택한 것이다. 달러가 부족한 상황에서 모든 산업을 골고루 발전시키기 어렵다 보니 우선순위 분야를 선택하고 기업을 선별해 집중 지원했다.

기업들이 자신의 정책에 따라오도록 하기 위해 박정희는 금융을 활용했다. 그는 집권한 뒤 시중은행을 국유화했다. 은행문턱이 높아 대출받기 힘들었던 그 시절 정권의 정책적인 지원 없이 기업이 은행 대출을 받는 건 사실상 힘들었다. 은행을 통해 기업을 길들여나간 것이다.

특정 기업을 선별해 집중 지원하는 방식은, 박정희가 중화학공업 정책을 추진하면서 더욱 가속화됐다. 중화학공업은 시설을 건설하는 데 막대한 자금이 드는데다 투자한 뒤에 자금을 회수할 때까지 기간이 오래 걸렸다. 때문에 금융지원이 필요했다. 이에 박정희는 정부의 중화학공업 정책을 잘 따르는 기업에게 금융혜택과 세금혜택이라는 선물을 듬뿍 주었다.

중화학공업화 이전 우리나라 기업 규모는 크지 않았다. 하지만 중화학공업 정책이 본격화되면서 금융혜택과 세제지원 등 쏠림현상이 더 심해졌다. 성공 경험이 있는 대기업은 시장 진출이 더욱 쉬워졌고 재벌로 거듭났다. 반면 자본과 기술에서 뒤떨어지는 중소기업은 시장에 진입하는 기회조차 못 얻은 채 재벌의 하청기업으로 추락했다.

박정희의 특정산업 선택은 특정기업 집중으로 이어졌다. 현대와 대우 등 국가가 목표로 하는 수출 정책에 스스로 적응시킨 기업은 기회를 잡았다. 반면 정권의 눈 밖에 난 기업들은 쇠퇴하거나 도태됐다. 중화학공업화 시기에 삼성은 현대에 1위 기업 자리를 내줄 수밖에 없었다. 부산굴지의 삼화그룹은 쿠데타 자금을 거절한 게 밉보여 회장인 김지태가 밀수 혐의로 체포됐고 부산일보와 문화방송을 몰수당한 채 사세가 기울어졌다.

박정희식 선택과 집중은 수치만 보면 화려한 결과를 가져왔다. 1961년 우리나라의 1인당 국민소득은 82달러로 세계 125개국 가운데 101번째였다. 4차 경제개발계획이 끝난 1981년 우리나라의 1인당 국민소득은 1천 749달러로 큰 폭의 성장세를 보였다.

경제정책이 낳은 기회의 불균형

장하준 교수는 『그들이 말하지 않는 23가지』에서 박정희 정권이 민간에 개입해 기업을 선별하고 집중 지원한 것에 대해 다음과 같이 평가했다.

1960년대와 1970년대에 걸쳐 한국 정부는 많은 민간 기업들을 '독려'해 기업 스스로 선택하도록 놔두었으면 손댈 가능성이 별로 없음직한 부문에 진출하도록 만들었다. 이 '독려'는 종종 정부 보조금이나 수입품으로부터의 보호 관세 같은 당근의 형태를 띠었다. (실적이 시원찮은 기업들에게는 이런 지원이 중단되었기 때문에 당근인 동시에 채찍이기도 했다.) 그러나 이런 당근을 주어도 기업들이 움직이려 하지 않으면 채찍, 그것도 큰 채찍이 동원되었다. 당시 전적으로 국가 소유였던 은행들을 통한 대출 중지 위협이나 중앙정보부에서 '조용히' 타이르는 방법도 사용되었던 것이다. 흥미롭게도 이렇게 정부 주도로 시작된 기업들 중 많은 수가 큰 성공을 거두었다.

물론 이 말이 재벌을 옹호하기 위한 것은 아니다. 선진국들이 성장할 때는 보호무역주의를 펴다가 어느 정도 수준에 오르면 자유주의로 돌변해 신흥국이 보호무역주의를 못 하게 하는 이른바 '사다리 걷어차기'를 비판한 측면이 더 강하다.

여하튼, 박정희 정권의 선별적 집중 지원 정책은 현재 우리나라 경제가 안고 있는 많은 부작용을 낳았다. 중화학공업은 밀가루와 설탕처럼 외제품을 대체하면서 발전해나간 것이 아니었다. 처음부터 해외시장을 대상으로 추진됐다. 때문에 기초 부품과 소재 분야의 발전을 이루지 못했다.

장하준 교수도 "과거에는 규모의 경제를 이용한 대규모 조립 가공 산업으로 방향을 잡았기 때문에 대기업에게 은행대출을 집중해줬다. 그러나 지금 단계에선 부품소재산업을 키워야 하기 때문에 오히려 중소기업에 더 많은 지원을 해야 한다"고 말하고 있다.

재벌은 한국경제의 원동력이었지만, 한편으로 경제구조를 취약하게 만드는 원인이기도 했다. 경제의 주춧돌이 돼야 하는 중소기업이 경쟁력을 잃게 되는 결과를 불러왔기 때문이다. 재벌이 독과점적 지위를 누리게 됨으로써 경제적 불평등이 심해져서 부의 격차는 더 커지게 됐다.

　박정희는 경제를 살린다는 이름으로 노동운동을 억압했다. 노동운동에 엄격한 규제와 탄압을 가했다. 분배는 성장을 위해 뒤로 미뤄졌고, 복지는 성장 앞에서 명함조차 내밀지 못했다.

　이제 패러다임은 변하고 있다. 분배와 복지는 지금의 화두다. 성장과 분배는 양날개처럼 가야 한다. 중소기업, 경제적·사회적 약자에게 더 많은 기회가 어떻게 주어질지 기대되는 이유다.

그들은 어떻게 신사업에서 '고(Go)'를 결정할 수 있었나

박정희의 시대는 '신사업 전성시대'였다. 개발 시대였기에 새 사업을 일으키면 수요가 받쳐주었다. 물론 지금은 다르다. 저성장 시대에서 새 사업을 일으키기가 쉽지 않은 게 현실이다.

　하지만 꼭 그렇지만도 않다. 개발시대에도 사업에 실패한 사람이 있었다. IMF 위기에서도 몇몇 벤처기업은 새로운 사업을 일으켜 큰 성공을 일궈냈다. 개발 시대냐 저성장 시대냐를 떠나, 시대가 원하고 사람들이 욕망하는 것을 포착해내 사업을 벌여나가는 게 더 중요하다는 말이다.

그렇다면 '경영의 신'이 신사업에서 '고(Go)'를 추진할 수 있었던 이유는 무엇일까? 평범한 사람들은 그들에게서 어떤 메시지를 받을 수 있을까?

일단 정주영은 의사결정자의 정책에 적응해나가며 새로운 사업에 나섰다. 즉 박정희가 강력하게 밀어주는 사업에서 승부를 걸었다. 보통의 회사원들도 마찬가지다. CEO가 원하는 것, CEO가 강력하게 추진하려는 사업에서 기회를 찾아야 한다. CEO도 사람인지라 자신이 결심한 전략을 실행하는 데 어려움을 겪는다. 그럴 때는 자신의 고민을 나누고 대안을 제시하는 임직원한테서 용기를 얻게 된다.

정주영이 새 사업에 승부를 던진 또 다른 이유는 위기의식이었다. 조선소를 건설하자마자 곧바로 오일쇼크가 터졌다. 선주들이 배를 인수하지 않으려 했고 회사의 자금난이 불어닥쳤다. 이 상황에서 그는 위기의 진원지인 중동에서 기회를 찾는다. 마찬가지로 위기의식을 갖고 있는 직원과 그렇지 않은 직원의 성과는 큰 차이를 보인다. 위기의식을 가지면 새로운 도전은 당연한 행동이 되지만, 그렇지 않으면 현실에 안주해버린다. CEO들이 항상 직원들에게 위기의식을 불어넣는 이유다.

이병철은 어떤가? 그는 정주영과 달리 박정희와 인간적인 갈등을 빚었다. 그런 가운데서도 전자사업이라는 새로운 도전을 했다. 박정희 때문에 어차피 안 될 것이라고 포기해버렸다면 삼성전자가 존재할 수 없었을 것이다. 불화의 상황에서도 그는 기회를 찾으려 했다. 게다가 이미 전자사업을 하고 있던 구인회와는 사돈지간이었다.

하지만 이병철은 박정희가 원했던 수출을 카드삼아 새 사업에 뛰어들었다. 사돈이라는 감정보다 사업이라는 이성으로 문제를 해결해 나갔다. 누구든 조직에서 불화를 겪게 되는 사람이 있다. 그것 때문에 고민하기 보다는, 그것을 뛰어넘은 이성적인 일로 문제를 풀어나가는 데 우선순위를 두는 것이 낫다.

구인회가 사업에 나선 것을 보면 다소 즉흥적이라고 느끼게 된다. 하지만 꼭 그런 것은 아니다. 다른 측면에서 보면, 남다른 직관력을 엿볼 수 있다. 예뻐지고 싶은 여자의 욕망을 직관적으로 생각해 화장품 사업에 뛰어들었고, 간편한 생필품을 쓰고 싶어 하는 사람들의 욕망을 직관적으로 떠올리며 플라스틱 사업에 진출했다. 신문과 잡지

외에 새로운 오락 기구를 갈망했던 사람들의 욕구를 깨닫고 라디오를 만들어내기도 했다. 즉 구인회의 직관은 그 시대의 사람들이 원하는 것이 무엇인가를 내다보았고, 그런 사업에 선도적으로 뛰어들게 만들었다. 그가 플라스틱 사업과 전자사업을 개척한 이유였다.

누구든 마찬가지다. 성공의 신화는 기회를 자신만의 가치로 만들어가는 사람이 일구는 것이다.

5장

그들이 우리에게 남긴 유산

정
주
영

"120살까지 살면서 큰일을 할 겁니다."
"남은 40년 동안 어떤 일을 할 생각입니까?"
그는 여러 사업 아이디어를 쏟아냈다.
"북한과 제3국 건설시장에 진출하는 일, 선박해체 사업,
자동차 오디오 생산, 통신사업, 서해안공단 조성 산업…
아직 은퇴하기에는 너무 젊다고 생각한다"

부유한 노동자의
마지막 소풍 길

노년기에 접어든 정주영은 여전히 모험에 나선다. 그 모험은 정치로의 외도로 이어졌다. 정치에 뛰어들 생각을 한 것은 정치자금 때문이었다.

노태우가 대통령이 되면서 그는 정권과 불화를 겪는다. 정주영이 노태우에게 매번 300억 원을 헌금했다고 폭로하자, 곧바로 노태우 정권은 현대그룹을 상대로 세무조사를 벌여 1천 260억 원의 세금을 추징했다. 이 일로 두 사람은 결정적으로 등을 돌리게 된다. 정주영은 정치자금을 내는 것보다 직접 정치를 하는 게 낫겠다고 여겨 정계 진출을 결심했다.

정주영은 자서전에서 이렇게 말했다.

"갖가지 비리로 얼룩진 전두환 씨의 5공이 끝나고 6공 노태우 정권이 들어서서는 더더구나 기업활동 하기가 힘들어졌다. 성금이라는 명목의 정치 자금은 정권이 바뀔수록 단위가 커졌다. 큰 불편 없이 기업을 꾸려가려면 정부의 미움을 받지 않아야 하기 때문이다. 때마다 지도자한테 뭉텅이의 돈을 바쳐야 하는 이 나라가, 나라이기는 한 것이냐는 한심스러운 생각을 참 많이도 했다."

정치로의 외도, 혹독한 대가

정주영은 실행에 옮겼다. 1992년 2월 현대 주식을 매각해 마련한 2천 600억여 원의 자금으로 통일국민당을 창당했다. 그해 4월 국민당은 총선에서 34명을 당선시키면서 원내교섭단체를 만드는 파란을 일으켰다. 총선을 한 달 앞두고 급조한 정당이었다. 그런 신당에서 그 만큼의 국회의원이 나온 까닭은 주류정치권에 대한 국민들의 지독한 혐오와 불신 때문이었다.

　정주영은 제3당의 지위를 확고히 잡으며 대통령의 꿈을 향해 한 발 나아갔다. 그해 12월 대통령 선거에도 입후보했다. 그는 "아파트를 반값에 전 국민에게 공급하겠다" "경부고속도로를 2층으로 짓겠다"는 기상천외한 공약을 내세워 유권자의 마음을 얻었다. 치열했던 선거전에서 구수한 입담으로 국민의 웃음을 자아내게 해 '애교 있는 영감쟁이'라는 별명을 얻기도 했다. 하지만 대선에서는 16.1퍼센트 득표에 머물러 김영삼과 김대중에 이어 3위에 그쳤다.

대선출마는 비싼 대가를 치러야 했다. 대통령에 당선된 김영삼은 정치 보복을 가하면서 현대그룹 전체가 휘청거렸다. 시중은행은 현대의 신규설비 투자금을 동결시켜버렸다. 김영삼이 삼성에 자동차산업 진출을 허용한 것도 그를 견제하기 위해서였다.

그 뒤 정주영은 선거법 위반으로 기소돼 징역 3년에 집행유예 2년의 판결을 받으면서 경영 일선에서 물러났다. '평생 밑지는 장사를 해본 적이 없다'고 말해왔던 그였지만 잠시 외도한 정치에서는 손해를 본 셈이다.

1,001마리 소 떼를 몰고 판문점을 넘다

"정주영 회장 선생을 환영합네다."

그가 북한 땅을 밟은 것은 고향을 떠난 지 40년 만인 1989년 1월 23일이었다. 남북한이 함께 금강산을 개발해 세계적인 관광지로 만들자고 제안하기 위한 방북이었다. 북한도 관심을 보이며 두 달 뒤에 다시 방문해줄 것을 요구했다.

정주영은 곧 북한에 다시 갈 것이라고 믿었다. 북한에 있는 고향에 들렀을 때는 작은어머니에게 세탁을 부탁하며 "다시 가지러 오겠다"고 말하기도 했다. 남한에 온 뒤에는 북한에 다시 갈 때를 위해 소 150마리를 사서 서산 농장에서 길렀다.

그러나 한반도 정세는 정주영이 북한에 갈 때와 달리 급랭해졌다. 1년이 지나도, 2년이 지나도 북한에 갈 수 없었다. 기껏 북한과 진지하게 의논해 만든 협정서는 휴지조각이 되는 듯했다.

그러나 그의 방북은 일회성이 아니었다. 10년 가까운 세월이 흐른 뒤인 1998년, 정주영은 놀라운 발표를 했다.

"올해 안에 소 500마리 끌고 판문점으로 북한에 갈 계획입니다."

그가 소 떼를 몰고 북한에 간다고 발표할 무렵, 남한과 북한은 대화가 단절돼 있었던 때였다. 뜻밖의 말에 국민들은 어리둥절했다.

정주영은 자신이 한 말을 입증했다. 김대중 정권이 들어서면서 남한과 북한 간의 긴장이 완화되기 시작했다. 그는 물꼬를 트는 역할을 맡았다.

정주영은 북한에 소 떼를 몰고 판문점을 통과하고 싶다는 뜻을 전했다. 북한으로 가져갈 소는 서산 농장에서 커가고 있었다. 정주영은 서산목장의 암소들이 새끼를 배도록 조치했다. 북한에서 빨리 송아지를 낳게 하기 위해서였다.

1998년 6월 16일 정주영은 서산농장에서 기르던 소떼 500마리를 몰고 판문점에 도착했다. 기자들이 몰려와 취재에 열을 올렸다. 그는 반세기 동안 굳게 닫혀 있던 판문점을 기업가 중 최초로 통과하며 극적인 드라마를 연출했다. 소 떼 방문은 전 세계의 관심과 이목을 집중시켰다. 프랑스의 석학이자 문화비평가인 기 소르망은 '20세기 마지막 전위예술'이라고 평가하기도 했다.

1차로 북한에 간 500마리 소 중 반은 암소였는데, 이 가운데 100마리는 송아지를 밴 상태였다. 정주영은 2차로 북한을 방문할 때 다시 501마리의 소 떼를 이끌고 갔다. 1천은 끝이라는 뜻이지만 1천 1은 다시 시작한다는 의미를 담고 있었다. 소 떼를 보내는 것으로 끝이 나는 게 아니라 남북경제협력의 시작이라는 뜻이었다. 남북통일을 위한 첫걸음이라는 상징적 의미도 있었다.

그의 방북은 꽁꽁 얼어 있던 남북관계를 화해와 평화의 분위기로 바꿔놓았다. 그해 10월 민간 기업가 가운데 최초로 김정일 국방위원장을 만난 정주영은 기어코 금강산 개발을 성공시켰다. 그의 나이 84살 때였다. 소 떼 방북을 의아하게 생각했던 사람들은 금강산 관광이 시작되는 것을 보고서야 정주영의 선견지명을 깨달았다.

경제의 힘으로 분단의 벽을 두드리다

정주영이 정치에 뛰어들어 실패한 뒤 좌절했다면 '경영의 신'으로 자리매김하지 못했을지도 모른다. 그러나 그는 80대의 나이에 남북경협에 도전하며 마지막 인생의 하이라이트를 만들어나갔다.

그가 남북경협 사업에 나설 때, 남북한의 상황은 급변하기 시작했다. 북한은 탈냉전 분위기로 사회주의 국가의 대북지원이 급감하고 있었다. 북한으로서는 대외 관계개선과 경제난을 풀기 위해 민간 차원의 남북경협 확대와 투자 유치가 절실했다.

한국 역시 IMF 외환위기를 겪고 있을 때였다. 외환위기 극복은 온 국민의 과제였다. 외자유치가 절실했을 때였다. 외자유치를 위해서는 한반도의 전쟁 리스크를 줄여야만 했다. 대북경협은 한반도의 긴장 완화와 경제위기 극복을 위한 국가적 과제였다.

'햇볕 정책'을 들고 나온 김대중 정권으로서도 대북 포용정책의 실현을 위해 남북 대화의 물꼬를 틀 필요가 있었다. 정부 간의 공식 채널이 돌아가지 않는 상황에서 그 역할을 정주영이 맡았다.

소떼 방문으로 시작된 남북경협은 금강산 관광에 이어 개성공단 사업으로 이어졌다. 개성공단은 고임금으로 일할 사람을 찾지 못하고 비싼 땅값으로 공장 터를 구하기 어려웠던 중소기업의 경쟁력을 높이는 기회가 됐다.

정주영은 남북경협 사업이 기업가의 단기적인 이익이라고 생각하지 않았다. 우리나라 경제의 한 단계 도약과 한반도 통일의 토대를 마련하는 일이라고 여겼다.

부유한 노동자의 '보통 인생'

"120살까지 살면서 큰일을 할 겁니다."

정주영은 작고하기 2년 전, 독일의 시사 주간지 「슈피겔」과의 인터뷰에서 그렇게 말했다.

"남은 40년 동안 어떤 일을 할 생각이냐"는 기자의 질문에는 여러 사업 아이디어를 쏟아냈다. 북한과 제3국 건설시장에 진출하는 일, 선박해체 사업, 자동차 오디오 생산, 통신사업, 서해안공단 조성 산업 등이 그것이다. "아직 은퇴하기에는 너무 젊다고 생각한다"는 말을 덧붙이기도 했다. 마지막으로 "통일을 위해 노력하고, 통일이 되면 북녘의 고향땅에서 살고 싶다"고 밝혔다.

슈피겔과의 인터뷰 1년 뒤, 120살까지 살겠다던 정주영의 건강이 갑자기 나빠졌다. 2000년 5월 북한을 방문해 김정일 위원장과 4시간 반 동안 막걸리를 마시며 대담한 뒤 기운이 급속도로 떨어지기 시작했다. 그러면서도 작고 두 달 전에는 백화점에 가서 빵을 사기도 하고, 이병규 현대백화점 사장과 복요리로 점심을 들기도 했다.

2001년 3월 초, 때늦은 겨울눈이 내리고 있었다. 정주영은 위경련으로 청운동 자택에서 쉬고 있다가 잠시 뜰로 내려와 일흔세 살 된 집사와 몇 마디 이야기를 나누었다.

"자네는 나이도 어린데 왜 그렇게 머리가 허연가?"

집사는 정주영의 농담에 미소를 지으며 대꾸했다.

"눈이 내려서 온 세상이 저렇게 하얀데 저라고 별 수 있겠습니까?"

그러자 정주영은 어린아이처럼 즐겁게 웃었다.

며칠 뒤 그의 건강은 돌이킬 수 없을 만큼 악화됐다. 곧바로 아산 중앙병원으로 옮겨졌으나 이미 손을 쓸 수 없는 지경이었다.

2001년 3월 22일, 정주영은 그렇게 세상을 떠났다. 향년 86세.

"새벽이 되면 나는 늘 소풍 가는 날처럼 설렘으로 잠을 깬다."

정주영은 생전에 이런 말을 즐겨했다. 이 세상에서 소풍을 끝내고 그는 하늘나라로 떠났다. 가서, 아름다웠더라고 말했으리라.

정주영은 맨주먹으로 시작해 83개 기업을 일으켜 세운 기업가였다. 그러나 개인 정주영은 보통 사람으로 살았다. 청운동 집에 있던 그의 유품은 낡은 구두와 구멍 난 면장갑, 오래된 금성 텔레비전이 고작이었다. 정주영은 "난 성공한 기업가가 아니라 단지 부유한 노동자"라고 입버릇처럼 말했다.

세상에 올 때 내 마음대로 온 것은 아니었지만
이 가슴에 꿈도 많았지
내 손에 없는 내 것을 찾아
뒤돌아볼 새 없이 나는 뛰었지
이제 와 생각하니 꿈만 같은데

두 번 살 수 없는 인생 후회도 많아

스쳐간 세월 아쉬워한들 돌릴 수 없으니

남은 세월 잘 해쳐야지

그가 생전에 즐겨 불렀다는 대중가요 '보통 인생'의 가사다. 노랫말처럼 가슴에 꿈이 많아 되돌아볼 새 없이 뛰었던 한 평생이었다.

이
병
철

1983년 2월 8일 도쿄의 오쿠라 호텔.
그는 전날 밤을 꼬박 새웠다. 여명이 밝아오자 마침내 마음을 굳혔다.
"반도체사업을 우리 민족 특유의 강인한 정신력과
창조성을 바탕으로 추진하고자 한다."
이른바 '2·8 도쿄구상'이라 불리는 선언이다.

이병철과 반도체,
그리고 스티브 잡스

1982년 3월 이병철은 미국행 비행기에 몸을 실었다. 보스턴대학이 수여하는 명예 경영학 박사학위를 받기 위해서였다. 18년 만의 미국행이었다.

그는 미국을 방문하면서 신선한 충격을 받는다. 첫 번째 충격은 컴퓨터였다. 샌프란시스코의 휴렛패커드(HP) 본사를 찾았을 때였다.

'처음 이 회사는 조그마한 지하실에서 단 1천 달러 자본으로 시작해 전자제품을 만들어 이렇게 큰 회사가 됐다. 이 회사 관리자들은 책상 위에 놓은 조그마한 컴퓨터 하나로 계산, 기획, 심지어 편지 쓰는 일까지 하니 그 능률이 이만저만한 것이 아니었다.'

두 번째 충격은 며칠 뒤에 방문한 IBM의 반도체 공장에서였다. 반도체 공장 어디를 가더라도 직원들은 병원 수술실같이 흰 가운을 입은 채 작업을 하고 있었다. 이병철은 그 이유를 직원들에게 물어봤다. 직원들은 반도체 생산이 진공 상태에서 처리되기 때문이라고 말했다. 모든 공정이 자동으로 이뤄지고 있어서 눈치 빠르고 손재주가 좋은 일본 사람들도 반도체 기술을 흉내 내지 못한다는 자랑도 늘어놓았다. 이병철은 컴퓨터와 반도체 산업의 중요성을 새삼 깨닫는다.

마법의 돌, 반도체에 도전하다

미국에서 돌아오자마자 그는 반도체사업 기획안을 만들어보라고 지시했다. 7개월 뒤 100매에 이르는 보고서가 제출됐다.

기획서에는 IBM이 자랑한 것과 달리, 반도체 가운데 메모리 분야는 오히려 일본이 미국보다 앞선다는 내용이 들어 있었다. 그는 일본이 미국보다 앞선다면 우리도 할 수 있을 것이라고 생각했다. 메모리 반도체 생산에는 정교한 손기술이 필요했다. 그렇다면 젓가락을 쓰는 우리나라 사람의 손재주와 일본인의 손재주가 다를 바 없다고 여겼다.

문제는 돈이었다. 한 개 라인 건설에 1조 원씩이나 들었다. 천문학적인 투자비였다. 일흔세 살의 이병철은 고민할 수밖에 없었다. 그 나이에 새로운 사업을 시작한다는 건 말처럼 쉽지 않았다. 지금까지

키운 삼성이 한순간에 훅하고 날아가 버릴 수도 있었다.

1983년 2월 8일 도쿄의 오쿠라 호텔. 이병철은 전날 밤을 꼬박 새웠다. 여명이 밝아오자 마침내 마음을 굳혔다. 반도체에 도전하기로 한 것이다.

"반도체사업을 우리 민족 특유의 강인한 정신력과 창조성을 바탕으로 추진하고자 한다."

이른바 '2·8 도쿄구상'이라 불리는 선언이다. 이병철은 『호암자전』에서 "일 년에 걸친 철저한 기초 조사, 밤낮을 가리지 않은 연구와 검토 끝에 내린 참으로 힘겨운 결단이었다"고 그때의 고뇌를 회고했다. 그가 반도체사업을 하기로 결심한 이유는 전자사업을 시작할 때와 마찬가지였다. 반도체가 다른 산업보다 부가가치가 높다고 여겼기 때문이다.

'철강 1톤을 생산하면 부가가치가 20원밖에 되지 않지만 1톤짜리 자동차를 생산하면 500만 원의 부가가치가 발생한다. 컴퓨터를 1톤 분량만큼 생산하면 3억 원의 부가가치가 발생하는데 반도체를 1톤 생산하면 무려 13억 원의 부가가치가 발생한다.'

반도체는 이병철의 말처럼 '마법의 돌'이라고 불릴 정도로 고부가가치 하이테크 산업이다. 남들보다 빨리 개발해 시장에 내놓으면 천문학적인 이익을 얻을 수 있는 게 바로 반도체였다. 하지만 투자비는 엄청난데 라이프사이클은 너무 짧았다. 한발 늦게 개발된 제품은 시장에서 곧바로 도태됐다.

　이 때문에 세상의 반응은 차가웠다. 인텔은 이병철을 과대망상증 환자라고 비꼬았다. 삼성전자 안에서도 부정적인 여론이 높았다. 대규모 투자를 해야 하는 반면 성공 보장이 안 된다는 이유에서였다.

　그러나 이병철이 무작정 반도체에 도전한 건 아니었다. 그는 틈틈이 반도체에 관한 정보를 수집하고, 사람들과 만나 시장상황을 들었다. 그러다 일본의 산업구조 변화를 눈여겨보며 반도체에 새로운 매력을 느꼈다. 일본은 1973년 오일쇼크 뒤 국가의 기간산업을 제철, 섬유, 조선, 시멘트에서 반도체, 컴퓨터, 신소재 쪽으로 재편하고 있었다. 중공업에서 첨단기술 쪽으로 옮겨가고 있는 중이었다.

　이병철은 미국이 반도체 기술을 먼저 개발했지만, 일본이 미국 기술을 알게 모르게 도용해 반도체를 대량생산하면서 미국보다 더 앞서나가고 있다는 것을 알았다. 그는 반도체를 대량생산해 단가를 낮추면 충분히 승산이 있다고 여겼다.

　일단은 미국에서 반도체 전문가를 영입하는 데 공을 들여야 했다. 진대제, 권오현, 황창규 등이 그때 삼성전자에 입사했다. 이들은 그 뒤 삼성전자의 사장이 되면서 일본을 따라잡는 데 결정적인 역할을 한다.

　첫 생산품목으로 64KD램이 선택됐다. 반도체 칩 디자인 기술을 제공하기로 한 미국 마이크론테크놀로지에서 기본 설계 도면을 넘겨

받아 개발 작업에 착수했다. 다른 한편으로는 공장을 짓기 위한 작업에 들어갔다. 공장 터는 기흥으로 최종 결정됐다.

　64KD램을 개발하려면 4K, 16K, 32K 세 단계를 거쳐야 했다. 반도체에 뛰어든 일본은 삼성전자가 64KD램을 개발하려면 적어도 20년은 걸릴 것이라며 비웃었다. 하지만 이병철이 도쿄구상을 발표한 그해 12월 삼성은 64KD램을 개발했다. 일본이 64KD램 개발에 6년 이상 걸린 것과 비교하면 대단한 결실이었다. 반도체는 삼성을 글로벌 기업으로 만드는 초석이 됐다.

스티브 잡스와의 만남

이병철은 1983년 11월 집무실에서 애플의 스티브 잡스를 만난다. 삼성전자가 천문학적인 돈을 투자하며 반도체 공장을 짓고 있고 있을 때였다. 막 반도체 시장에 뛰어든 74살의 이병철과 28살의 새파란 젊은이였던 잡스는 어떤 얘기를 나누었을까?

　잡스는 이병철에게 출시 예정 상태였던 매킨토시 컴퓨터의 사양을 자신만만하게 설명했다고 한다. 이병철은 잡스에게 조언을 건넸다. "지금 하는 사업이 인류에 도움이 되는지 확인하고, 인재를 중시하며, 다른 회사와 공존공영 관계를 중시해야 한다는 점을 3대 경영철학으로 삼으라."

스티브 잡스와 만난 뒤 이병철은 "굉장히 훌륭한 기술을 가진 젊은이"라며 "앞으로 IBM과 대적할 만한 인물"이라고 높이 평가했다고 한다.

언론에서 나온 것은 딱 여기까지다. 하지만 두 비즈니스 거장이 덕담이나 주고받으려고 만난 건 아닐 것이다.

당시 잡스는 회사의 파워게임에 밀려 사장에서 물러나 이사회 의장 자리를 맡고 있었다. 잡스는 새로 할 일이 필요했다. 뭔가 창의적인 제품을 만들어 세상을 놀라게 하고 싶었다. 바로 그때 잡스의 눈에 들어온 것이 매킨토시였다.

잡스는 매킨토시에 모든 걸 걸었다. 이유가 있었다.

1970년대 후반 잡스의 애플은 애플컴퓨터를 만들면서 개인용컴퓨터(PC)시장의 문을 열었다. 컴퓨터 대기업 IBM은 그 시장을 얕잡아봤다. 그러나 애플의 PC는 날개 돋친 듯 팔려나가기 시작했다. 결국 IBM은 1981년 마이크로소프트(MS)와 손잡고 PC 시장에 진출한다. 골리앗과 같은 IBM에 대항하고 회사에서 자신의 입지를 높이기 위해서는 매킨토시가 히트를 쳐야만 했다. 잡스는 1984년 1월 매킨토시를 선보일 계획이었다.

잡스가 이병철을 만난 것은 매킨토시 때문이었을 것이다.

이병철의 삼성은 1983년 PC를 생산하기 시작했다. 잡스는 이병철에게 IBM과 손잡는 대신 자신들과 제휴하자는 제안을 한 듯하다. 잡스로서는 삼성전자의 대리점도 매력적이었다. 전국적으로 깔린 삼성전자 대리점에 매킨토시를 들여갈 수 있다면 우리나라에서의 판매는 손쉬울 수 있을 것이기 때문이다.

하지만 이병철은 이런 잡스의 제안을 받아들이지 않은 듯하다. 당시 이병철의 모든 관심은 반도체 생산에 있었고, PC사업이 지금처럼 큰 비즈니스가 될지 예상하지 못했을 수도 있다.

스티브 잡스는 이듬해 매킨토시를 선보였다. 그는 매킨토시가 출시되면 2년 안에 200만 대 넘게 팔릴 거라고 큰 소리쳤지만, 예상은 빗나갔다. 잡스는 매킨토시의 실패로 자신이 창업한 애플에서 쫓겨났다.

잡스에 대한 이병철의 평가는 절반은 맞고 절반은 틀렸다. 애플에 복귀한 잡스는 창의적인 기술로 아이팟과 아이폰을 선보이며 IT업계의 아이콘으로 떠올랐다. '굉장히 훌륭한 기술을 가진 젊은이"라는 이병철의 평가는 맞은 셈이다. 하지만 잡스는 IBM과 대적하는 인물이 된 게 아니라, 이병철이 만든 삼성전자와 대적하는 거물이 됐다. 이 반쯤 틀린 예견에 대해 이병철이 기분 나빠하지는 않았을 것이다. 삼성전자가 애플과 대적할 만큼 세계적인 기업이 되었으니 말이다.

저기가 좋겠다, 앞에 물이 흐르고 뒷산도 아늑하니

1986년 5월, 이병철은 감기 기운으로 병원에 갔다가 의사의 권유로 정밀 검사를 받았다. 폐암이었다. 1년에 걸쳐 고통스런 방사선 치료가 이어졌다.

이병철은 1976년에도 위암 판정을 받은 적이 있었다. 위암이라는 얘기를 듣고 나서 보인 태도도 '이병철식'이었다. 그는 세계 각국에서 위암 관련 최신자료를 빠짐없이 모아 완치사례를 연구하며 치료계획을 세웠다. 어느 나라 의사가 위암의 권위자인지, 어느 나라의 병원이 우수한지, 시술 횟수는 어떤 의사가 가장 많은지, 성공률은 누가 제일 높은지를 빠짐없이 조사했다. 그런 분석을 거쳐 이병철은 위암수술을 받았고, 결과는 성공이었다.

하지만 스티브 잡스가 췌장암을 끝내 극복하지 못하고 타계했듯, 이병철 역시 다시 찾아든 암에는 한없이 나약한 존재였다.

암은 뇌까지 전이됐고, 기력이 급속도로 떨어졌다. 스스로도 자신의 상태를 눈치 챘는지 가족을 대할 때면 눈시울이 붉어지며 손을 꼭 잡고 놓지 않는 때가 많아졌다.

숨이 점차 잦아들었다. 1987년 11월 19일 저녁 5시. 이병철은 세상을 떠났다. 향년 78세.

이병철의 장지는 용인 자연농원으로 정해졌다. 그가 생전에 지시

한 바를 따른 것이다.

"저기가 자리가 좋다. 앞에는 물이 흐르고, 뒷산도 아늑하다. 저만 하면 여름엔 시원하고 겨울에는 따뜻하겠다."

구인회

약 때문에 병세가 좋아진다고 생각했다.
일본에 가 있는 동안 못 챙긴 업무를 하려고도 했다.
이것저것 사업 구상도 했다.
"우리나라 대륙붕에서 석유만 나온다면, 우리 한국은 살판나는 기라.
설마 이렇게 살라는 팔자는 아닐 끼라.
열심히 조사해보고 시추해서 석유를 꼭 찾아내야 한데이."

끊임없는 사업 구상, 마지막 3주일

1965년 새해, 구인회는 동생 구평회와 기획부장 한성갑을 불렀다.

"집에서 쉬기도 지루하지? 새로운 사업 한번 검토해보게."

새해 연휴를 집에서 쉬었으니, 이제부터 새 사업 계획안을 짜보라는 말이었다. 두 사람은 그날로 각종 자료를 뒤지며 작업에 들어갔다. 그들이 선택한 것은 석유화학 사업이었다.

락희화학의 사업 포트폴리오를 만들어나가기 위해선 정유산업 진출이 반드시 필요했다. 플라스틱 원료는 폴리에틸렌이다. 폴리에틸렌을 안정적으로 확보하려면 원료인 에틸렌이 있어야 한다. 에틸렌의 원료인 나프타가 정유공장에서 나왔다.

두 사람은 구인회에게 이렇게 보고했다.

"우리나라 실정에서 석유화학 산업을 일개 사기업이 맡는다는 것이 어려울지 모릅니다. 이 때문에 다른 기업들은 망설이고 주저하고 있습니다. 이때 과감하게 도전하고 개척해야 선두 기업이 될 수 있습니다."

구인회는 고개를 끄덕였다.

"석유사업이라는 것도 성패가 불투명하고 어려운 것이 사실이다. 하지만 우리 산업의 미래를 위해 뜻있는 사업이니 도전해볼 가치가 있을 것이다."

새로운 도전, 정유사업

그해 가을, 락희화학 기획팀은 사업계획서를 만들었다. 96쪽에 이르는 계획서에는 가칭 '한국석유화학공업주식회사'를 만들어 정유와 나프타, 폴리에틸렌을 생산하는 석유화학 공장을 짓겠다는 내용이 담겨 있었다.

락희화학은 사업계획서를 경제기획원과 상공부에 제출했다. 정부 반응은 냉담했다. 어디서 구름 잡는 계획서를 갖고 왔느냐는 태도였다. 에너지산업은 정부가 해야 한다는 생각에 사로잡혀 있을 때였다. 당시에는 정부 소유의 대한석유공사만이 독점적으로 석유를 공급하고 있었다.

공무원들은 시큰둥해 하고 있었지만, 구인회는 착착 일을 진행했다. 일본 미쓰이물산과 차관 도입을 논의한데 이어 미국의 석유회사인 모빌과 상담했다. 두 회사 모두 긍정적인 반응을 보였다.

이듬해 2월 락희는 새 계획서를 만들었다. 회사 이름을 '반도석유주식회사'로 바꾸고 정유소 후보로 충청남도 서천, 경상남도 삼천포, 전라남도 여수를 꼽았다. 구인회는 계획서를 다시 경제기획원과 상공부에 보내고 결정을 기다렸다.

그러나 사업계획서를 받은 곳에서는 감감소식이었다.

'에너지 분야는 민간 기업에 맡길 게 아니라는 인식이 굳어져 있는 관청에서 그 인식을 바꾸려면 시간이 좀 걸리겠지.'

이런 생각을 하며 구인회는 기다렸지만 긴 시간 대답이 없어 조바심이 났다. 그러다 1966년 5월 8일자 신문을 펼쳐 들고는 깜짝 놀랐다. '제2정유공장 건설 및 경영 희망자 사업계획서 공개모집'이라는 정부 공고가 실려 있는 게 아닌가.

"도대체 이게 우찌 된 일이고? 우리가 낸 서류는 무효란 말이가?"

구인회는 머리를 설레설레 흔들었다. 그러다 다시 생각해보았다.

'아니다. 이게 오히려 잘된 일인지도 모른다. 공개모집으로 정유 사업자를 뽑는다면 특혜 논란은 없을 게 아닌가.'

공고가 발표된 다음날부터 제2정유공장을 둘러싼 기업들의 경쟁은 치열하게 불타올랐다. 언론도 제2정유사가 누가 될지를 놓고 치열한 지면 경쟁을 펼쳤다. 그러나 마감일인 6월 10일, 마감시간 한 시간 전까지 신청서가 단 한 건도 접수되지 않았다. 서로 눈치를 보느라 신청서를 최대한 늦추고 있었던 것이다. 마감시간이 끝나갈 무렵 여섯 건이 한꺼번에 접수됐다.

이때 구인회는 정치적 감각을 발휘했다. 반도석유라는 회사 이름을 호남정유로 바꾸어 신청한 것이다. 그 무렵 호남에는 '호남 푸대접' 정서가 팽배했다. 경상도 출신 대통령이 들어서더니 경상도 지방은 여러 가지 혜택을 보고 있는데, 호남지방은 상대적으로 소외되고 있다는 여론이었다.

1967년에는 대선이 있는 터라 정부는 호남 푸대접론에 뾰족한 해법을 찾지 못해 고민하고 있었다. 구인회는 이런 현상을 보고만 있지 않았다. 그는 전국 지도를 꺼내 책상 위에 펼쳐놓고 정유공장을 짓는 데 적합한 땅을 탐색했고, 전라남도 여수시 일대를 찍었다.

그러나 상황은 구인회에게 불리하게 돌아가고 있었다. 한국비료의 사카린 밀수사건이 터졌는데, 이 사건에 호남정유의 차관 상대인 일본 미쓰이물산이 관련돼 있었다. 그렇지 않아도 일본 상사를 탐탁지 않게 생각하고 있던 정부는 밀수사건 뒤 이들 기업에 더욱 비판적인 시각을 갖게 됐다. 그러던 차에 구인회는 한 정부 고위층 인사를 만나면서 기회를 포착한다. 그가 구인회에게 넌지시 암시했다.

"좋은 신붓감이 둘 있는데, 신랑은 누가 될지 모르겠군요."

구인회는 직감적으로 알아차렸다. 두 신부는 모빌이 아닌 다른 정유회사를 일컫는 말로, 차관 조건이 모빌보다 좋은 유니온과 칼텍스를 뜻하는 것이었다.

구인회는 미쓰이물산과 모빌에 각각 계약 해지를 통보하고 부랴부랴 유니온과 접촉했다. 합작은 쉽지 않았다. 곧바로 칼텍스(현 쉐브론)와 협의에 들어갔다. 처음에는 유니온과 마찬가지로 일이 쉽게 풀리지 않았다. 네 차례 협의 끝에 마침내 락희와 칼텍스는 손을 맞잡았다. 지분은 50 대 50으로 정확히 반으로 나눴다. 구인회는 칼텍스와 합작서에 사인을 하고 정유사업 계획서를 수정해 다시 제출했다. 사운을 걸고 달려든 입찰 건이었다.

1966년 장기영 경제기획원 장관은 내외신 기자단을 모아놓고 제2정유사를 발표했다. 락희화학의 호남정유. 국내 최초의 민간 정유사는 '호남정유'를 회사 이름으로 써낸 구인회에게 돌아갔다. 이렇게 락희는 정유사업에 뛰어들면서 수직 계열화를 이루게 된다.

마지막 불꽃을 불사르다

1960년대 중반 구인회는 고민이 잦았다. 소비제사업을 했던 사돈 이병철이 세계 최대의 한국비료공장을 건설하며 중화학공업에 뛰어들고 있을 때였다. 금성사와 락희화학은 그럭저럭 잘 굴러갔지만, 새로운 사업이 필요했다. 구인회는 이대로 가면 기업이 정체된다는 위기감이 들었다. 뭔가 새로운 것을 찾아야 했다. 그때 눈에 띈 것이 바로 정유사업이었다. 그의 마지막 불꽃이었다.

당시 우리나라의 에너지 정책은 석탄 위주에서 석유 위주로 전환됐다. 많은 공장이 들어서면서 석유 수요는 늘어갔다. 전량 수입에 의존하던 원유를 국내에서 정제할 필요성이 높아졌다. 정부는 1963년 울산공업단지에 걸프오일과 합작한 국영기업 대한석유공사를 설립했다. 하지만 여전히 국내에서 필요한 정유 수요를 맞추지 못했다.

락희화학과 칼텍스, 두 회사의 합작은 오일쇼크 때 빛을 발했다. 1차 오일쇼크가 터지자 국내에서는 원유를 못 구해 정유공장의 가동률이 60~70퍼센트로 뚝 떨어졌다. 하지만 호남정유 여수공장은 94퍼센트의 가동률을 보였다. 칼텍스의 지원으로 원유를 안정적으로 공급받을 수 있었기 때문이다. 당시 원유 확보에 어려움을 겪고 있던 대한석유공사에도 두 차례에 걸쳐 170만 배럴의 원유를 공급했다.

구인회는 정유사업을 하면서 새로운 기업문화를 만들어갔다. 바로 외국기업과의 '합작'이었다. 합작은 자신에게 없는 기술과 자본을 확보하기 위해 필요했다. 그는 외국 기업과 합작투자를 이끌어낸 선례를 만들었다. LG의 성장을 주도해온 것 역시 합작이었다. LG필립스, LCD, LGEDS 등의 합작회사가 바로 그것이다. 구인회는 기업 정체의 위기를 정유사업에 진출하며 새로운 기회를 얻어냈다.

아버지 많이 원망했제

1969년 8월 어느 날, 구인회는 기차를 타고 부인 허 씨와 함께 부산으로 내려가고 있었다. 그대 창 밖으로는 경부고속도로 건설공사가 한창이었다.

"저 고속도로가 완성되면 한번 신나게 달려봅시다. 돈이 무척 많이 드는 사업이지만, 저것이 개통되는 날에는 우리나라 산업계나 농촌 생활이 확 달라질 거요."

구인회가 차창 밖으로 경부고속도로 건설을 독려하고 있었던 정주영을 보았을지도 모를 일이다.

부산에 내려온 지 얼마 되지 않아 구인회는 심한 두통을 느꼈다.

"머리가 왜 이리 아픈지 모르겠다. 나 먼저 올라갈 테니 당신은 더 있으면서 볼일 다 보고 천천히 올라오소."

서울에 올라온 구인회는 출근하려고 현관을 나서다 갑자기 벽을 짚으며 어지럽다고 호소하더니 구토 증세를 보였다. 병원에서 검사를 받았다. 주치의는 일본으로 건너가 정밀검사를 받으라고 권유했다. 일본의 한 대형병원에서 구인회는 다시 정밀검사를 받았다. 하지만 의사들은 병명이 무엇인지 가르쳐주지 않았다. 곧바로 아들 구자경이 일본으로 달려왔다.

"너 왔구나. 잘 왔다. 여기 사람들은 검사만 수없이 하고는 무슨 병인지 말을 안 해주니 답답해서 견딜 수가 없는 기라. 니 가서 알아보고 오너라. 이제부터 일다운 일을 해볼 작정이었는데, 아무래도 안 될 성 싶다. 내 병이 보통 병이 아닌 것 같구나. 다리는 왜 이리 자꾸 굳어가노."

구자경과 가족들은 의사를 찾아가 구인회의 병에 대해 물었다.

"병명은 뇌관종양이라는 것입니다."

"뇌관종양이라면…… 선생님, 그게 설마 암은 아니겠지요?"

"유감스럽게도 그게……."

구자경은 두 손으로 얼굴을 감싼 채 울음을 터뜨렸다.

그날 밤, 구자경은 구인회를 지켰다.

"나는……."

구인회가 무엇인가 말하려 했지만, 말을 잇지 못했다.

"너는 장남이라서……."

평생 담아둔 말을 하려는 것 같았다. 구인회는 다시 입을 떼었다.

"학교 선생 그만두고 공장에 와서 고생할 때 니, 아버지 많이 원망했제? 그래도 그때 많이 안 배웠나. 공장 어느 구석에 뭐가 있고, 어느 제품은 어떻게 만들고 어딜 조심해야 한다는 것을 환히 알게 된

거 아이가. 이제 공장 돌아가는 일에 관해서는 니도 박사 다 됐제. 안 그렇나?"

"예, 웬만한 것은 다 알고 있는 줄 압니다."

"그래, 그게 밑천인 기라. 너만치 아는 사람도 그리 많지 않다. 앞으로 자신을 가지고 일해라."

가족들은 환자의 고통을 덜어주기 위해 항암제와 부신 호르몬 주사를 투여하는 것을 받아들였다. 조금 나아지는 듯 보였다. 가족들은 구인회를 데리고 다시 한국으로 돌아왔다.

그 후 3주일이 구인회가 이 세상에서 누린 마지막 나날이었다. 그는 약 때문에 병세가 좋아진다고 생각했다. 일본에 가 있는 동안 못 챙긴 업무를 하려고도 했다. 이것저것 사업 구상도 했다.

"우리나라 대륙붕에서 석유만 나온다면, 우리 한국은 살판나는 기라. 설마 이렇게 살라는 팔자는 아닐 끼라. 열심히 조사해보고 시추해서 석유를 꼭 찾아내야 한데이."

하지만 그는 청각을 잃었다. 다음엔 말을 잃었다. 대화는 펜을 들어 필담으로 나누어야 했다. 자정을 알리는 괘종시계가 울렸다. 1969년 섣달그믐으로 시치추가 넘어갔다. 밖에는 함박눈이 소리 없이 내리고 있었다. 15분 뒤 한 기업가가 숨을 멈추었다. 향년 63세였다.

누구의 인생도
닮지 마라

'경영의 신'은 특별하지 않는 어린 시절을 보냈다. 그들은 반항아였고, 부적응아였으며, 평범하기 그지없는 아이였다. 그런 그들이 경영의 신이 되기까지의 여정은, 기회를 놓쳐버리고 살아가는 사람들에게 많은 것을 생각하게 만든다.

현실과 상식에 갇히길 거부한 정주영

정주영은 불도저처럼 밀어붙이는 뚝심의 이미지가 강하다. 많은 사람들이 불가능하다고 여겼던 것을 그는 창의력과 상상력으로 새로운 관점에서 문제를 풀어나갔다.

그는 현실과 상식에 갇히길 거부했다. 주베일 항만 공사의 공기를 단축하기 위해 기자재를 울산 조선소에서 만들어 해상으로 운송하는 발상의 전환으로 세상을 놀라게 했다. 고정관념도 철저히 깼다. 밭에서 뽑은 푸른 보리를 부산 광안리 유엔군 묘지에 심어 엄동설한에 파란 잔디 효과를 낸 게 대표적이다.

창의력은 꿈을 현실로 만들기도 하지만, 종종 꿈을 악몽으로 만들기도 한다. 고령고 공사가 그랬다. 치밀한 계획과 예측부족으로 온 가족이 빚쟁이가 되기도 했다. 태국 고속도로공사도 마찬가지였다. 그러나 그는 시련을 긍정했다. 그에게 시련의 경험은 베트남 진출과 중동 진출이라는 새로운 기회가 됐다.

정주영의 창의력은 긍정적인 사고방식에서 나왔다. 그는 모든 일을 긍정적으로 생각하며 일을 시작했다. '해봤어?'라는 그의 유행어에는 그런 긍정적인 생각이 녹아 있다. 긍정적인 사고방식은 실패를 두려워하지 않는 도전의식을 낳았고, 도전의식은 기회를 가져오게 만들었다.

아버지에게 물려받은 부지런함도 사업기회를 포착하는 밑거름이 됐다. 그 스스로도 "하려는 일을 성실히 할 때만 사업 기회를 포착할 수 있다"고 누누이 강조했다.

아버지는 어린 정주영을 삶의 현장인 논밭으로 데리고 나갔고, 어른이 된 정주영은 사업의 현장을 휘젓고 다녔다. 그는 시간만 나면 현장으로 달려갔다. 그룹회장이 되어서도 정주영은 책상머리에만 앉아 있지 않았다. 조선소와 자동차 공장을 헤집고 다니는 현장형 CEO였다. 현장 상황을 한눈에 꿰뚫고 있어야 신속하고 정확한 의사결정을 내릴 수 있다고 여겼다.

현장 직원들과 한 몸이 되어야 한다고 생각해 그들과 함께하는 시간도 많이 가졌다. 같이 밥 먹고 막걸리 잔을 기울이기도 하고 씨름도 즐겼다. 하버드대 경제학자 마이클 포터는 정주영의 이런 경영 스타일을 서부 개척시대의 카우보이에 비유하기도 했다.

자신만의 치밀한 분석력 쌓은 이병철

이병철의 통찰력은, 상상력을 발휘하며 불가능을 가능으로 바꿔놓은 정주영 방식과는 180도 달랐다. 치밀한 계획과 풍부한 경험, 철저한 자료 조사는 이병철의 트레이트 마크였다.

무역업에서 제조업으로 업종을 전환할 때도 그는 그런 분석 과정을 거쳤다. 무역통계를 보고 우리나라에 가장 많이 수입이 되는 게 무엇인지를 확인했고, 그 다음으로 수입을 대체할 제품을 만드는 기술력을 보고, 자신의 자본으로 생산할 수 있는지를 체크했다. 거기서 끝이 아니었다. 사업을 시작한 뒤 제품이 시장에 나오기까지 걸리는 기간과 제품이 나온 뒤 현금 흐름이 어떻게 될 지까지 따져보았다.

통찰력이 있는 기업가는 그 시대가 가장 원하는 것을 만들어낸다. 이병철은 한때 소비재사업만 한다는 비판을 받았다. 그러나 따지고 보면 박정희의 주도하에 진행된 중화학공업은 사회주의 국가에서 추진했던 이른바 계획경제와 크게 다르지 않았다. 경제학의 기본인 수요와 공급의 법칙에도 어긋났다. 사려는 사람보다 팔려는 사람의 관점에서 시작했기 때문이다. 이 때문에 중화학공업은 세계경제가 침체될 때마다 극심한 수요 부진으로 부실화되기 일쑤였다.

이병철이 사업 초창기에 벌였던 소비재산업은 달랐다. 철저한 내수 위주였다. 당시 사람들이 가장 필요했던 것에 초점을 맞추고 있었다. 힘겨운 시기 달콤함을 간절히 원했던 사람들에게 설탕은 꼭 필요한 제품이었다.

그의 통찰력이 돋보이는 대표적인 사업이 또한 반도체다. 당시만 해도 반도체 시장은 미국과 일본이 양분하고 있었다. 우리나라가 뒤늦게 뛰어들어도 성공할 가능성은 높아 보이지 않았다. 반도체에 손댔다가 실패하면 국가경제가 흔들린다는 비판도 있었다.

그럼에도 이병철은 반도체사업에 나선다. 무모한 도박같이 보였다. 이병철식이 아니라 정주영식 같다는 얘기도 나왔다. 그러나 그렇지 않았다. 이병철은 반도체 사업을 시작하기 전부터 치밀하게 준비했다.

그는 해마다 연말 연초에 도쿄를 찾았다. 그곳에서 기자, 지인, 학자를 만나 세계의 변화를 읽고 정보를 얻어냈다. 그런 정보를 분석한 뒤, 미래의 사업으로 반도체가 채택된 것이다. 그가 선택한 반도체는 우리나라를 IT강국으로 발전시키는 신호탄이 됐다.

이병철의 통찰력은 20대의 실패에서 나왔다. 중일전쟁이 터지면서 애써 일으켜놓았던 정미소와 운수회사마저 날렸던 그는 통찰력이란 새로운 힘을 얻었다. 그 뒤 이병철은 무엇을 하든 간에 자료와 정보 수집부터 시작했다.

이병철의 그런 자질은 어디에서 비롯됐을까? 아버지가 믿어준 정주영은 저돌적이었고 매사를 긍정했지만, 무심한 아버지에게 인정받고 싶은 이병철은 조금이라도 실수를 하지 않으려 했다. 실수를 하지 않으려면 서두르지 않고 꼼꼼하게 준비를 한 뒤 시작해야 했다.

이병철은 자서전에서 "아버지가 '매사에 성급하지 말아야 한다. 무리하게 사물을 처리하려 들면 안 된다'는 말을 했다"고 썼다. 어린 시절에 몇 차례나 학교를 옮기며 적응하지 못했던 이병철은 커가면서 아버지의 말을 그대로 따랐다. 어떤 사업을 할 때라도 치밀한 계획과 철저한 조사를 거친 뒤 벌여나간 것이다.

이병철은 1등을 향한 성취욕구도 컸다. 어릴 때부터 유별나게 남에게 지는 것을 싫어했다. 이런 성향은 나이 차이가 큰 형에 대한 경쟁의식에서 나왔다. 그리고 그러한 성격은 1등을 향한 강한 집념으로 이어졌다.

삼성전자는 LG전자보다 후발주자였으나, 계속 도전해 1등을 따라잡았다. 반도체 역시 미국과 일본보다 뒤늦게 시작한 사업이었으나 결국 1위를 차지했다.

파트너십으로 '최초'를 일궈낸 구인회

구인회의 이름 앞에는 수많은 '최초'가 따라다닌다. 우리나라에서 만든 첫 플라스틱, 첫 국산 치약, 첫 국산 라디오, 첫 국산 전화기, 첫 국산 TV, 첫 국산 합성세제…….

구인회는 한국전쟁의 상흔이 채 가시지 않은 1958년 금성사를 만들면서 전자사업에 뛰어들었다. 미제 라디오가 대세를 이루고 있을 때, 지금으로 따지면 벤처기업과 같은 전자회사를 차린 것이다.

구인회가 개척적인 사업을 할 수 있었던 것은 '인화(人和)'가 바탕에 있었기에 가능했다. 그는 형제들과 허 씨 사람들과 동업을 통해 사업을 불려나갔다. 두 집안의 동업은 2005년 허 씨가 이끄는 GS가 LG에서 분리될 때까지 57년 동안 유지됐다. 3대에 걸쳐 유지되어온 동업은 화합과 신뢰를 남기며 유종의 미를 거두었다.

지난 2005년 3월, 두 집안이 57년간의 동업을 마무리하는 GS그룹 출범식이 열렸다. 구인회의 손자인 구본무 LG 회장이 축사를 읽었다.

"지난 반세기 동안 LG와 GS는 한 가족으로 지내며 수많은 역경과

고난을 이겨내고 한국을 대표하는 기업으로 우뚝 섰습니다."

구본무의 얼굴에는 만감이 교차했다. 구 씨와 허 씨의 동거를 마무리 짓는 순간이었다. 사돈이자 동반자였던 GS그룹 허창수 회장과 임직원 300여 명은 축사를 마치고 행사장을 떠나는 구 회장을 기립 박수로 환송했다. 행사장엔 '사랑해요 LG'가 울려 퍼졌다.

두 집안이 반세기 이상 동업을 해서 대기업을 일궈내고, 아무런 잡음 없이 아름답게 헤어지는 순간이었다.

어떻게 이런 동업이 가능했을까? 서로를 전폭적으로 이해하고 포용하려는 신뢰가 있었고, 사업자금을 투명하게 처리했기 때문이다.

사실 부모형제가 함께 해도 결별하기 쉬운 게 동업이다. 하지만 두 집안은 그 흔한 경영권 분쟁 한 번 일으키지 않았다.

서로에게 없는 강점을 보충해준 것도 그토록 오랜 기간 동업을 유지할 수 있었던 배경이었다. 구 씨들은 사업의 밑그림을 그리고 전략을 짜는 기획 파트에서 주로 일했다. 반면 허 씨들은 세세하고 정확한 셈법, 탁월한 숫자 감각을 지니고 있어 재무파트에서 주로 일했다. 구 씨와 허 씨는 서로가 필요한 부분을 보완해주었다.

동업이라는 파트너십이 잘 운영되는 회사는 이런 식으로 업무를 나누고 있다. 애플 역시 스티브 잡스는 혁신을 맡았고, 팀 쿡은 재무를 맡았다. 상상력과 직관이 뛰어난 잡스와 이성적이고 논리적인 쿡의 조화가 애플의 혁신을 이끈 것이다.

구인회는 파트너와 조화롭게 지내며 동업을 유지했고, 그 동업을 통해 최초를 이뤄낼 수 있었다.

참고 도서

경제교육연구회 긍저, 『뜻으르 읽는 한국경제사』, 시그마프레스, 2009.9

석혜원, 『이야기로 읽는 대한민국 경제사』, 미래의 창, 2008.10

현대경제연구원, 『정주영 경영을 말하다』, 현대경제연구원북스, 2011.3

김태형, 『기업가의 탄생』, 위즈덤하우스, 2010.11

아산고희기념출판위원회, 『아산 정주영연설문집』, 울산대학교 출판국, 1985.11

정주영, 『이 땅에 태어나서』, 솔, 1998.3

정태형, 『문답으로 읽는 20세기 한국경제사』, 역사와 비평사, 2011.11

김대래 · 정이근, 『한국전쟁과 부산경제』, 해남, 2010.5

지동욱, 『정권을 움직인 한국재벌의 어제와 오늘』, 눈과마음, 2003.5

이성태, 『위대한 기업가의 가난한 철학』, 민맥, 1991.11

홍하상, 『이병철경영대전』, 바다출판사, 2004.7

전경일, 『구 씨 이야기 허 씨 이야기』, 다빈치북스, 2010.11

이맹희, 『묻어둔 이야기』, 청산, 1993.6

박세록, 『삼성비서실』, 미네르바기획, 1997.4

이창우, 『다시 이병철에게 배워라』, 서울문화사, 2003.12

말콤 글래드웰, 『아웃라이어』, 김영사, 2009.1

정혁준, 『맞수기업열전』, 에쎄, 2009.7

장하준, 『그들이 말하지 않는 23가지』, 부키, 2010.11

오철원, 『박정희는 어떻게 경제강국 만들었나』, 동서문화사, 2006.7

정주영, 『이 아침에도 설레임을 안고』, 삼성출판사, 1987.2

아산 정주영과 나 편찬위원회, 『아산 정주영과 나 』, 1997.6

박승엽·박원규, 『삼성 vs LG, 그들의 전쟁은 계속된다』, 미래의 창, 2007.9

박상하, 『이기는 정주영 지지 않는 이병철』, 2009.4

홍하상, 『카리스마 vs 카리스마 이병철·정주영』, 한국경제신문, 2001.8

전자산업 50년사 편찬위원회, 『기적의 시간 50』, 전자신문사, 2009.10

김정렴, 『최빈국에서 선진국 문턱까지: 한국경제정책 30년사』, 중앙일보, 1990.10

임승환, 『5대그룹 총수의 성격분석 보고서』, 중앙M&B, 1998.9

김윤영, 『위기를 기회로』, 칭찬메아리, 2009.5

한국경영사학회, 『연암 구인회 상남 구자경 연구』, 수서원, 200.6

구인회, 『한번 믿으면 모두 맡겨라』, 럭키금성, 1994.1

이병철, 『호암자전』, 중앙M&B, 1986.06

정주영, 『시련은 있어도 실패는 없다 』, 제삼기획, 1992.2

연암기념사업회, 『연암 구인회 』, 1980.1

LG전자, 『LG전자 50년사』, 2008.4

현대건설60년사 편찬위원회, 『현대건설 60년사』, 2008.5

제일모직, 『제일모직 50년사』, 2004.9

김성수, 『성공한 창업자의 기업가정신』, 삼영사, 2007.2

박석운 외, 『집념과 도전의 역사 100년』, 아테네, 2004.3

LG, 『LG 60년사』, 2007.1

신용인, 『삼성과 인텔』, 랜덤하우스코리아, 2009.4

하타무라 요타로, 『나와 조직을 살리는 실패학의 법칙』, 들녘미디어, 2004.2

문원택·이준호·김원석, 『헨리포드에서 정주영까지』, 한언, 1998.1

구자경, 『오직 이 길밖에 없다』, 행림출판, 1992.2

유인학, 『한국 재벌의 해부』, 풀빛, 1991.12

정구현 외, 『한국의 기업경영 20년』, 삼성경제연구소, 2008.2

월터 아이작슨, 『스티브 잡스』, 민음사, 2011.10

앤디 허츠펠드, 『미래를 만든 Geeks』, 인사이트, 2010.5

정혁준, 『아이폰형 인간 VS 렉서스형 인간』, 한스미디어, 2011.1

참여연대 참여사회연구소 경제분과, 『한국 5대 재벌백서』, 나남출판, 1999.8

정운영, 『저 낮은 경제학을 위하여』, 까치글방, 1997.4

이근 외, 『기업 간 추격의 경제학』, 21세기북스, 2008.11

공병호, 『한국기업흥망사』, 명진출판, 1993.11

정주영전집간행위원회, 『정주영은 말한다』, 울산대학교 출판부, 1992.6

〈경영의 신〉 연보

년도	세계사 · 한국사	경영의 신		
		미국	일본	한국
1835		앤드류 카네기 출생		
1837		JP모건 출생		
1839		존 D. 록펠러 출생		
1845	아일랜드 감자대기근			
1848		카네기 미국 이민		
1849		카네기 전신국 취직		
1853		카네기 피츠버그철도 취직		
1854	미일 화친조약 체결			
1855		록펠러 고교 자퇴		
1860	링컨 제16대 미 대통령 당선			
1861	미국 남북전쟁 발발			
1862		카네기 키스톤 교량회사 창업		
1863	고종 즉위	헨리 포드 출생		
1865	미국 남북전쟁 종전			
1866	병인양요			
1867		카네기 유니언제철소 창업		
1868	일본 메이지 유신			
1869	미국 대륙횡단철도 개설			

년도	세계사 · 한국사	경영의 신		
		미국	일본	한국
1870		록펠러 스탠더드오일 설립		
1871	신미양요			
1873	금융대공황 발발			
1875		카네기 에드거 톰슨공장 설립		
1876	강화도 조약 체결			
1879		포드 자동차 직공으로 취업		
1881		카네기 도서관 건립 시작		
1882		록펠러 트러스트 결성		
1886	시카고 헤이마켓 사건			
1889		록펠러 시카고대 기부		
1890	미국 셔먼 독점금지법 제정			
1891		카네기홀 개관		
1892		록펠러 트러스트 해산 홈스테드 학살사태 발발 카네기 철강 트러스트 결성		
1894	조선 동학운동 발발 갑오개혁		마쓰시타 고노스케 출생	
1900		카네기멜론대 설립		
1901		카네기 모건에 회사 매각		
1902		카네기협회 창설		
1903		포드 포드자동차 창업		
1904		스탠더드 오일의 역사 발간	마쓰시타 고용살이 시작	

년도	세계사·한국사	경영의 신		
		미국	일본	한국
1906			혼다 소이치로 출생	
1907				구인회 출생
1908		**포드** T형 모델 생산		
1910	한일합방		**마쓰시타** 오사카전등 입사	**이병철** 출생
1911		카네기재단 창립		
1913		록펠러재단 설립		
1914	1차 세계대전 발발	**포드** 일급 5달러 발표		
1915				**정주영** 출생
1917	미국 1차 대전 참전 러시아 혁명		**마쓰시타** 개량소켓 개발	
1918	1차대전 종전			
1919		**카네기** 타계		
1922			**혼다** 아트상사 취업	
1923	도쿄 대지진 발생			
1927		**포드** 18만대 판매로 세계1위 등극	**마쓰시타** 내셔널 브랜드 개발	
1929	세계대공황 발발		**마쓰시타** 마쓰스타제작소 창업	
1931	만주사변 발발			**정주영** 가출시작 **구인회** 구인회상점 개점
1932		**포드** GM에 1위 내줌	**이나모리 가즈오** 출생	
1933	루즈벨트 뉴딜정책 시행 히틀러 집권		**혼다** 자동차 서비스센터 개점	**구인회** 토지 담보로 8천원 대출
1934				**정주영** 쌀가게 복흥상회 취직
1936				**이병철** 협동정미소 창업

년도	세계사·한국사	경영의 신		
		미국	일본	한국
1937	중일전쟁 발발	록펠러 타계	혼다 도카이세이키 창업	**이병철** 중일전쟁으로 토지사업 정산
1938				**이병철** 삼성상회 창립 **정주영** 경일상회 창립
1939	2차 세계대전 발발			
1940				**정주영** 아도서비스 창업
1941	일본 진주만 공습			
1943		에드셀 포드 사망		
1945	2차 대전 종전 8·15 광복	헨리포드 2세 취임		**정주영** 홀동광업소 사직 **구인회** 조선흥업 창업
1946				**정주영** 현대자동차공업사 창업 **구인회** 토지 매도한 뒤 부산 진출
1947		포드 타계		**정주영** 현대토건사 창업
1948			혼다 혼다기연공업 창업	**이병철** 삼성물산 창업 **구인회** 락희화학 창업
1949	중국 공산화			
1950	토지개혁 완료 한국전쟁 발발			**정주영** 현대건설 사장 취임
1952			마쓰시타 필립스와 제휴	**구인회** 플라스틱 빗 생산
1953	1차 통화 개혁			**이병철** 제일제당 창업 **정주영** 고령교 공사 착공
1954				**이병철** 제일모직 창업
1957				**정주영** 한강인도교 공사 착공
1958				**구인회** 금성사 창업
1959			이나모리 교토세라믹 창업	
1960	4·19 혁명 베트남전 발발			
1961	5·16군사쿠데타		마쓰시타 마쓰시타그룹 회장 취임	**이병철** 전경련 초대회장 취임

년도	세계사·한국사	경영의 신		
		미국	일본	한국
1962	1차 경제개발 5개년 계획 실시 2차 통화개혁			**정주영** 단양시멘트공장 착공
1964	도쿄 올림픽 개최 한국군 베트남 파병		**마쓰시타** 영업본부장 취임	**이병철** 한국비료 사장 취임
1965	한일 국교 정상화			**이병철** 중앙일보 창간
1966				**구인회** 호남정유 제2정유사로 선정
1967				**정주영** 현대자동차 설립 **이병철** 한국비료 국가 헌납
1968				**정주영** 경부고속도로 공사 착공 및 포드와 손잡고 '코티나' 생산
1969	닉슨 독트린 발표			**구인회** 타계 **이병철** 삼성전자 설립
1970	경부고속도로 개통			
1973	1차 오일쇼크 한국, 포항제철 준공		**혼타** 은퇴 선언	
1974				**정주영** 현대조선 설립
1975	베트남전 종전			
1976				**정주영** 포니 생산 주베일항만 공사 수주
1977				**정주영** 전경련 회장 취임 (~1987)
1978	2차 오일쇼크			
1979	박정희 사망 12·12 쿠데타 발발			
1980	광주민주화운동 전개		**마쓰시타** 정경숙 설립	
1981				**정주영** 올림픽 유치위원장 피선
1983				**이병철** 반도체 진출 선언
1984			**이나모리** 다이니덴딘 설립	**정주영** 현대전자 설립

년도	세계사·한국사	경영의 신		
		미국	일본	한국
1985	자동차 보유대수 100만 대 돌파			
1987				**이병철** 타계 **정주영** 현대그룹 명예회장 취임
1988	서울올림픽 개최			
1989	베를린 장벽 붕괴		**마쓰시타** 타계	**정주영** 소련 방문
1991	소련 붕괴 걸프전쟁 발발		**혼다** 타계	
1992				**정주영** 14대 국회의원 당선 대통령 선거 출마
1993	금융실명제 실시			**정주영** 국회의원직 사퇴
1996	한국 OECD 29번 국가로 가입 및 1인당 국민소득 1만달러 돌파			
1997	한국, 550억달러 IMF 긴급자금 수혈		**이나모리** 교세라명예회장 취임	
1998	한국, 55개 퇴출기업 및 5개 은행 퇴출 발표			**정주영** 소떼몰이 방북
1999				
2000	김대중 대통령 김정일 위원장 회동			
2001	9·11 테러 발생			**정주영** 타계
2002	한일 월드컵 개최			
2005			**이나모리** 불가에 입문	
2007	글로벌금융위기 발발			
2010	한미FTA 수정안 타결		**이나모리** 일본항공 회장 취임	

경영의 신 1 : 누구의 인생도 닮지 마라

초판 1쇄 발행 2013년 1월 18일
초판 4쇄 발행 2013년 4월 25일

지은이 정혁준
펴낸이 김선식

Editing creator 한보라
Design creator 황정민
Marketing creator 이주화

1st Creative Story Dept. 황정민, 한보라, 박지아, 변민아
Creative Marketing Dept. 이주화, 이상혁, 백미숙
        Public Relation Team 서선행
        Communication Team 김선준, 박혜원, 전아름
        Contents Rights Team 김미영
Creative Management Team 김성자, 송현주, 권송이, 윤이경, 김민아, 한선미

펴낸곳 다산북스
주소 경기도 파주시 회동길 37-14 3, 4층
전화 02-702-1724(기획편집) 02-6217-1726(마케팅) 02-704-1724(경영지원)
팩스 02-703-2219
이메일 dasanbooks@hanmail.net
홈페이지 www.dasanbooks.com
출판등록 2005년 12월 23일 제313-2005-00277호

필름 출력 (주)현문
종이 월드페이퍼(주)
인쇄 · 제본 (주)현문

ISBN 978-89-6370-931-4 (04320)
       978-89-6370-930-7 (세트)

· 책값은 뒤표지에 있습니다.
· 파본은 본사나 구입하신 서점에서 교환해드립니다.
· 이 책은 저작권법에 의하여 보호를 받는 저작물이므로 무단 전재와 복제를 금합니다.